主　　编　曹士兵　国家法官学院副院长
副 主 编　关　毅　国家法官学院科研部主任
　　　　　刘　畅　国家法官学院科研部副主任
主编助理　边疆戈　国家法官学院科研部编辑
　　　　　苏　烽　国家法官学院科研部编辑

《中国法院年度案例》编辑人员（按姓氏笔画）
边疆戈　朱建伟　刘　畅　关　毅　苏　烽
罗胜华　孟　军　赵丽敏　袁登明　徐一楠
唐世银　曹士兵　曹海荣　梁　欣　程　瑛

本书编审人员　刘　畅

中国法院

2018年度案例

国家法官学院案例开发研究中心◎编

人格权纠纷

（含生命、健康、身体、姓名、名誉、隐私权纠纷）

中国法制出版社
CHINA LEGAL PUBLISHING HOUSE

《中国法院年度案例》通讯编辑名单

序

法律的生命在于实施，而法律实施的核心在于法律的统一适用。《中国法院年度案例》丛书出版的价值追求，即是公开精品案例，研究案例所体现的裁判方法和理念，提炼裁判规则，为司法统一贡献力量。

《中国法院年度案例》丛书，是国家法官学院于2012年开始编辑出版的一套大型案例丛书，之后每年年初定期出版，由国家法官学院案例开发研究中心具体承担编辑工作。此前，该中心坚持20余年连续不辍编辑出版了《中国审判案例要览》丛书近90卷，分中文版和英文版在海内外发行，颇有口碑，享有赞誉。现在编辑出版的《中国法院年度案例》丛书，旨在探索编辑案例的新方法、新模式，以弥补当前各种案例书的不足。该丛书2012～2017年已连续出版6套，一直受到读者的广泛好评，并迅速售罄。为更加全面地反映我国司法审判的发展进程，顺应审判实践发展的需要，响应读者需求，2014年度新增3个分册：金融纠纷、行政纠纷、刑事案例，2015年度将刑事案例调整为刑法总则案例、刑法分则案例2册，2016年度新增知识产权纠纷分册，2017年度新增执行案例分册。现国家法官学院案例开发研究中心及时编撰推出《中国法院2018年度案例》系列丛书，将刑事案例扩充为4个分册，共23册。

总的说来，当前市面上的案例丛书百花齐放，既有判决书网，可以查询各地、各类的裁判文书，又有各种专门领域的案例汇编书籍，以及各种案例指导、案例参考等读物，十分活跃，也各具特色。而《中国法院年度案例》丛书则试图把案例书籍变得“好读有用”，故在编辑中坚持以下方法：一是高度提炼案例内容，控制案例篇幅，每个案例基本在3000字以内；二是突出争议焦点，剔除无效信息，尽可能在有限的篇幅内为读者提供有效、有益的信息；三是注重对案件裁判文书的再加工，大多数案例由案件的主审法官撰写“法官后语”，高度提炼、总结案例的指导价值。

同时，《中国法院年度案例》丛书还有以下特色：一是信息量大。国家法官学院案例开发研究中心每年从全国各地法院收集到的上一年度审结的典型案例超过10000件，使该丛书有广泛的选编基础，可提供给读者新近发生的全国各地的代表性案例。二是方便检索。为节约读者选取案例的时间，丛书分卷细化，每卷下还将案例主要根据案由分类编排，每个案例用一句话概括裁判规则、裁判思路或焦点问题作为主标题，让读者一目了然，迅速找到需求目标。

中国法制出版社始终全力支持《中国法院年度案例》的出版，给了作者和编辑们巨大的鼓励。2018年新推出数据库增值服务。购买本书，扫描前勒口二维码，即可在本年度免费查阅使用上一年度案例数据库。我们在此谨表谢忱，并希望通过共同努力，逐步完善，做得更好，真正探索出一条编辑案例书籍、挖掘案例价值的新路，更好地服务于学习、研究法律的读者，服务于社会，服务于国家的法治建设。

本丛书既可作为法官、检察官、律师等司法实务工作人员的办案参考和司法人员培训推荐教程，也是社会大众学法用法的极佳指导，亦是教学科研机构案例研究的精品素材。当然，案例作者和编辑在编写过程中也不能一步到位实现最初的编写愿望，可能会存在各种不足，甚至错误，欢迎读者批评指正，我们愿听取建议，并不断改进。

曹士兵

目　录

Contents

一、生命权、健康权、身体权纠纷

（一）未成年人人身损害

（二）未尽安全保障义务的损害赔偿

（三）同饮、同旅者的义务

（四）共同侵权

（五）其 他

三、姓名权纠纷

四、一般人格权纠纷

五、隐私权纠纷

一、生命权、健康权、身体权纠纷

（一）未成年人人身损害

1

中学体育场所安全保障义务的确定

——尹某某诉北京市某某中学健康权案

【案件基本信息】

1. 裁判书字号

北京市海淀区人民法院（2015）海少民初字第440号民事判决书

2. 案由：健康权纠纷

3. 当事人

原告：尹某某

被告：北京市某某中学

【基本案情】

尹某某为北京市某某中学初三学生，2015年5月25日上午11点半体育课期间，尹某某在单杠附近活动，因帮助同学捡球被单杠磕伤牙齿。

就受伤的经过，北京市某某中学证人吴某某的证言主要内容为，“2015年5月25日，体育课自由活动时，尹某某同学借了一个篮球在篮球场后面那个没有画线的场投篮，那边踢足球的，滚过来一个球在单杠附近，尹某某去帮忙捡球。可能因尹某某没有看见单杠，然后被撞倒在地上，我以为只是撞了一下，但他坐了好一会儿也没有起来。当我走近后，才发现他鼻血流个不停，于是赶紧扶他去医务室，当一些同学来了之后，我又返回到事发地点去捡他的牙”。

北京市某某中学证人曹某某的证言主要内容为，“5月25日第五节体育课，大概12:00，尹某某和吴某某在离单杠很近的篮筐投篮，之后一个足球被踢到单杠附近，足球场上很多人边说谢谢边呼喊帮助捡球。尹某某放下篮球，向足球跑去。在离足球3~5米还没过单杠的时候开始弯腰向前跑准备捡球。然后没注意到较低的单杠，迎面撞到了单杠上。吴某某和足球场上很多人把尹某某送到医务室，体育老师在事发时没有注意是否到场，大约五分钟后赶到医务室”。

本案审理期间，依尹某某申请，法院委托北京中正司法鉴定所进行司法鉴定，该所于2016年6月22日出具鉴定意见书，主要内容包括，“尹某某在成年之后进行1+ 牙齿种植治疗，咨询相关北京市三级甲等医院口腔科专家，目前牙齿种植费用为每颗1万~2万元。具体费用应以实际发生为准。尹某某的护理期限可考虑为7-15日，尹某某的营养日期可考虑为30~45日。尹某某支付鉴定费用为3150元”。

【案件焦点】

初中学生在学校上体育课期间，因为帮助同学捡球，不慎撞到单杠发生的受伤案件，是否由学校承担赔偿责任。

【法院裁判要旨】

北京市海淀区人民法院经审理认为：教育机构对未成年人依法负有教育、管理、保护的义务。限制民事行为能力人在学校或者其他教育机构学习、生活期间受到人身损害，学校或者其他教育机构未尽到教育管理职责的，应当承担责任。本案中，根据证人证言显示，尹某某在单杠附近活动。现有证据无法证明单杠有明显的设施安全隐患。因此在事先防范方面，学校没有明显瑕疵。尹某某作为一个年满15周岁的未成年人，在捡球的一瞬间对单杠的存在有一定的预见性。虽然本案中存在体育老师在事发之时不在场的情况，但即使体育老师在现场，也不会阻止同学间彼此帮助捡球，亦不能保证每时每刻在每个同学身边。因此，学校对此事故的发生不承担管理责任。事后救济方面，证言显示学校已及时通知尹某某家长，因其家长不能及时赶到，后其他学生家长将尹某某送往医院。因此就事后处置、送医院就医方面学校也没有明显瑕疵。因此就事先预防、事中管理以及事后救济方面，学校没有明显的管理失职行为，不应承担相应的责任。

综上所述，北京市海淀区人民法院依照《中华人民共和国侵权责任法》第三十九条、《最高人民法院关于民事诉讼证据的若干规定》第二条之规定，判决如下：

驳回尹某某的全部诉讼请求。

【法官后语】

本案系侵权纠纷，根据侵权责任法的规定，限制民事行为能力人在学校或者其他教育机构（以下简称学校）学习、生活期间受到人身损害，学校或者其他教育机构未尽到教育管理职责的，应当承担责任。据此，学校承担责任的前提是其未尽到教育管理职责，并非只要学生在校期间受伤，学校就应一律承担赔偿责任。如果学校在合理的范围内尽到了监护管理义务的，可以免责。

校园伤害案件中，审查学校是否承担侵权责任，一般从三个方面审查，即事前预防、事中监管和事后救济。事前预防，指学校是否提供适宜的场地、有无拥挤、地面湿滑、是否存在安全隐患等；事中监管，指学校在监管过程中人员配备是否到位，有无疏于管理的情节；事后救济，指在发生安全事故后，学校有无及时通知家长、送学生去救治。在司法实践中，学校经常因忽略学生的病情，不及时送医务室、医院救治，或者一直不通知家长，导致延误治疗，学校在事后救治环节出现的此类瑕疵，往往会使其承担侵权责任。

本案中，尹某某的伤害事故发生在体育课时间段内，起因系应同学要求帮助捡球，在捡球的过程中尹某某迎面撞上单杠。现有证据无法证明单杠存在安全隐患，尹某某作为一个15周岁的限制民事行为能力人，也有一定的注意义务，应该注意下蹲捡球的一瞬间躲避附近的障碍物。尽管存在老师不在现场的情况，但即使老师在旁边，亦难以避免本案事故的发生。在事后救治方面，学校及时通知了家长，因家长不能及时赶到，学校通知了其他家长将孩子送往医院，因此在救治环节学校没有明显的瑕疵。故从上述三个角度，应认为学校不存在管理上的疏漏，不应该承担侵权责任。

编写人：北京市海淀区人民法院　孙欣

2

“小饭桌”等校外托管机构侵权责任的认定

——王某诉北京某某小饭桌餐厅等生命权、健康权、身体权案

【案件基本信息】

1. 裁判书字号

北京市密云区人民法院（2016）京0118民初字第1275号民事判决书

2. 案由：生命权、健康权、身体权纠纷

3. 当事人

原告：王某

被告：韩甲、王甲、韩乙、北京某某小饭桌餐厅

【基本案情】

北京某某小饭桌餐厅系由李某、崔某合伙经营并依法登记设立的有偿就餐服务机构，负责接送附近学校的学生上、下学，并为学生提供午餐及午休场所。王某、韩甲二人均系在该餐厅场所内中午就餐的学生。2015年9月29日中午，王某和韩甲在北京某某小饭桌餐厅就餐之后，王某用手碰了一下韩甲，韩甲还手拉了一下王某，加之当天下雨地面湿滑，导致王某摔倒，门牙摔断。王某受伤后，分别于2015年9月29日、9月30日、10月28日、12月25日和2016年2月14日至北京大学口腔医院治疗及复查。韩甲法定代理人支付了医疗费247.35元、交通费994.5元，北京某某小饭桌餐厅支付了医疗费978.56元、交通费500元，王某法定代理人自行支付了医疗费20元、交通费500元。王某之伤经医院诊断为（牙齿符号）冠折露髓，（牙齿符号）牙本质折断，（牙齿符号）牙齿亚脱位。经多次复查后，医院建议需继续观察牙根发育状态，半年复查，不适随诊。因损失赔偿问题，王某诉于法院。

依据双方庭审陈述，北京某某小饭桌餐厅提供了学生就餐场所地面为地板砖铺设的图片，事发当天下小雨，其未对地面采取特殊处理。

【案件焦点】

“小饭桌”餐厅侵权是否适用教育机构侵权责任。

【法院裁判要旨】

北京市密云区人民法院经审理认为：公民的身体健康权受法律保护。行为人因过错侵害他人民事权益，应当承担侵权责任。无民事行为能力人、限制民事行为能力人造成他人损害的，由监护人承担侵权责任。教育机构一般是指幼儿园（依法设立）、学校以及幼儿园、学校以外为儿童举办的传授文化知识和技能的教育单位。依据北京某某小饭桌餐厅机构设立的性质，难以认定其属于教育机构，故对王某认为应对北京某某小饭桌餐厅适用教育机构侵权责任的诉讼意见，不予采纳；但需指出的是，“小饭桌”虽非教育教学机构，但对于长期在此就餐的小学生，经营人员负有一定安全管理职责，保障就餐学生的人身安全；事发时，王某与韩甲均不满十周岁，北京某某小饭桌餐厅应采取不同于其他餐饮机构的方式为就餐人员提供安全场所，尽到较高的安全注意义务，现因其地面湿滑导致王某受伤，就王某的损失，北京某某小饭桌餐厅应当承担主要赔偿责任。依据本案所查明的情况，韩甲的不当行为也是王某受伤的原因之一，其应当承担次要赔偿责任；因韩甲尚未成年，故其监护人即王甲、韩乙应对王某的损失承担赔偿责任。综合考虑案件具体情况，法院酌定韩甲和北京某某小饭桌餐厅承担的责任比例分别为40%和60%。

经庭审质证和审查核实，法院对王某要求赔偿的医疗费、营养费、护理费、交通费予以确认或酌定；王某要求赔偿的家属误工费，于法无据，法院不予支持；精神损害抚慰金部分，因王某为未成年人，牙齿的损伤确实给其身心成长造成一定损害，故对王某该项诉讼请求酌情予以支持；王某后续治疗费用可待实际且必然发生后另行主张，现其亦撤回该项诉讼请求，法院不持异议。王某感觉不适到医院复查，其行为并无不当，所发生的相关费用韩甲和北京某某小饭桌餐厅应予赔偿，故对北京某某小饭桌餐厅答辩称王某未到复查时间去医院诊疗，费用不应由其负担的意见，不予采纳；韩甲和北京某某小饭桌餐厅已支付的医疗费及交通费，在其应赔偿的数额中予以扣除。

北京市密云区人民法院依据《中华人民共和国侵权责任法》第六条、第十六条、第三十二条，《最高人民法院关于审理人身损害赔偿案件适用法律若干问题的解释》第十八条、第十九条、第二十一条、第二十二条、第二十四条之规定，判决如下：

一、王甲、韩乙除已支付的医疗费、交通费外，再于本判决生效之日起七日内赔偿原告王某医疗费、营养费、护理费、交通费、精神损害抚慰金共计1994.31 元；

二、北京某某小饭桌餐厅除已支付的医疗费、交通费外，再于本判决生效之日起七日内赔偿王某医疗费、营养费、护理费、交通费、精神损害抚慰金共计3375.69 元；

三、驳回王某的其他诉讼请求。

【法官后语】

《中华人民共和国侵权责任法》（以下简称《侵权责任法》）第三十八条规定，无民事行为能力人在幼儿园、学校或者其他教育机构学习、生活期间，受到人身损害的，幼儿园、学校或者其他教育机构应承担责任，但能够证明尽到教育、管理职责的，不承担责任。《侵权责任法》第三十九条规定，限制民事行为能力人在学校或者其他教育机构学习、生活期间受到人身损害，学校或者其他教育机构未尽到教育、管理职责的，应当承担责任。上述规定充分考虑了被侵害主体的特殊性，要求教育机构对无民事行为或限制行为能力的学生必须尽到教育管理义务，保障其人身安全。

“小饭桌”等校外托管机构是否属于教育机构呢？根据一般理解，教育机构是指以学历教育或技能培训为目的，需要有场地、师资要求及教育主管部门给与认证并取得办学资格的组织机构。如幼儿园、中小学校、高等学校、各类职业学校以及少年宫、培训辅导班等。“小饭桌”是负责接送附近学校的学生上、下学，并为学生提供午餐及午休场所的校外托管机构，不具有教育培训的功能，因此“小饭桌”不属于教育机构范畴，在侵权责任认定上不能适用《侵权责任法》第三十八条、第三十九条关于教育机构侵权责任的规定。

那么，“小饭桌”等校外托管机构的侵权责任应当如何认定呢？从服务内容来看，“小饭桌”实质上是有偿托管机构，家长支付托管费，“小饭桌”负责照看、接送学生，提供饮食、休息等服务设施和场地，并负有保护被托管学生人身安全的义务，家长与托管机构之间形成了委托合同关系。因此，如果托管机构没有按照约定提供服务，导致被托管学生受到人身损害，家长可以要求托管机构依法承担违约责任或侵权责任。具体到本案中，事发时王某与韩某均不满十周岁（当时适用《民法通则》第十一条规定，不满十周岁的未成年人是无民事行为能力人，《民法总则》第二十条则规定，不满八周岁的未成年人为无民事行为能力人），北京某某小饭桌餐厅应尽到较高的安全注意义务，现因餐厅地面湿滑导致王某受伤，对此，北京某某小饭桌餐厅应当承担主要赔偿责任。

编写人：北京市密云区人民法院　沈滨

3

物件脱落、坠落损害责任的认定

——汪某诉北京某某物业公司生命权、健康权、身体权案

【案件基本信息】

1. 裁判书字号

北京市第一中级人民法院（2016）一中民终字第5926号民事判决书

2. 案由：生命权、健康权、身体权纠纷

3. 当事人

原告（被上诉人）：汪某

被告（上诉人）：北京某某物业公司

【基本案情】

汪某为某小学学生。2015年10月1日晚8点左右，汪某在其母亲刘某带领下，在北京某某物业公司管理的某某花园小区一中心广场花园玩耍。在汪某与其他小朋友玩躲猫猫游戏期间，汪某躲到该花园内设置的一石凳后，在其用手接触到石凳的过程中，石凳靠背发生倾覆，将其手砸伤，汪某被立即送往医院接受治疗并做了手术。经诊断为：1. 左手中指末节指腹缺损；2. 左手环指末节皮肤逆行撕脱伤；3. 左手中指末节指骨骨折。10月25日，汪某又进行了第二次手术，医生为其开具病

假条45天。为此汪某发生医疗费损失14094.88元，刘某因照看汪某而发生误工费损失2986.67元。上述伤害发生过程中，刘某站在附近不远的地方。诉讼中刘某放弃对汪某伤情做伤残鉴定。

【案件焦点】

1. 北京某某物业公司对汪某的损失是否应承担责任；2. 汪某作为未成年人，其母亲是否应承担监护不当的责任，假如汪某母亲因监护不当承担一定责任，则如何在其与北京某某物业公司之间进行责任分配。

【法院裁判要旨】

北京市海淀区人民法院经审理认为：侵害他人造成人身损害，应赔偿医疗费、误工费等合理费用；被侵权人对损害发生也有过错的，可减轻侵权人责任。本案中，因北京某某物业公司所管理的小区花园内的石凳不牢靠，导致汪某触碰后倒塌致其手部受伤，对此北京某某物业公司应负管理不善之责。因石凳系用来坐人的，故对其牢靠程度要求较高，北京某某物业公司因未及时发现并消除安全隐患，致使本次事故发生，对此应承担主要责任。汪某系未成年人，其母晚上带其到花园玩耍，应负有监护责任，因缺乏对孩子有效监管导致本次事故发生，故应负次要责任。综合考虑本案具体情况，法院认定北京某某物业公司负60%责任，汪某负40%责任。

北京市海淀区人民法院依照《中华人民共和国民法通则》第一百一十九条、第一百三十四条，《中华人民共和国侵权责任法》第十五条、第十六条、第二十六条之规定，作出如下判决：

一、北京某某物业公司于本判决生效后七日内赔偿汪某医疗费8457元、误工费1792元、营养费300元，合计10549元；

二、驳回汪某其他诉讼请求。

北京某某物业公司提起上诉。北京市第一中级人民法院经审理认为：《中华人民共和国侵权责任法》第八十五条规定，建筑物、构筑物或者其他设施及其搁置物、悬挂物发生脱落、坠落造成他人损害，所有人、管理人或者使用人不能证明自己没有过错的，应承担侵权责任。北京某某物业公司所管理的小区花园内的石凳倒塌致使汪某手部受伤，北京某某物业公司不能证明自己没有过错，故应承担侵权责任，赔偿全部损失。一审法院认定北京某某物业公司承担主要责任；汪某系未成年人，其母因缺乏对孩子有效监管导致本次事故发生，故应负次要责任，有悖《中华人民共和国侵权责任法》第八十五条的规定，予以更正。原判虽责任认定有误，赔偿数额过低，但因汪某同意原判，故对原判予以维持。

北京市第一中级人民法院依照《中华人民共和国民事诉讼法》第一百七十条第一款第（一）项规定，判决如下：

驳回上诉，维持原判。

【法官后语】

本案的重点为物件坠落、脱落致害责任的认定，尤其是涉及未成年人时责任划分问题。本案中，一、二审之所以出现分歧，主要在于对《中华人民共和国侵权责任法》（以下简称《侵权责任法》）第八十五条规定的不同理解。本条规定当物件致害情形发生时，物件管领人不能证明自己没有过错的，应承担侵权责任。由此可知，物件致害责任应为过错推定，即受害者只要证明受到物件侵害的事实，则推定物件管领者主观上存在过错，如果其不能证明自己没有过错，则对此承担侵权责任。如果受害者主观为故意，亦或存在过失，则管领人需承担全部侵权责任吗？即过失相抵原则是否适用于本条。

一般而言，受害者对损害发生或扩大也有过错的，让侵权人承担全部赔偿责任，显然有失公允。过失相抵原则就是这样一种平衡性制度，指对损害的产生或扩大，受害者也有过错，法院可依一定标准减轻甚至免除加害者的赔偿责任。过失相抵一般适用于过错责任，过错推定责任实质上为过错责任，只是证明责任倒置而已，因此过失相抵原则同样可适用于过错推定责任中。我国法律对过失相抵原则也有相关规定，《侵权责任法》第二十六条规定，被侵权人对损害的发生也有过错的，可以减轻侵权人的责任。适用过失相抵原则有以下几种情形：(1) 损害发生或扩大完全由受害者故意造成，则行为人可免责。(2) 如果受害者对损害发生或扩大存在故意，而侵权人对损害发生或扩大也有故意或重大过失，则行为人可减轻责任。(3) 对损害发生或扩大，受害者主观上为过失，则行为人也可减轻责任。受害者主观过失又分为重大过失和一般过失，当受害者主观上存在重大过失时，行为人可减轻较多责任；当受害者主观上为一般过失或轻微过失时，行为人可减轻较少责任或不减轻责任。如何认定过失程度呢？通常采用的标准是比照“合理人”来衡量，即将受害者行为同一合理、谨慎、理性人的行为做比较，假如其行为同一合理、谨慎、理性人的行为相距甚远，则受害者过失较重，反之，则过失较轻。

结合《侵权责任法》第八十五条的规定，损害发生或扩大的唯一原因是受害者故意，物件管领人可免责。受害者对损害发生或扩大存在故意，而侵权人对损害发生或扩大也有故意或重大过失，则物件管领人可减轻责任。受害者存在重大过失，物件管领人可减轻较多责任；受害者存在一般过失或轻微过失，物件管领人可减轻较少责任或免责。本案中，小区内的石凳应坚固牢靠，但北京某某物业公司疏于对石凳检查、维修，致石凳处于危险状态，进而砸伤汪某；而汪某之母，不可能预见到供人乘坐的石凳会被小孩推倒，因此其并不存在监护过失，不能适用过失相抵原则，北京某某物业公司应对汪某的损失承担全部责任。

编写人：北京市第一中级人民法院　赵旭涛

4

学校对无民事行为能力人在校期间人身损害的责任承担

——陈某康诉德庆县某某镇某某小学等身体权案

【案件基本信息】

1. 裁判书字号

广东省肇庆市德庆县人民法院（2017）粤1226民初字第32号民事判决书

2. 案由：身体权纠纷

3. 当事人

原告：陈某康

被告：德庆县某某镇某某小学（以下简称某某小学）、某某县教育局、梁某文、梁杰某、李某平

【基本案情】

2016 年 5 月 13 日下午，某某小学在校内操场举行校园歌咏比赛，陈某康和梁某文均为该校学生，当天也参加歌咏比赛活动。比赛期间上厕所的学生较多，秩序混乱，基本上都是跑着去又跑着回来。陈某康在比赛期间上厕所时，梁某文跑在其后面，由于速度比较快，无意间碰撞到陈某康，导致陈某康倒地受伤。事故发生后，陈某康被送到某某县人民医院治疗，随后转广东三九脑科医院继续治疗，于 2016 年 6 月 1 日出院。经广东明镜司法鉴定所鉴定，陈某康颅脑损伤为十级伤残。某某小学除支付陈某康的医疗费、住院伙食补助费 900 元、营养费 4000 元、护理费 1080 元外，对陈某康其他损失不同意赔偿。陈某康为此起诉，请求被告赔偿伤残赔偿金共 95014 元。在诉讼期间，梁某文父母与梁杰某、李某平、陈某康达成庭外协议，自愿赔偿了陈某康上述损失的 30%。陈某康因此撤回了对梁某文、梁杰某、李某平的起诉。

【案件焦点】

某某小学对陈某康在学校受到其他同学意外碰撞造成的人身损害伤害是否存在过错。

【法院裁判要旨】

广东省肇庆市德庆县人民法院经审理认为：陈某康是无民事行为能力人，根据《中华人民共和国侵权责任法》第三十二条第一款“无民事行为能力人、限制民事行为能力人造成他人损害的，由监护人承担侵权责任。监护人尽到监护责任的，可以减轻其侵权责任”和第三十八条规定，“无民事行为能力人在幼儿园、学校或者其他教育机构学习、生活期间受到人身损害的，幼儿园、学校或者其他教育机构应当承担责任，但能够证明尽到教育、管理职责的，不承担责任”的规定，梁某文的监护人梁杰某、李某平依法是赔偿主体；某某小学在组织校园歌咏比赛期间没有尽到教育、管理职责，对学生上厕所的混乱状况没有及时发现和疏导，以致本可避免的伤害事故发生，主观上有过错，也应当属于赔偿主体；某某县教育局与本次伤害事故没有任何关系，不属于赔偿主体。梁某文是未成年人，在校园内造成陈某康受伤，没有证据证明梁某文存在故意的行为，某某小学未充分履行教育、管理职责，是导致本次伤害事故发生的主要原因，主观过错较大，应当承担伤害事故的主要责任；梁杰某、李某平对梁某文的监护不足，是导致本次伤害事故的次要原因，应当承担伤害事故的次要责任；陈某康在校学习期间受到伤害，自身无过错，不应当承担伤害事故的责任。陈某康受伤后造成的经济损失为128442.31元，其中包含：医疗费45827.91元，残疾赔偿金69514.4元（34757.2元/年×20年×10%），住院伙食补助费1900元（100元/天×19天），护理费1900元（100元/天×19天），交通费500元，营养费2000元，鉴定费1800元，精神损害抚慰金5000元。陈某康的上述经济损失根据赔偿主体各自的责任，由某某小学赔偿70%即89909.62元，扣除已支付的51807.91元，仍应赔偿38101.71元给陈某康。

广东省肇庆市德庆县人民法院依照《中华人民共和国侵权责任法》第六条、第十二条、第十六条、第二十二条、第三十八条，《最高人民法院关于审理人身损害赔偿案件适用法律若干问题的解释》第十九条、第二十一条、第二十二条、第二十三条、第二十四条、第二十五条、第三十五条的规定，判决如下：

一、某某小学在本判决发生法律效力之日起十五日内赔偿38101.71元给陈某康；

二、驳回陈某康的其他诉讼请求。

【法官后语】

《中华人民共和国侵权责任法》（以下简称《侵权责任法》）第三十八条规定："无民事行为能力人在幼儿园、学校或者其他教育机构学习、生活期间受到人身损害的，幼儿园、学校或者其他教育机构应当承担责任，但能够证明尽到教育、管理职责的，不承担责任。"一般认为我国民法确定的民事责任归责原则有过错责任原则、无过错责任原则和公平责任原则三种。过错责任原则是指以行为人的过错为依据，判断行为人对其造成的损害应否承担侵权责任的归责原则，适用于一般侵权行为。但是，由于过错本身是一个不断发展的概念，随着政治、经济、科学技术及公民知识水平的不断变化而变化。在许多情况下，由于现有科技水平和知识的限制，很难界定行为人是否存在过错。特别是在一些特殊领域，要探究行为人主观上是否具有故意或者过失几乎不可能，为了保护相对人的合法权益，《侵权责任法》第六条第二款规定了过错责任原则的特殊适用方法，即过错推定责任。过错推定是指为了保护相对人或受害人的合法权益，法律规定行为人只有在证明自己没有过错的情况下，才可以不承担责任。过错推定是过错责任原则的特殊形式，采取举证责任倒置。在一般侵权案件中，如果原告方不能证明自己的主张，将承担败诉的风险。但是在特殊主体侵权责任案件中，如幼儿园、学校或者其他教育机构对其教育、管理的无民事行为能力人的责任，根据《责任侵权法》第三十八条之规定，应适用过错推定原则。无民事行为能力人在这些特殊责任主体内学习、生活期间受到伤害，只要受害方证明其损害事实客观存在且损害发生在上述单位内，即已完成举证责任，也就是说并不要求受害方对幼儿园、学校或者其他教育机构是否存在过错承担举证责任，而是在法律上首先推定这类主体在管理、教育上可能存在过错，如果这类主体不能举证证明自己尽到了相应的教育、管理职责，就应当承担侵权责任。本案中，陈某康作为无民事行为能力人，在参加某某小学组织的活动期间如厕时受到伤害，该学校未能充分举证证明其已经尽到教育、管理的职责，故应当承担侵权责任。

编写人：广东省肇庆市德庆县人民法院　覃治安　翁浩林

5

公共场所对未成年人安全保障义务侵权的判断标准

——周某某、陶某某诉某某医院生命权案

【案件基本信息】

1. 裁判书字号

北京市第二中级人民法院（2016）京02民终字第6414号民事判决书

2. 案由：生命权纠纷

3. 当事人

原告（上诉人）：周某某、陶某某

被告（上诉人）：某某医院

【基本案情】

陶某怡（2013年10月13日出生）系周某某、陶某某之女。2015年10月14日，周某某带陶某怡在某某医院的医学实验中心院内遮雨棚旁的树丛玩耍。后周某某离开，留下陶某怡一人，在此期间，陶某怡不慎由遮雨棚坠入地下室，导致头部严重受伤，后被送往石景山医院及北京儿童医院进行治疗，当日北京儿童医院下达《病危通知书》，次日，陶某怡死亡。周某某、陶某某要求某某医院承担50%的赔偿责任。诉讼过程中，周某某、陶某某提交照片拟证明事发地的遮雨棚年久失修，已严重老化，且周边没有任何警示标志，存在极大的安全隐患。某某医院对照片真实性认可，认可事发地点在医院的医学实验中心，但表示中心不对外开放，进入医学实验中心内的都是成年人，周某某、陶某某和陶某怡进入医学实验中心某某医院并不知情。遮雨棚不能承重是基本的生活常识，不需要做特殊的安全提示，且陶某怡跌落的地点并非正常行走的道路。陶某怡跌落是由于周某某、陶某某没有尽到监护责任所致。

【案件焦点】

某某医院是否应对陶某怡的死亡承担责任以及责任的比例。

【法院裁判要旨】

北京市丰台区人民法院经审理认为：公民的生命权受法律保护，由于过错侵犯他人人身权利的，应承担赔偿责任。陶某怡由遮雨棚坠入地下室受伤后死亡，年仅2周岁，其家属未能尽到管理和教育的监护职责，应承担主要的责任。事发地点位于某某医院的医学实验中心院内，某某医院负有管理责任，应对其设施设备尽到维护和修缮的义务，发现可能造成他人损害的，要及时采取相应的安全措施，事发地点遮雨棚老化严重，儿童可能攀爬其上，存在坠落的可能性，且周边亦未张贴警示标志或设立防护措施，客观上存在一定的安全隐患，故某某医院作为该遮雨棚的管理者，应对陶某怡死亡的后果承担相应的过错责任，其所承担的责任比例法院确定为15%。周某某、陶某某主张的医疗费、死亡赔偿金、丧葬费合法有据，予以确认，某某医院按照15%承担赔偿责任。周某某、陶某某主张的精神损害抚慰金过高，法院依据本案具体情节酌情确定为10000元。综上所述，北京市丰台区人民法院依照《中华人民共和国侵权责任法》第二条、第六条、第十六条、第二十六条之规定，判决如下：

一、某某医院于本判决生效后七日内赔偿周某某、陶某某医疗费、死亡赔偿金、丧葬费、精神损害抚慰金等共计78051.75元；

……

五、驳回周某某、陶某某的其他诉讼请求。

判决后，双方当事人均不服，分别上诉。北京市第二中级人民法院经审理认为：本案争议的焦点是某某医院应否对陶某怡的死亡承担责任以及责任的比例。根据本案查明的事实，周某某、陶某某作为陶某怡的监护人，未能尽到监护义务，应对陶某怡死亡的后果承担主要责任。某某医院应对遮雨棚进行定期维护，排除隐患，以确保安全，但其未能尽到上述义务，原审法院认定其有一定的管理责任，具有一定的过错并无不当。原审法院根据本案的实际情况酌情确定某某医院承担15%的赔偿责任亦无不当，予以确认。对周某某、陶某某上诉要求某某医院承担至少50%的赔偿责任，以及某某医院不同意承担赔偿责任的上诉请求均不予支持。双方对于原审法院确定的损失数额未提异议，予以确认。

综上所述，北京市第二中级人民法院依照《中华人民共和国民事诉讼法》第一百七十条第一款第（一）项之规定，法院判决如下：

驳回上诉，维持原判。

【法官后语】

《最高人民法院关于审理人身损害赔偿案件适用法律若干问题的解释》第六条规定以及《中华人民共和国侵权责任法》第三十七条规定是目前审理违反安全保障义务侵权案件的主要依据。所谓安全保障义务主要是指从事住宿、餐饮、娱乐等经营活动或者其他群众性活动的自然人、法人、其他组织应尽的合理限度范围内的使他人免受人身及财产损害的义务。上述法律仅对未尽安全保障义务应承担法律责任作出了规定，但安全保障义务本身并没有对义务人注意的内容和标准给出明确的规定。一般来讲，判断义务人是否履行了安全保障义务，主要从以下四个方面加以把握：(1) 法定标准，即法律法规对安全保障义务的内容有直接规定，应严格遵守法律法规的明确规定；(2) 善良管理人标准，即以具有相当知识经验的人，对于一定事件所用注意作为标准客观加以认定；(3) 一般标准，即经营者或者社会活动组织者对于一般的被保护人所承担的义务就是对于隐蔽性危险负有告知义务，对于受邀请者则负有一般的告知和注意义务；(4) 特别标准，如果在经营活动或社会活动领域存在对未成年人具有诱惑力的危险时，经营者或者社会活动的参与者应当负有特定的安全保障义务：一是消除这种危险，使之不能发生；二是将儿童与该种危险进行隔离，使其不能接触到该种危险；三是采取其他措施，保障儿童不能受到危害。①

之所以对未成年人的安全保障义务采用特别标准，主要是因为在侵权责任法中，判断不同类别群体的过失标准，可以采用“客观但有区别”原则。“客观但有区别”原则，是指在一般社会交往中，基于他人对交往安全性的信赖，一个社会成员应当尽到的注意时其所属群体中典范成员的注意。这一典范成员被称为“理性人”，为法律上的虚构，可分为“理性成年人及组织团体”“理性未成年人”和“理性残疾人”三项标准，其中“理性未成年人”是对未成年人采取降低的行为标准，记载判断合理注意时，依特定年龄、智力及身体发育程度的未成年人可期待的注意。② 这是因为未成年人相对于其他社会成员通常要求有更多的保护，其在侵权法上的表现就是将未成年人的行为标准与成年人区别对待并适当放宽。因此，安全保障义务人应该针对不同的对象采取不同标准的安全保障义务。未成年人对于周围环境缺乏较高的认知能力和丰富的社会经验，对于危险并不能像理性成年人一样可以识别和避免。因此针对未成年人的安全保障义务适用高标准是很有必要的，这也有利于为未成年人的健康成长提供安全的社会环境。

具体到本案中，如何看待有诱惑力的危险，并不能按照理性成年人的角度来看待，如某某医院认为事发地点并不是通行道路等。某某医院对于其基础设施，应当采取有效措施予以完善，尽到充分、合理的注意及安全保障义务，尽力避免伤害事件的发生。

编写人：北京市丰台区人民法院　郭婧芳

① 杨立新：《侵权责任法原理与案例教程》，中国人民大学出版社2008年版，第188页。

② 郭立军：《公共场所对未成年人的安全保障义务探析——以未成年人溺亡为视角》，载《青少年犯罪问题》2014年第2期。

6

未成年人侵权，监护人的责任承担及身份列明

——金某诉王甲等生命权、健康权、身体权案

【案件基本信息】

1. 裁判书字号

北京市密云区人民法院（2016）京0118民初字第2262号民事判决书

2. 案由：生命权、健康权、身体权纠纷

3. 当事人

原告：金某

被告：王甲、王乙、孙某、北京某某文化传播有限公司（以下简称某某公司）

【基本案情】

金某与王甲均系首都师范大学附属某中学学生，金某系学校跆拳道社（以下简称跆拳道社）社长，王甲系跆拳道社学员，某某公司法定代表人杨某系跆拳道社聘请的指导老师。2015年3月28日，应杨某邀请，金某与王甲及跆拳道社其他学员到某某公司位于密云县（现密云区，下同）沙河早市西北角简易房二层的跆拳道馆学习。在金某与王甲练习过程中，王甲将金某踢伤。

金某受伤后，随即到北京市密云县中医医院治疗，经诊断为："左侧阴表睾丸外伤"，建议："1. 药物治疗；2. 休息3天。"后金某又在北京市密云县妇幼保健院、北京大学第一医院治疗。诉讼中，金某主张支付医疗费6000元，经法庭核对其提供医疗费票据总额为825.72元，王甲及其父母王乙、孙某主张支付医疗费2800元，但未举证，金某不予认可。另王乙、孙某曾给付金某1000元。

至于金某受伤时其是否佩戴护具一节，王甲主张经其及某某公司教练提示金某未佩戴护具，而王甲佩戴护具；庭审中，金某法定代理人姜某某对此陈述，金某身体有伤，在事发当天双方仅是互相比划，并非实战，是某某公司教练一再要求金某

做动作，而当时金某并非某某公司的员工和学员，没有必要佩戴护具。

另在诉讼中，金某主张对伤情进行伤残等级及男性性功能障碍鉴定，后又向法院陈述，其就鉴定事项与北京明正司法鉴定中心沟通，因金某本人年龄较小，不具备做男性性功能障碍鉴定的条件，无法鉴定，故申请撤回鉴定申请。

【案件焦点】

王甲、王乙、孙某在该案中的身份列明及责任承担。

【法院裁判要旨】

北京市密云区人民法院经审理认为：公民的人身权利受到法律保护。对未成年人依法负有教育、管理、保护义务的教育机构，未尽职责范围内的相关义务致使未成年人遭受人身损害的，应当承担与其过错相应的赔偿责任。

本案中，双方当事人均认可金某在某某公司跆拳道馆与王甲练习时受伤，并系王甲致伤，故法院对此事实予以认定，但对于各自的责任分配，双方争议较大。对此，法院分析如下：

首先，关于金某的责任问题，法院认为，事发时金某虽未成年但已年满十六周岁，且其学习跆拳道多年，系黑带选手，其本人对于进行跆拳道对抗训练所具有的风险应具有相应的认识，在进行练习时，应当依照规定佩戴相应的护具，但金某怠于预见可能发生的风险，其自身对于该起事故的发生具有过失，应自担部分责任，但鉴于其尚未成年，故酌定其自担比例为全部损失的20%。

其次，关于王甲的责任问题，法院认为，王甲虽直接致伤金某，但应当认定王甲对于金某受伤不具有严重违规行为或者故意加害行为，但亦应说明，王甲之前亦有跆拳道学习经历，对此种对抗性活动的伤害性应当有所了解，应注意到金某未佩戴护具的事实，基于此种情形，在训练中应予以适当的风险防范与化解，王甲未尽到前述合理的注意义务，亦应承担赔偿责任，对王甲在本案中的责任比例，法院酌定为30%，王乙、孙某亦应在此范围内承担赔偿责任。

最后，关于某某公司的责任问题，法院认为，某某公司作为专业的跆拳道培训机构，虽非教育机构，但在其组织学员进行参观训练时，亦应负有保障学员安全的法律义务，在组织未成年学员进行训练时，更应当对学员因训练可能引致的各种风险严加防控，本案中，某某公司工作人员未能尽到充分的管理职责及注意义务，未对学员于对抗训练时佩戴护具情况进行提示及严格约束，具有过错，故某某公司作为训练的组织者应承担相应的赔偿责任，具体责任比例法院酌定为50%。

北京市密云区人民法院依照《中华人民共和国侵权责任法》第六条、第十六条、第二十六条、第三十二条、第三十九条之规定，作出如下判决：

一、某某公司于本判决生效之日起七日内赔偿金某医疗费、护理费、营养费、交通费、精神损害抚慰金共计3963元；

二、王甲、王乙、孙某除已给付金某赔偿款1667.42元外，再于本判决生效之日起七日内赔偿金某医疗费、护理费、营养费、交通费、精神损害抚慰金共计710元；

三、驳回原告金某的其他诉讼请求。

【法官后语】

本案双方当事人对损害事实基本无争议，但在立案之初，金某并未将王甲的父母即监护人列为共同被告，关于此问题，当事人争议较大，对此，笔者分析如下：

无民事行为能力人、限制民事行为能力人侵权时，关于监护人的责任承担问题，最初在《中华人民共和国民法通则》（以下简称《民法通则》）第一百三十三条中规定："无民事行为能力人、限制民事行为能力人造成他人损害的，由监护人承担民事责任。监护人尽了监护责任的，可以适当减轻他的民事责任。有财产的无民事行为能力人、限制民事行为能力人造成他人损害的，从本人财产中支付赔偿费用。不足部分，由监护人适当赔偿，但单位担任监护人的除外。"

2010年7月1日，《中华人民共和国侵权责任法》（以下简称《侵权责任法》）施行后，对上述内容加以修改，在第三十二条中规定为："无民事行为能力人、限制民事行为能力人造成他人损害的，由监护人承担侵权责任。监护人尽到监护责任的，可以减轻其侵权责任。有财产的无民事行为能力人、限制民事行为能力人造成他人损害的，从本人财产中支付赔偿费用。不足部分，由监护人赔偿。"

根据上述法律规定的变化来看，虽然只是对法条中的个别用词进行了调整，但对于侵权责任的主体及责任承担的规定确有明显不同，《侵权责任法》的相关规定有两个突出特点：

一是加重了监护人的责任，将监护人的责任"由监护人适当赔偿"修改为"由监护人赔偿"，明确了在无民事行为能力人和限制民事行为能力人侵权案件中，监护人承担侵权责任，对无民事行为能力人、限制民事行为能力人的财产不足以赔偿部分，监护人不再是只承担适当赔偿责任；二是明确了单位监护人应当承担与非单位监护人同样的责任，《民法通则》中规定单位监护人区别于自然人监护人，有免赔情形，但《侵权责任法》删除了“但单位担任监护人的除外”，确定了自然人监护人与单位监护人同等担责。

2017年10月，《中华人民共和国民法总则》施行，但对上述问题并未另行规定，故在司法实践中，仍然应当以《侵权责任法》的规定为依据，秉持先行保护被侵权人利益为原则，故在本案中，王甲的监护人王乙、孙某应当在王甲的责任范围内承担赔偿责任。

至于王乙、孙某的身份列明问题，根据《最高人民法院关于适用〈中华人民共和国民事诉讼法〉的解释》第六十七条之规定，应当列监护人与被监护人为被告。从审判实践来看，将无民事行为能力人、限制民事行为能力人列为被告有利于人民法院查清案件事实、分清责任，而将监护人列为被告对人民法院生效裁判的执行也有重大意义。

编写人：北京市密云区人民法院　朱成辉

7

监护人疏于监护，未成年人意外伤害的责任认定

——孙某某、李某某诉邓某某等生命权、健康权、身体权案

【案件基本信息】

1. 裁判书字号

云南省昆明市中级人民法院（2016）云01民终字第3600号民事判决书

2. 案由：生命权、健康权、身体权纠纷

3. 当事人

原告（被上诉人）：孙某某、李某某

被告（上诉人）：邓某某

被告：安宁市某某街道某某村民委员会（以下简称某某村委会）、安宁市某某街道某某村委会某某村小组（以下简称某某村小组）

【基本案情】

孙某某、李某某系夫妻关系，其子孙某明生于2001年8月15日。2015年6月27日下午，孙某明、孙世某及表弟到安宁市某某村小坝玩耍时，孙某明、孙世某不慎落水死亡，经安宁市公安局刑事科学技术室法医对孙某明尸体进行尸表检验，认定孙某明系溺水死亡。孙某明生前就读于安宁市昆钢第五小学五年级。事发后，邓某某为处理孙某明丧葬事宜向孙某某、李某某垫付了40000元。

1. 2000年7月19日，某某村小组（作为甲方）与邓某某（作为乙方）签订了《土地承包合同》，约定：甲方将山地、果园、鱼塘承包给乙方主要作种植、养殖业之用，承包期从2001年1月1日起至2030年12月31日止，共计三十年。涉事水塘位于邓某某承包土地范围之内，属于某某村小组集体土地，水塘周围无任何安全防范措施。

2. 关于孙某某、李某某及死者长期居住地情况及死者身份情况，孙某明是2010年9月1日入学，入学至死亡时已经近六年。

【案件焦点】

当事人各方对孙某明的死亡是否存在过错，以及根据各自过错应承担的责任。

【法院裁判要旨】

云南省安宁市人民法院经审理认为：《中华人民共和国民法通则》第九十八条规定："公民享有生命健康权。"本案中，死者孙某明已年满13周岁，属于限制民事行为能力人，具有一定的识别、预见能力，应当知道在野外水塘边玩耍的危险性，对于损害的发生存在过错。孙某某、李某某作为死者孙某明的法定监护人，未履行监护职责，疏于对被监护人进行管理和教育，使被监护人在脱离监护范围的情况下在危险地带玩耍，导致悲剧的发生，故其对孙某明的死亡存在过错，应承担主要责任。关于邓某某是否需要承担责任的问题，邓某某承认涉事水塘在其承包范围之内，但辩称该水塘所属地块已经被昆明铁路枢纽扩能改造工程项目征收，且该水塘是中铁六局开挖用于取水的，故不应由其承担责任。但综合全案各方提供的证据来看，《某某街道办事处国土资源所关于某某村委会某某村原铁路大桥旁甘泉山庄土地权属情况说明》、证人余某某的证言及《昆明铁路枢纽扩能改造项目（安宁段补征地）勘测定界图》可以形成证据链，证实涉事水塘地块并未被征收，仍然属于某某村小组集体所有，邓某某作为该地块的承包人，对该地块实际进行管理和使用。涉事水塘虽然不属于公共服务场所，但距离村庄较近，对水塘的形成原因，仅有证人武某祥和武某良的证言并不足以证实，但作为承包人的邓某某对水塘形成带来的潜在危险持放任态度，未采取相应的安全防护措施，未尽到管理维护的义务，因此邓某某对孙某明的死亡应根据其过错程度承担相应的赔偿责任。某某村小组虽为涉事水塘所属地块所有权人，但已将该地块承包给了邓某某，某某村小组对该地块无管理义务，对孙某明的死亡无过错，不承担赔偿责任。某某村委会作为村民自我管理、自我教育、自我服务的基层群众性自治组织，并不负有监督、管理其分设的村小组及其土地承包人行为的义务，因此，孙某某、李某某主张某某村委会承担责任，无事实和法律依据，不予支持。综上，根据各方过错程度确定针对孙某明的死亡，邓某某应承担10%的赔偿责任。

孙某某、李某某因其子孙某明死亡产生的损失为：死亡赔偿金485980元、丧葬费27184元，共计513164元，由邓某某承担10%，即51316.4元，扣除邓某某已先行垫付的40000元，邓某某还应向孙某某、李某某赔偿11316.4元。

综上所述，云南省安宁市人民法院依照《中华人民共和国民法通则》第十八条、第九十八条，《中华人民共和国侵权责任法》第六条第一款、第十五条、第十六条、第十八条，《最高人民法院关于审理人身损害赔偿案件适用法律若干问题的解释》第二十七条、第二十九条，《中华人民共和国民事诉讼法》第六十四条第一款，《最高人民法院关于民事诉讼证据的若干规定》第二条之规定，判决如下：

一、由邓某某于本判决生效之日起十日内一次性赔偿孙某某、李某某11316.4元；

二、驳回孙某某、李某某的其他诉讼请求。

邓某某不服一审判决，提起上诉。

云南省昆明市中级人民法院经审理认为：《最高人民法院关于民事诉讼证据的若干规定》第七十二条第一款规定：“一方当事人提出的证据，另一方当事人认可或者提出的相反证据不足以反驳的，人民法院可以确认其证明力。”第七十七条第（一）项规定，“人民法院就数个证据对同一事实的证明力，可以依照下列原则认定：（一）国家机关、社会团体依职权制作的公文书证的证明力一般大于其他书证”。本案中，金方国土资源所出具的《情况说明》载明：“铁路围栏外水塘土地的权属，属于某某村小组集体土地”，邓某某对此虽不认可，但该说明系金方国土资源所依据职权出具，且该所与某某村小组、某某村委会之间不存在行政隶属关系，其与本案不存在利害关系。而邓某某提交的地形图系昆明泛基科技有限公司出具，该公司是否有主体资格、是否有测绘资质尚不清楚，即便该公司具有相应资质，但其出具的地形图的证明力小于金方国土资源所出具的《情况说明》。一审法院根据金方国土资源所出具的《情况说明》认定事发水塘属于邓某某承包范围内、邓某某对水塘负有管理义务，符合法律规定，依法予以维持。至于邓某某主张某某村小组、某某村委会未将土地征收的情况及时告知，因其未能提交相应证据证实其观点，故不予支持。因双方当事人对一审法院认定的损失数额均无异议，依法予以维持。综上所述，一审法院认定事实清楚，适用法律正确，依法予以维持。邓某某的上诉请求无法律依据，依法予以驳回。据此，根据《中华人民共和国民事诉讼法》第一百七十条第一款第（一）项、第一百一十八条之规定，判决如下：

驳回上诉，维持原判。

【法官后语】

过错责任是指造成损害不必然承担赔偿责任，必须在同时满足以下条件时，行为人才应承担侵权责任：一是行为人实施了某一行为；二是行为时有过错；三是受害人的民事权益受到损害；四是行为人的行为与受害人的损害之间有因果关系。受害人对损害的发生也有过错的，侵权行为人可以受害人的过错为主张进行抗辩，要求减轻自己的侵权责任，其结果主要是减少损害赔偿的数额，在学理上一般称为“与有过失”或“过失相抵”。《中华人民共和国侵权责任法》第六条、第二十六条分别对过错责任原则和过失相抵进行了规定。

本案中，孙某某、李某某以邓某某、某某村委会、某某村小组侵犯其子孙某明生命权为由向邓某某、某某村委会、某某村小组主张侵权责任。首先，应考虑邓某某、某某村委会、某某村小组是否具有过错。邓某某作为涉案水塘承包人，对涉案水塘具有实际的管护责任，但其未在涉案水塘周边搭建防护围栏，或者设置提示牌，未尽到对涉案水塘管理维护的义务，其疏于管理涉案水塘的行为与受害人的死亡结果存在因果关系，其对于被害人死亡具有过错。某某村委会与某某村小组不是涉案水塘的实际管理人，不具有对涉案水塘管护的义务，因此对于被害人的死亡结果不存在过错。其次，根据邓某某的过错程度，如何确定赔偿责任。在认定邓某某承担赔偿责任时，应同时考虑受害人系未成年人的特殊情况。根据《中华人民共和国民法通则》第二十八条、第三十四条的规定，孙某某、李某某系受害人父母，是受害人的监护人，孙某某、李某某应当履行监护责任，保护被监护人的人身、财产及其他合法权益，监护人不履行监护职责或者侵害被监护人的合法权益的，应当承担责任。由于孙某某、李某某疏于对受害人的看护、照管，让受害人独自到水塘边玩耍，造成受害人溺亡，对此，孙某某、李某某作为监护人也有不可推卸的责任。根据“过失相抵”原则，综合孙某某、李某某和邓某某各自的过错程度，法院最终确定邓某某应承担10%的赔偿责任。

从本案中可以看到，未成年人由于心智不成熟，极易受到伤害，对这一弱势群体的安全意识教育不仅仅是学校的义务，同样也是未成年人的监护人应当担负的义务，监护人应当教育未成年人具备安全意识和安全常识，同时应当切实履行监护职责。

编写人：云南省安宁市人民法院　史莎丽

8

学生在上课期间发生人身损害的责任认定

——曾某雄诉杨某志等生命权、健康权、身体权案

【案件基本信息】

1. 裁判书字号

广东省梅州市中级人民法院（2016）粤14民终字第403号民事判决书

2. 案由：生命权、健康权、身体权纠纷

3. 当事人

原告（反诉被告、上诉人）：曾某雄

被告（被上诉人）：杨某志、杨某某、杨某艺

被告（反诉原告、被上诉人）：梅州市梅江区某某中学（以下简称某某中学）

【基本案情】

曾某雄原是某某中学高二学生。2014 年 9 月 28 日下午第二节课（英语课）期间，曾某雄与同桌同学杨某志因琐事发生冲突，冲突过程中，曾某雄左手不慎受伤。对冲突经过，曾某雄与杨某志描述不一。曾某雄称是杨某志用扇子扇凉时，将扇子拿到其眼前转来转去，其认为会伤害到他的眼睛，要求杨某志拿开，但杨某志不听，反而抓住其左手用力摔到其铁制课椅靠背上，导致其左手手掌受伤。杨某志对此予以否认，称其搞卫生后，因热便用扇子扇凉，在没有干扰到曾某雄、曾某雄也没有警告的情况下，曾某雄突然用左手拍打其，其躲闪开，曾某雄的左手击打到其课椅背上并受伤。

曾某雄左手手掌受伤后，因只感到麻木，故未当场向英语老师报告。但下课后，感觉手掌肿痛，此时班主任正好到教室，曾某雄遂向班主任老师进行了报告。对此后学校的处理过程，曾某雄与某某中学发生争议。曾某雄称其受伤后，班主任并未带其到学校医务室，其只好打电话给母亲杨艳某，杨艳某来到学校后才将曾某雄送至梅州市人民医院治疗。某某中学则称知道曾某雄受伤后，班主任老师第一时间便通知曾某雄及杨某志双方家长到学校，因觉得直接到医院治疗较妥，故未去学校医务室，而由班主任老师直接搭载曾某雄送医院治疗。

经梅州市人民医院诊断，曾某雄伤情为：左第 5 掌骨骨折。曾某雄为此住院治疗至 2014 年 10 月 14 日。出院医嘱建议：1. 加强功能锻炼；2. 如出现伤口渗液、流脓及时返院复诊；3. 出院后一个月、三个月、半年复查 X 光；4. 一年后返院拆除内固定，费用大概 15000 元；5. 加强营养，住院期间陪护 2 人。曾某雄出院后，于 2015 年 3 月 6 日委托广东嘉应法医临床司法鉴定所进行伤残鉴定。同月 16 日，该鉴定所依照《劳动能力鉴定职工工伤与职业病致残等级范围》相关规定，评定原告构成九级伤残。

曾某雄受伤后，杨某志父母支付给其1000元。某某中学称包括医疗费、营养费、交通费等，先后共支付了31754元给曾某雄。但曾某雄否认，认为某某中学共支付了15000元。

此后，因对剩余赔偿问题协商未果，曾某雄遂将杨某志、某某中学诉至法院，要求其赔偿104766.4元。诉讼中，因杨某志侵权时未满18周岁，曾某雄申请追加了杨某志父母杨某某、杨某艺作为共同被告，并变更诉讼请求，将赔偿款增加至182755.6元。

【案件焦点】

学生在学校上课期间受伤，学校是否需要担责。

【法院裁判要旨】

广东省梅州市梅江区人民法院经审理认为：对于本案冲突的起因、经过，曾某雄与杨某志描述不一，均认为错在对方。《最高人民法院关于民事诉讼证据的若干规定》第二条规定，当事人对自己提出的诉讼请求所依据的事实或者反驳对方诉讼请求所依据的事实有责任提供证据加以证明，没有证据或证据不足以证明当事人的事实主张的，由负有举证责任的当事人承担不利后果。鉴于曾某雄、杨某志对冲突经过的描述均未提供证据加以证实，且所描述经过均有悖常理，均不采信。对冲突经过，法院依西郊派出所的处警案卷确定事实。在该派出所对相关人员所作的《询问笔录》中，朱某是现场目击者，对冲突过程的描述来自现场，具有较高真实度，且与英语老师、班主任老师事后向曾某雄、杨某志了解的情况、杨某志的陈述基本对应，故应作为案件事实认定的主要依据。按朱某的描述，曾某雄认为杨某志上课期间扇扇子影响其学习，其本应通过向老师反映解决问题，但其却用作业本拍打杨某志，有错在先。在杨某志推了他一把后，其仍未向任课老师报告，而是用手掌拍打杨某志背部，因杨某志闪开，其手掌打到杨某志课椅靠背上而受伤。而杨某志在曾某雄告知扇扇子影响其学习后，本可设法避免，但杨某志却不理会；在被曾某雄用作业本拍打后，杨某志未向老师反映，而是推了曾某雄一把，导致事态激化，对冲突及曾某雄损伤结果的发生存在一定因果关系，应承担相应责任。但因曾某雄本身存在过错，可以减轻其责任。杨某志侵权时未满18周岁，其责任应由其父母承担。英语老师作为任课老师，在上课期间负有监管学生的职责，但其未尽注意义务，监管不力，未及时发现、阻止曾某雄与杨某志的冲突，也应当承担责任。但因其在履行职务，故其责任应由某某中学承担。某某中学认为曾某雄受伤是其自身故意造成，依据不足，法院不予采信。因曾某雄受伤主要是其自身原因造成，依据曾某雄、杨某志、英语老师各自过错程度，认定曾某雄按50%、杨某志按20%、某某中学按30%的比例承担责任份额。

关于某某中学的反诉问题。某某中学提交的《某某中学给予曾某雄的费用记录》为单方制作，曾某雄不确认；《收条》4张为复印件，无原件核对，虽有录音资料佐证，但无法认定是否与原件一致；《录音光盘》虽能证明某某中学曾多次付款给曾某雄，但无法得出合计数额为31754元，只能辨别约支付了15000元给曾某雄。因此，上述三份证据均不足以证明某某中学共支付了31754元给曾某雄。对《梅州市城镇居民基本医疗保险住院医疗费支付单》（复印件），因曾某雄是否向社保机构报销医疗费并不影响侵权人的赔偿责任，故认定该证据与本案无关联。综上，某某中学主张曾某雄受伤后共支付给31754元给曾某雄依据不足，不予采信。按曾某雄的自认，认定某某中学事发后共支付了15000元给曾某雄。该15000元在抵对某某中学应赔偿金额10173.6元后，超出部分4826.4元可要求曾某雄返还。曾某雄否认某某中学提交的录音资料是其方声音，但又不申请鉴定，认定其无证据反驳，对该录音资料真实性予以采纳。

广东省梅州市梅江区人民法院依照《中华人民共和国侵权责任法》第六条、第十六条、第二十六条、第三十二条第一款、第三十四条第一款、第三十九条，《最高人民法院关于贯彻执行〈中华人民共和国民法通则〉若干问题的意见（试行）》第一百六十一条第一款，《最高人民法院关于审理人身损害赔偿案件适用法律若干问题的解释》第十九条、第二十一条、第二十二条、第二十三条、第二十四条，《最高人民法院关于民事诉讼证据的若干规定》第二条之规定，判决：

一、杨某某、杨某艺应于本判决生效后五日内赔偿5782.4元给曾某雄。

二、曾某雄应于本判决生效后五日内返还4826.4元给某某中学。

三、驳回曾某雄的其他诉讼请求。

四、驳回某某中学的其他反诉请求。

宣判后，曾某雄不服，提起上诉。广东省梅州市中级人民法院经审理认为：自然人的健康权受法律保护，行为人因过错侵害他人健康权，应当承担侵权责任。被侵权人对损害的发生也有过错的，可以减轻侵权人的责任。

关于原审判决认定各方当事人责任划分是否恰当问题。本案中，曾某雄虽诉称其伤情是杨某志在上课期间拿着其左手用力摔在椅子上造成的，但其并没有提出相关证据和充分理由证明其主张成立，而根据西郊派出所对相关人员所作的《询问笔录》，其中现场目击者朱某对冲突过程的陈述，与本案任课英语老师、班主任老师和杨某志的陈述高度吻合，已达到高度盖然性的标准，足以确认曾某雄与杨某志当时系因杨某志扇扇子问题产生肢体冲突，曾某雄用左手去捶杨某志后背时因杨某志闪开，导致其手掌骨折的事实。可见，曾某雄的伤情系其自身原因所致。杨某志的行为是事发的诱因，具有一定过错。英语老师作为某某中学任课老师在上课期间监管不力，未尽其职责范围内相关注意义务，亦具有一定过错。故原审判决根据曾某雄、杨某志、英语老师的各自过错程度，认定曾某雄承担 50% 的过错责任，杨某志承担 20% 的过错责任，某某中学承担 30% 的过错责任，符合本案的事实和法律规定，责任划分恰当，应予维持。

关于曾某雄是否构成九级伤残问题。根据《最高人民法院关于民事诉讼证据的若干规定》第二十七条“当事人对人民法院委托的鉴定部门作出的鉴定结论有异议申请重新鉴定，提出证据证明存在下列情形之一的，人民法院应予准许：（一）鉴定机构或者鉴定人员不具备相关的鉴定资格的；（二）鉴定程序严重违法的；（三）鉴定结论明显依据不足的；（四）经过质证认定不能作为证据使用的其他情形。对有缺陷的鉴定结论，可以通过补充鉴定、重新质证或者补充质证等方法解决的，不予重新鉴定”的规定，本案曾某雄事发时系某某中学的未成年在校学生，并非《劳动能力鉴定职工工伤与职业病致残等级》（GB/T16180－2014）规定适用于职工在职业活动中因工负伤和因职业病致残的情形，故广东嘉应法医临床司法鉴定所依照《劳动能力鉴定职工工伤与职业病致残等级》评定曾某雄构成九级伤残，该鉴定结论明显依据不足，属于上述司法解释规定应重新鉴定情形。而曾某雄在原审中拒不配合重新鉴定，导致鉴定机构无法作出重新鉴定结论。故原审法院未采信广东嘉应法医临床司法鉴定所出具的鉴定意见，认定曾某雄不构成九级伤残，处理正确，依法应予维持。

综上，曾某雄的上诉理由不能成立，对其上诉请求不予支持。原审认定事实清楚，适用法律正确，应予维持。依照《中华人民共和国民事诉讼法》第一百七十条第一款第（一）项之规定，判决如下：

驳回上诉，维持原判。

【法官后语】

公民的生命健康权受法律保护。限制民事行为能力人在学校学习、生活期间，受到他人伤害，侵权人应承担侵权责任。被侵权人对损害的发生也有过错的，可以减轻侵权人责任。学校未尽到教育、管理职责的，应依法承担责任。

学校教育是由专职人员和专门机构承担有目的、有系统、有组织的，以影响受教育者的身心发展为直接目标的社会活动。学校与学生之间的关系，是教育与被教育、管理与被管理、保护与被保护的关系。首先，在教学活动中，学校与学生之间的主体地位不同，权利义务关系也不同，学校作为教育机构，应履行向学生传授知识、培养学生良好品德的职责。其次，学校对学生的管理是开展教育活动的重要方式，也是达到教学目的的措施和手段。最后，学校在教育活动中不仅负有教书育人的职责，同时也应保护学生的身心健康不受侵害。因此，对学校而言，教育、管理、保护学生均为其法定义务，违反上述法定义务，学校就要承担相应的民事责任。《中华人民共和国侵权责任法》（以下简称《侵权责任法》）对限制民事行为能力人和无民事行为能力人受到人身损害的情况，对校方分别规定了不同的归责原则。其中，第三十八条规定："无民事行为能力人在幼儿园、学校或者其他教育机构学习、生活期间受到人身损害，幼儿园、学校或其他教育机构应当承担责任，但能够证明尽到教育、管理职责的，不承担责任。"也就是说，对于无民事行为能力人，校方应尽到更多的注意义务，因此采用的是过错推定原则。即在诉讼中，实行举证责任倒置，将举证责任归于校方，只有校方能够证明其在教学管理活动中没有过错，尽到足够的管理教育职责，方可免责。同时，第三十九条规定："限制民事行为能力人在学校或者其他教育机构学习、生活期间受到人身损害，学校或者其他教育机构未尽到教育、管理职责的，应当承担责任。"由于限制行为能力人较无行为能力人在辨识能力上有所不同，校方仅承担过错责任。即在诉讼中，举证责任归于受害学生一方，由原告对校方的过错进行举证，如原告不能举出相应的证据，其请求校方承担责任的主张将不能成立。第四十条规定："无民事行为能力人或者限制民事行为能力人在幼儿园、学校或者其他教育机构学习、生活期间，受到幼儿园、学校或者其他教育机构以外的人员人身损害的，由侵权人承担侵权责任；幼儿园、学校或者其他教育机构未尽到管理职责的，承担相应的补充责任。”对于第三人侵权的，则根据第三人实施的侵权行为的性质来确定适用的归责原则。如果第三人不能承担或者不能完全承担赔偿责任，而幼儿园、学校或者其他教育机构未尽到管理职责，具有过错的，则应当承担与其过失相应的补充赔偿责任。《侵权责任法》的上述三条规定，从另一个方面反映了立法者要求学校对无民事行为能力的学生承担更充分的安全保障义务，而对于限制行为能力的学生则要求学生自己对自身行为进行适当的管理和控制，对于第三人的侵权，则要求学校要尽到安全保障义务，避免学生伤害事件的发生。

就本案来说，侵权行为发生在学校上课期间，受害人和侵权人均未满18周岁，属限制民事行为能力人，本应遵守课堂纪律，认真上课，但却因杨某志扇扇子问题产生冲突。且未能选择正当途径解决冲突；而任课老师又因疏于监管，未及时发现、阻止双方的冲突，故对于曾某雄之损害，曾某雄自身和杨某志、某某中学都有过错，应根据其各自过错程度，分担责任。

编写人：广东省梅州市梅江区人民法院　杨洁

9

学生在足球比赛中受伤学校是否应当担责

——迪某诉乌什县某某小学、乌什县某某中学身体权案

【案件基本信息】

1. 裁判书字号

新疆维吾尔自治区阿克苏地区中级人民法院（2016）新民终字第163号民事判决书

2. 案由：身体权纠纷

3. 当事人

原告（上诉人）：迪某

被告（上诉人）：乌什县某某小学

被告（被上诉人）：乌什县某某中学

【基本案情】

2014年5月13日，乌什县人民政府教育局下发《通知》，定乌什县2014年中小学生“希望杯”足球、乒乓球比赛延期和田径运动会事宜。乌什县某某小学与麦某提小学协商在比赛前举行一场友谊赛，因双方学校无标准的足球场地，就借用乌什县某某中学的足球场地。2014年5月15日下午，两校的体育教师带领学生到乌什县某某中学进行足球友谊比赛，迪某系足球队员之一。比赛中迪某与对方球员在抢球时摔倒受伤，导致其左手肘关节处骨折。迪某住院治疗25天，花费医疗费15997.24元、门诊费771.4元，出院医嘱：注意休息，加强营养……经新疆维吾尔自治区司法鉴定科学技术研究所司法鉴定，评定迪某的伤残为九级伤残、护理期180日、后续治疗费20000元。迪某系农业户口，乌什县九眼泉社区于2015年7月3日出具证明，证明迪某及其父亲自2003年在该社区居住至今。在学校的组织下，迪某投保了意外伤害险和新农合保险，保险公司已按保险合同赔偿意外伤害赔偿金10000元，新农合保险补偿7895.46元，其自付8101.78元。

【案件焦点】

迪某在学校组织的足球比赛中受伤，学校是否应当承担赔偿责任。

【法院裁判要旨】

新疆维吾尔自治区乌什县人民法院经审理认为：乌什县某某中学不是足球比赛活动中组织者、安全保障者，其将足球场出借的行为没有过错，对迪某的损失不承担赔偿责任。足球运动本身具有群体性、对抗性及人身危险性，出现人身伤害事件属于正常现象，应在意料之中，足球运动中出现的正当危险后果是被允许的。乌什县某某小学组织与他校举行友谊比赛，是为了教学和增强青少年体质的需要，迪某作为该校足球队的队员参加比赛，双方在足球比赛活动中均没有过错，根据《中华人民共和国侵权责任法》第二十四条之规定，受害人和行为人对损害的发生都没有过错的，可以根据实际情况，由双方分担损失。故，乌什县某某小学对迪某的直接损失即医疗费16768.64元、交通费980元、鉴定费1950元、后期治疗费20000元进行赔偿，间接损失即伤残赔偿金92856元、护理费27540元由迪某自行承担。其中医疗费中保险公司已赔付的意外伤害赔偿金10000元应予扣除，剩余医疗费6768.64元由乌什县某某小学赔偿给迪某。

新疆维吾尔自治区乌什县人民法院依照《中华人民共和国民法通则》第一百三十二条，《中华人民共和国侵权责任法》第二十四条之规定，作出如下判决：

一、乌什县某某小学给付迪某医疗费6768.64元、后期治疗费20000元、鉴定费1950元、交通费980元，共计29698.64元。该款项于本判决书生效后十五日内给付。

二、乌什县某某中学不承担赔偿责任。

三、驳回迪某的其他诉讼请求。

迪某、乌什县某某小学均不服，提起上诉。新疆维吾尔自治区阿克苏地区中级人民法院经审理认为：学校组织学生参加足球比赛，有益于学生的身心健康。足球比赛系对抗性非常强的运动，本身存在较高风险性，学校在赛前和赛中进行了正确指导和保护，事后也进行了及时有效的救护，迪某和乌什县某某小学均不存在故意和过失，迪某在受伤后，乌什县某某小学及时将其送到医院积极治疗，尽到了管理和保护职责，根据查明的事实，迪某的父母在赛前知道迪某要参加足球比赛，作为监护人，其未向乌什县某某小学提出不参加比赛，表示其同意迪某参加这种具有高度危险性的竞技比赛，因此乌什县某某小学没有过错，故迪某关于乌什县某某小学有过错且未向迪某的监护人告知的上诉意见，不符合事实及法律规定，不能成立，不予支持。乌什县某某小学上诉称："新型农村合作医疗保险补偿的7895.46元应予扣除，此次事件的发生学校无过错，不应当承担赔偿责任。"上诉人迪某参加足球比赛是为了学校的利益和荣誉，其在比赛中意外受伤，乌什县某某小学虽无过错，但乌什县某某小学作为受益人应承担一定的补偿责任。一审法院核算的迪某的损失有医疗费16768.64元、交通费980元、鉴定费1950元、伤残赔偿金92856元、护理费27540元、后续治疗费20000元，合计160094.64元，因后续治疗费尚未实际发生，不应计算在迪某的损失中，故迪某的损失应为140094.64元。另，新农合医疗保险给迪某补偿7895.46元，保险公司给迪某赔偿意外伤害保险金10000元，合计17895.46元。综合本案情况，法院酌情乌什县某某小学对迪某再予以补偿

7100元。

新疆维吾尔自治区阿克苏地区中级人民法院依照《中华人民共和国民法通则》第一百三十二条,《中华人民共和国侵权责任法》第二十四条,《中华人民共和国民事诉讼法》第一百四十四条、第一百七十条第一款第(二)项的规定,作出如下判决:

一、维持乌什县人民法院(2015)乌民初字第616号民事判决第二项;

二、撤销乌什县人民法院(2015)乌民初字第616号民事判决第一项、第三项;

三、乌什县某某小学于本判决生效后十五日内向迪某支付经济补偿7100元;

四、驳回迪某的其他诉讼请求。

【法官后语】

学校承担着对未成年人进行教育的义务,不仅要进行文化教育,还要进行德育、体育等多方面的培养。因此,体育课、体育竞赛必不可少。而体育运动项目和竞技项目都必然带有一定的风险。足球比赛是提高青少年身体素质和勇敢顽强精神的重要途径,学校组织学生参加足球比赛,有益于学生的身心健康。因足球比赛是一种对抗性十分强烈的竞技性运动,它要求参赛者奋勇拼搏,参赛双方人体接触碰撞在所难免,非其主观所能控制,具有一定的人身危险性,参与者均是潜在的危险制造者和承担者,出现人身伤害事件属于正常现象,足球比赛的这种运动特点及其风险众所周知。本案中,迪某的家长同意迪某参加足球比赛,应当认为其同意迪某承担比赛自有的风险和由此带来的损失;某某小学在赛前和赛中进行了正确指导和保护,事后也进行了及时有效的救护,已履行了必要的安全教育职责,其在事故中没有过错。但由于迪某参加足球比赛系为某某小学的利益和荣誉,根据公平、合理的原则,某某小学作为受益人应承担一定的补偿责任。如何确定某某小学补偿的数额,应当考虑到如果让其承担较重的责任,将不利于学校体育教学活动的开展,也不利于学生身心健康的发展,故二审综合本案情况,改判学校承担约5%的补偿责任。

编写人:新疆维吾尔自治区阿克苏地区中级人民法院 李云丽

10

“撕名牌”活动中教育机构的责任

——谢某某诉彭某某等生命权、健康权、身体权案

【案件基本信息】

1. 裁判书字号

北京市第一中级人民法院（2016）京01民终字第6285号民事判决书

2. 案由：生命权、健康权、身体权纠纷

3. 当事人

原告（被上诉人）：谢某某

被告（上诉人）：彭某某、彭某、朱某某

被告（被上诉人）：北京市某某实验学校（以下简称：某某实验学校）

【基本案情】

谢某某、彭某某均系某某实验学校学生，2015年5月27日中午，某某实验学校为减轻中考考生心理压力，组织学生开展撕名牌活动，在活动进行过程中彭某某将谢某某推倒，造成谢某某受伤。为了说明事情经过，谢某某提交了视频光盘，从视频中可以看出，活动在学校操场上进行，在操场外围跑道上有保安巡视，彭某某在活动中抓住谢某某肩膀，致使谢某某倒地。谢某某称视频远处有一个穿白衣服的人是老师。某某实验学校对视频予以认可，彭某某、彭某、朱某某称视频不完整。经法院询问，某某实验学校称活动时是将操场分成不同的区域，每个区域都有一个老师盯着，政教处的老师流动观察。学生是十五人一组，一般是男生七人，女生八人，这十五人再分成三个小组，轮流撕。某某实验学校另称事故发生后，学校先将谢某某送至医务室检查，发现情况严重后老师与校医将谢某某送至309医院。谢某某母亲单某某称学校是下午一点多跟其联系的，其接到电话后就赶至309医院。后谢某某又至积水潭医院治疗，诊断：肱骨近端骨折（左）。谢某某共支付医疗费

1276.42 元，另购买前臂吊带花费 200 元。谢某某主张护理费，称由其母单某某护理，提交了北京市公安局某某分局政治处出具的证明，记载：单某某为我分局某某派出所民警，其女儿谢某某于 2015 年 5 月 27 日在学校活动中受伤，单某某 5 月 28 日至 6 月 8 日请事假陪护谢某某未上班；单某某 2015 年 5 月、6 月因事假减少发放工资 3644 元。彭某某、彭某、朱某某对该证明不认可，称误工证明中记载的时间谢某某正常在学校上课。为证明自己的主张，彭某某、彭某、朱某某提交了以视频方式录制的证人证言，在视频中，自称系彭某某、谢某某班主任老师的人称事故发生后谢某某在家休息了一段时间，后参加了中考二模考试，在考试期间为避免谢某某再次受到伤害其安排了两个学生照顾谢某某；自称系谢某某同学的人称其在二模考试前有一天照顾了谢某某。谢某某对此不予认可，称与本案无关。某某实验学校对此予以认可。经法院询问，单某某称谢某某二模考试前没有上学，二模考试时去学校考试，后学校调整休息了几天，调整后又上了一周课。谢某某另提交单某某完税证明。谢某某主张财产损失，称因此次事故导致其原定的旅游计划无法实行，只能推迟旅行时间，导致需要额外交费。凯撒旅游西直门门市部出具情况说明，记载：2015 年 4 月 21 日单某某、谢某某等一行四人于凯撒旅游西直门店旅游顾问吴晨处报名 6 月 29 日出发的法意瑞 13 日之旅团组，总团费 89152 元，当日交预付款 28000 元，后因谢某某于 2015 年 5 月 27 日在校手臂骨折导致无法参加 6 月 29 日出发团组，如退团收取违约金 3000 元/人，如转入后续出发团组可不收取违约金，但需要补充团组差价 2900 元/人，四人合计 11600 元，故转团至 7 月 16 日出发的法意瑞 13 日之旅团组，总团款 4 人合计 100752 元，其中差价 11600 元。谢某某另提交了旅游合同、收款通知单、银行汇款明细。谢某某主张交通费，提交了交通费票据，谢某某主张精神损害抚慰金，称此次事故给其精神上、学习上、生活上都造成了很大的压力，因为马上要面临中考，故其只能放弃手术治疗，进行保守治疗。谢某某另称因此次事故花费营养费 2000 元。在一审庭审过程中，经法院询问，谢某某认可收到彭某某家长的 1000 元购物卡。

【案件焦点】

学校作为“撕名牌”活动的组织者，其组织初中学生进行这项活动是否存在过错，是否应当就在活动中学生所受的伤害承担赔偿责任。

【法院裁判要旨】

北京市海淀区人民法院经审理认为：公民的生命权、健康权、身体权受法律保护。事故发生时谢某某、彭某某均已年满十周岁[①]，属限制民事行为能力人。限制民事行为能力人在学校或者其他教育机构学习、生活期间受到人身损害，学校或者其他教育机构未尽到教育、管理职责的，应当承担责任。撕名牌活动虽具有一定的身体对抗性，但事故发生时谢某某与彭某某均系初三学生，某某实验学校开展撕名牌活动并未超过其身体、智力发展程度，某某实验学校在活动组织及事故处理上并未有明显过错，故对谢某某的损失某某实验学校不应承担赔偿责任。根据视频可以看出谢某某受伤是因彭某某导致。现彭某某、彭某、朱某某虽辩称谢某某体质较弱，对事故发生应承担责任，但未提交相关证据，且谢某某自身体质并不能成为减轻彭某某责任的原因，故对谢某某的损失应由彭某某承担全部赔偿责任。彭某、朱某某作为彭某某的法定代理人，应与彭某某承担连带赔偿责任。现谢某某主张医疗费过高，法院根据其实际票据金额计算。就营养费，理由正当，予以支持。就护理费，彭某某、彭某、朱某某虽称谢某某不需护理，但证据不足，对其抗辩不予采信，就护理费，按照谢某某提交的护理人误工损失证明记载金额计算；就辅助器具费，理由正当，予以支持；就交通费，谢某某主张过高，酌情予以认定；就财产损失，理由正当，予以支持；就精神损害抚慰金，考虑到谢某某伤情及实际情况，酌情予以认定。经核实，谢某某总损失为医疗费1276.42元，营养费2000元，辅助器具费200元，交通费300元，护理费3644元，精神损害抚慰金5000元，财产损失11600元，综上所述，北京市海淀区人民法院依据《中华人民共和国侵权责任法》第十六条、第二十条、第二十二条、第三十九条之规定，判决如下：

一、彭某某、彭某、朱某某于本判决生效后七日内赔偿谢某某医疗费、营养费、辅助器具费、交通费、护理费、精神损害抚慰金、财产损失共计24020.42元（已支付1000元，实际执行23020.42元）；

二、驳回谢某某其他诉讼请求。

彭某某、彭某、朱某某不服一审判决提起上诉。北京市第一中级人民法院经审

---

① 《民法总则》第二十条："不满八周岁的未成年人为无民事行为能力人，由其法定代理人代理实施民事法律行为。"

理认为：限制民事行为能力人在学校或者其他教育机构学习、生活期间受到人身损害，学校或者其他教育机构未尽到教育、管理职责的，应当承担责任。撕名牌活动系一项具有对抗性和一定风险性的竞赛活动，在活动过程中容易导致参与者发生身体损害。学校作为教育、管理者，应当组织学生进行符合中学生身体素质、风险适当的活动项目，或者采取措施最大限度地避免学生受伤。

关于赔偿责任分配问题。某某实验学校组织学生开展撕名牌活动，其目的是缓解中考考生心理压力，但是没有充分考虑到限制民事行为能力人在认知和自我保护能力方面的局限性，在组织该项活动前没有向学生说明活动规则和安全注意事项，未尽到教育、管理职责。因此，某某实验学校应当对谢某某的损害后果承担相应的赔偿责任，一审法院认定该学校不承担赔偿责任不当，依法予以改判。现有证据可以看出，在撕名牌活动中谢某某倒地受伤系彭某某直接导致，彭某某应当对谢某某的损害后果承担相应责任。限制行为能力人造成他人损害的，其监护人亦应承担民事责任。综合考虑本案案情及结合某某实验学校、彭某某的过错程度，酌情判定彭某某承担70%的赔偿责任，某某实验学校承担30%的赔偿责任。

关于赔偿数额问题。就医疗费，经查在案证据，对一审法院核定的医疗费金额予以确认；就护理费，谢某某之法定代理人单某某提交了其所属单位出具的证明，该证据形式来源符合法律规定，能够证明案件事实，一审法院采纳该证据并认定谢某某的护理费数额正确，予以确认；就财产损失，根据在案证据，能够证明因为谢某某受伤，确实给其造成了实际财产损失，一审法院结合现有证据认定的数额并无不当，予以支持；就营养费、交通费、精神损害抚慰金，一审法院综合考虑谢某某受伤就医情况以及实际发生的费用，酌定的数额适当，予以支持。

综上所述，彭某某、彭某、朱某某的部分上诉请求成立，予以支持。北京市第一中级人民法院依照《中华人民共和国侵权责任法》第三十九条、《中华人民共和国民事诉讼法》第一百七十条第一款第（二）项之规定，判决如下：

一、撤销北京市海淀区人民法院（2016）京0108民初17927号民事判决；

二、彭某某、彭某、朱某某于本判决生效后七日内赔偿谢某某医疗费、营养费、辅助器具费、交通费、护理费、精神损害抚慰金、财产损失共计16814.29元（已支付1000元，实际执行15814.29元）；

三、北京市某某实验学校于本判决生效后七日内赔偿谢某某医疗费、营养费、辅助器具费、交通费、护理费、精神损害抚慰金、财产损失共计7206.13元；

四、驳回谢某某的其他诉讼请求，驳回彭某某、彭某、朱某某的其他上诉请求。

【法官后语】

我国《侵权责任法》第三十九条规定，限制民事行为能力人在学校或者其他教育机构学习、生活期间受到人身损害，学校或者其他教育机构未尽到教育、管理职责的，应当承担责任。该条采用了过错责任原则，使得教育机构负有对在教育机构学习、生活的限制行为能力人进行教育、管理、保护的义务。具体来说，学校在组织学生参加教育教学或者课外活动时，应当负有对学生进行安全教育并采取安全管理措施的义务。学校组织的活动，应当充分考虑限制行为能力人在认知和自我保护方面的局限性，并做好安全事项讲解及安全保护措施。

撕名牌活动本身具有正面积极意义，其不仅能够锻炼参与者的心理、体能与应变能力，更能在活动中锻炼参与者的合作能力，增强团队意识。但同时，撕名牌活动也具有高度的身体对抗性及危险性，没有固定的活动规则，对于撕名牌的对象、方式没有明确的要求和规定，因此较为适合在体能和自我控制力良好的成年人之间进行。

作为限制行为能力人的初中学生，在没有限制规则的撕名牌活动中，难以合理控制风险并进行自我保护。在初中学生范围内开展该项活动时，学校应当对学生的体能情况、风险控制能力进行预判，根据学生的性别比例、身体状况制定符合初中学生特点的个性化活动规则，并且向学生说明安全注意事项及禁止行为。本案中学校开展撕名牌活动的初衷是好的，但是未全面考虑撕名牌活动中的风险及安全隐患，也没有为防范危险发生而制定相应的限制、保护规则，更未向学生说明安全注意事项，因此学生在游戏活动中受到的身体损害，应视为学校未尽到教育、管理职责。

编写人：北京市第一中级人民法院　宋莉

11

未成年人在教育机构受到人身损害，教育机构责任的认定

——彭某诉曹某甲等生命权、健康权、身体权案

【案件基本信息】

1. 裁判书字号

云南省昆明市中级人民法院（2015）昆少民终字第53号民事判决书

2. 案由：生命权、健康权、身体权纠纷

3. 当事人

原告（上诉人）：彭某

被告（被上诉人）：曹某甲、曹某乙、姚某某、昆明市某某中学

【基本案情】

昆明市某某中学系依法登记的事业法人，彭某、曹某甲原系该校初中一年级学生。2014年10月27日中午放学后午自习期间，曹某甲与彭某和同学在学校操场踢足球。13时40分许，彭某和曹某甲在争抢足球过程中相互绊倒，导致彭某腿部受伤。事发后，同学王某书立即将彭某背到年级办公室报告老师，班主任何某某老师随即电话通知了彭某的家长。彭某的父亲于当日14时30分许赶到学校，并将彭某送往昆明法医院救治，产生门诊费86元，随后又送往昆明医科大学第二附属医院救治，产生门诊费5.5元，因昆明医科大学第二附属医院无床位住院，彭某的父亲又将其送往昆明医科大学第一附属医院救治，经该院诊断，彭某病情为：1. 左胫腓骨远端骨折；2. 左距腓韧带、跟腓、胫距韧带损伤；3. 左胫腓骨远端骨骺分离。经昆明法医院司法鉴定中心鉴定，彭某此次损伤的伤残等级为九级伤残；后期医疗费评估为9000元，彭某支付鉴定费1490.56元及门诊费93元。曹某乙、姚某某为彭某垫付费用15000元。昆明市某某中学上课时间为上午7时30分至12时，下午14时30分至17时45分，午休期间允许学生在校自习，并有老师义务监管。

【案件焦点】

1. 彭某主张曹某甲存在侵权事实的观点是否成立；2. 应如何确定各方责任；3. 彭某各项损失费用的金额如何确定。

【法院裁判要旨】

云南省昆明市西山区人民法院经审理认为：本案争议焦点为：1. 彭某如何受伤。2. 昆明市某某中学就彭某受伤是否应当承担责任。3. 曹某甲、曹某乙、姚某某是否应对彭某受伤承担责任。第一个争议焦点，本案彭某主张由曹某甲、曹某乙、姚某某、昆明市某某中学就其受伤所产生的损失承担连带赔偿责任，故其应当对自己提出的诉讼请求所依据的事实，即彭某如何受伤这一事实提供证据加以证明。庭审中，彭某当庭陈述：事发时曹某甲与其他同学在操场踢足球，但彭某并未参与踢球，其从球场经过，恰好场内的足球滚过来，彭某顺势去捡球时就被过来抢球的曹某甲撞倒受伤，除了彭某自己的陈述外，其并未提交其他有效证据对该事实予以佐证。曹某甲当庭陈述：事发时彭某与曹某甲及其他同学一起在操场踢足球，在抢球的过程中二人绊倒后导致彭某受伤。法院合法取得的证人王某甲、唐某某、王某乙、赵某某的询问笔录均证实案发时，彭某是主动与曹某甲等同学在操场踢球，在彭某与曹某甲争抢足球的过程中二人相互绊倒导致彭某受伤。依据现有证据，曹某甲与证人王某甲、唐某某、王某乙、赵某某的证言相互印证，形成证据链，据此法院认定事发时，彭某与曹某甲一起在学校操场踢足球，二人系在争抢足球过程中相互绊倒后导致彭某受伤。第二个争议焦点，彭某 2014 年 10 月 27 日在昆明市某某中学受伤时已满十周岁，不满十八周岁，系法律规定的限制民事行为能力人。限制民事行为能力人在教育机构受教育期间受到人身损害，对教育机构实行过错责任，即只有昆明市某某中学未尽到教育、管理职责的，才承担相应的责任。在本案中，首先，事发时间是在昆明市某某中学放学后的午自习期间，昆明市某某中学为给学生和家长提供便利，允许离家较远的学生在放学后留在学校参加午自习，且是否参加午自习系学生及其家长自愿选择，并在午自习期间安排在校老师义务对学生进行监管，故此时不能苛责昆明市某某中学对每一个在校学生在任何时间和地点均有专人进行监管，而加重学校的责任。其次，彭某是在其自愿参与足球活动的过程中受伤，其受伤的地点也不存在校舍等设施存有安全隐患并致其损伤的情形。最后，事件发生后，昆明市某某中学作为教育机构及时通知了学生家长，彭某的父亲在事发后一小时赶到学校后将彭某送医救治，昆明市某某中学并未延误彭某进行救治，且事后积极组织双方协商解决，表明昆明市某某中学在事件发生后处理得当。综上，昆明市某某中学尽到了教育、管理职责，其不应当承担责任。第三个争议焦点，彭某与曹某甲共同参与踢足球，而足球运动本身具有对抗性、群体性及人身危险性等特点，冲撞、扑救是足球运动的基本行为，在这样激烈的身体对抗中出现人身伤害事件亦属正常现象，参与者无一例外地都处于潜在的危险中。彭某与曹某甲虽系限制民事行为能力人，但都应当能意识到参加足球运动可能发生的风险，彭某自愿参与到踢足球活动中，而曹某甲抢球的行为亦不违反运动规则，对于彭某的损害后果，曹某甲不存在故意或过失，因此曹某甲在抢球过程中绊倒彭某的行为不属于侵权行为。本案中应当由彭某及曹某甲就彭某的损伤各承担50%的责任。曹某甲系限制民事行为能力人且本人无财产，故相应的民事责任应由其监护人曹某乙、姚某某承担。据此，法院判决：

一、曹某乙、姚某某于本判决生效之日起十日内一次性赔偿彭某各项经济损失162519.7元的50%，即81259.85元（执行中扣除曹某甲先行垫付的15000元，实际支付66259.85元）；

二、驳回彭某对昆明市某某中学的全部诉讼请求；

三、驳回彭某的其他诉讼请求。

后彭某不服，提起上诉。云南省昆明市中级人民法院经审理认为：本案双方当事人争议的焦点为：1. 彭某主张曹某甲存在侵权事实的观点是否成立；2. 应如何确定各方责任及彭某各项损失费用的金额如何确定。关于争议焦点一，彭某应对其主张存在侵权事实的观点提交证据予以证实，但其现有证据不足以证实其观点。根据现有证据，彭某系在与曹某甲碰撞中导致受伤，本案的发生具有一定意外的性质，一审判决确认由双方分担责任的处理并无不当。至于彭某主张昆明市某某中学应承担责任的观点，因事发时，彭某与曹某甲均已年满十周岁，系限制民事行为能力人，学校在未尽到教育、管理职责时承担责任，然而彭某对于侵权事实证据不足，同时本案的发生具有意外性质，故一审法院对其该项主张予以驳回的处理并无不当。关于争议焦点二，原审判决确定由曹某甲、曹某乙、姚某某对上诉人的各项损失承担50%的处理适当，至于各项费用的计算，如上所述，彭某对误工费、医疗费、残疾辅助器具费、精神抚慰金、交通费等提出的异议不能成立，原审各项费用计算无误，予以确认。综上，一审法院所作判决适当，予以维持。彭某的上诉请求均不能成立，予以驳回。据此，云南省昆明市中级人民法院依照《中华人民共和国民事诉讼法》第一百七十条第一款第（一）项之规定，判决：

驳回上诉，维持原判。

【法官后语】

本案争议的问题在于未成年人在教育机构受到人身损害的，教育机构的责任承担应如何认定。

从我国的实际情况看，未成年人主要集中在幼儿园、学校和其他教育机构中接受教育和生活，其人身安全问题也一直是家庭及社会关注的热点问题之一，也关系着未成年人的健康成长及儿童利益保护的现实问题。作为教育机构，对于在其管理的时间和空间中学习和生活的未成年人，负有教育、管理和保护的责任。

对于教育机构的责任问题，我国在相关立法上也经历了一个逐步细化和完善的过程。1988年的《最高人民法院关于贯彻执行〈中华人民共和国民法通则〉若干问题的意见（试行）》第一百六十条规定："在幼儿园、学校生活、学习的无民事行为能力人或者在精神病院治疗的精神病人，受到伤害或者给他人造成损害，单位有过错的，可以责令这些单位适当给予赔偿。"该规定显得较为笼统，在操作上难于把握。2003年出台的《最高人民法院关于审理人身损害赔偿案件适用法律若干问题的解释》第七条对此作了进一步的规定，该条第一款规定："对未成年人依法负有教育、管理、保护义务的学校、幼儿园或者其他教育机构，未尽职责范围内的相关义务致使未成年人遭受人身损害，或者未成年人致他人人身损害的，应当承担与其过错相应的赔偿责任。"该条第二款则规定："第三人侵权致未成年人遭受人身损害的，应当承担赔偿责任。学校、幼儿园等教育机构有过错的，应当承担相应的补充赔偿责任。"而2010年开始施行的《中华人民共和国侵权责任法》（以下简称《侵权责任法》）则将教育机构的责任承担规定得更为细化和科学，使得教育机构责任承担的可操作性进一步增强。该法第三十八条规定："无民事行为能力人在幼儿园、学校或者其他教育机构学习、生活期间受到人身损害的，幼儿园、学校或者其他教育机构应当承担责任，但能够证明尽到教育、管理职责的，不承担责任。"第三十九条规定："限制民事行为能力人在学校或者其他教育机构学习、生活期间受到人身损害，学校或者其他教育机构未尽到教育、管理职责的，应当承担责任。”第四十条规定：“无民事行为能力人或者限制民事行为能力人在幼儿园、学校或者其他教育机构学习、生活期间，受到幼儿园、学校或者其他教育机构以外的人员人身损害的，由侵权人承担侵权责任；幼儿园、学校或者其他教育机构未尽到管理职责的，承担相应的补充责任。”故一旦教育机构未能尽到其应尽的教育、管理职责，致使在其中学习或者生活的未成年人遭受人身损害，则教育机构应当承担与其过错相应的侵权责任。从内容上看，《侵权责任法》第三十八条和第三十九条的规定把未成年人在教育机构学习、生活受到人身损害的责任按无民事行为能力人和限制民事行为能力人予以区分，其中教育机构根据第三十八条对于无民事行为能力人承担的是过错推定责任，根据第三十九条对于限制民事行为能力人则承担过错责任。在第四十条规定的受到幼儿园、学校或者其他教育机构以外的第三人（通常所说的“校外人员”）侵权的情形下，不再按未成年人的年龄进行区分，而是继续采用统一的补充赔偿责任模式。

从《侵权责任法》第三十八条、第三十九条规定可见，因为年龄的差异，教育机构对限制民事行为能力人所负的义务和责任相较于无民事行为能力人要轻一些。在诸多校园侵权案件中，上述情形均属常见。具体到本案，彭某对存在侵权事实及责任承担均提出了异议，其中对于责任承担问题，彭某主张昆明市某某中学应承担责任，但因事发时，彭某与曹某甲均系限制民事行为能力人，学校只在未尽到教育、管理职责时承担责任，且需受害学生一方承担举证责任，证明学校在教育、管理方面存在过错，而本案的事实是，昆明市某某中学在午休期间对于限制行为能力的学生并无教育、管理职责，彭某未能举证证明校方对其损害存在疏于履职的过错，故法院对其该项主张予以驳回。

校园侵权案件的妥善审理，既关乎未成年人的健康成长，也关乎教育机构的教育创新及持续发展，如何通过校园侵权案件审理进一步加强法制宣传教育，促进教育机构依法、规范履职，引导学生妥善解决纠纷，学会控制情绪，培养健康的心理及人格，形成校园侵权案件审理的特色模式与经验，需要在少年司法中进一步探索少年法官的审判延伸职责。

编写人：云南省昆明市中级人民法院　付琼　钱晓燕

（二）未尽安全保障义务的损害赔偿

12

酒后在入住酒店坠亡，酒店是否承担安全保障义务责任

——谢某某等诉海南某某酒店有限公司违反安全保障义务责任案

【案件基本信息】

1. 调解书字号

海南省海口市中级人民法院（2017）琼01民终字第457号民事调解书

2. 案由：违反安全保障义务责任纠纷

3. 当事人

原告（被上诉人）：谢某某、袁某、钟某甲、钟某乙

被告（上诉人）：海南某某酒店有限公司（以下简称某某酒店）

【基本案情】

2016年7月31日，钟某某（谢某某之子、袁某之夫、钟某甲和钟某乙之父）入住某某酒店公寓楼，当晚钟某某与其朋友聚会喝至醉酒状态回到某某酒店。次日3时许，钟某某在没有外力作用下从该酒店五楼走廊敞开宽度比较大且没有防盗网的窗户坠落到一楼空地处，当场不治身亡。同年8月4日，经海口市公安局某某分局法医鉴定，证实钟某某身亡符合高坠死亡。事发后，谢某某、袁某、钟某甲、钟某乙与某某酒店达成赔偿协议，某某酒店支付谢某某、袁某、钟某甲、钟某乙20万元。待谢某某、袁某、钟某甲、钟某乙全部处理完钟某某后事并整理相关的赔偿材料再次与某某酒店协商赔偿事宜时，某某酒店以已支付20万元费用为由，不同意再赔偿任何费用。谢某某、袁某、钟某甲、钟某乙认为，某某酒店由于没有尽到安全保障义

务，导致钟某某坠楼身亡，该酒店应负事故的全部或主要责任，根据相关的赔偿标准，该酒店支付的20万元明显不足以赔偿钟某某死亡的损失，为此，请求法院依法判决某某酒店赔偿谢某某、袁某、钟某甲、钟某乙各项费用927299.15元。

【案件焦点】

某某酒店是否尽到充分合理的安全保障义务。

【法院裁判要旨】

海南省海口市龙华区人民法院经审理认为：

一、关于事故责任承担问题。钟某某作为完全民事行为能力人，具有独立的判断能力，应当具备安全防范意识，对于饮酒将带来的后果应当有预判，钟某某参加朋友聚会饮酒，且呈醉酒状态，其反应辨别能力、防范风险能力和遇事处置能力都有所下降，导致其坠楼身亡，钟某某应承担事故的主要责任，即70%的责任。某某酒店作为经营者，对顾客负有安全保障义务，特别是对有特殊状态的客人更应该加倍注意防范和保障其安全，其未尽到安全保障义务，对钟某某坠楼身亡事故应承担次要责任，即30%的责任。

二、关于适用何地标准计算赔偿费用问题。谢某某、袁某、钟某甲、钟某乙提供湛江市润兆人力资源服务有限公司与钟某某的劳动合同，合同期限为2014年9月1日至2017年8月30日，且用人单位也为钟某某购买了社会保险，谢某某、袁某、钟某甲、钟某乙提供《广东省2016年度人身损害赔偿计算标准》高于海南省的计算标准，死亡赔偿金应按钟某某生前经常居住地广东省城镇居民人均可支配收入计算。

三、关于赔偿数额问题。钟某某死亡产生损失：死亡赔偿695140元、丧葬费32395元、精神抚慰金100000元、交通费357元、住宿费1700元、被扶养人生活费293063.2元，共计1122655.2元。某某酒店应承担30%的责任，即应赔偿谢某某、袁某、钟某甲、钟某乙336796.56元，扣除其已支付的20万元，实际应支付136796.56元。

据此，海南省海口市龙华区人民法院依照《中华人民共和国侵权责任法》第十六条、第二十二条、第三十七条，《最高人民法院关于审理人身损害赔偿案件适用法律若干问题的解释》第二十八条、第三十条之规定，判决如下：

一、限某某酒店在本判决生效后十日内，赔偿谢某某、袁某、钟某甲、钟某乙

136796.56元；

二、驳回谢某某、袁某、钟某甲、钟某乙的其他诉讼请求。

某某酒店不服一审判决，提起上诉。海口市中级人民法院审理过程中主持调解，双方当事人自愿达成如下协议：某某酒店于2017年3月27日前一次性向谢某某、袁某、钟某甲、钟某乙支付赔偿款120000元，之后双方互不追究对方相关民事责任。

【法官后语】

安全保障义务是法律在综合考虑商业经营活动中的风险后，基于平衡商业活动中的社会经济价值及道德需要后，依据诚实信用及公平原则确立的法定义务。我国《侵权责任法》第三十七条和《最高人民法院关于审理人身损害赔偿案件适用法律若干问题的解释》（以下简称《解释》）确立了经营者的安全保障义务，具体是指宾馆等经营者在营业场所对消费者、潜在的消费者或者其他进入服务场所的人之人身、财产安全依法承担安全保障义务。从适用范围来说，安全保障义务适用于一般侵权中的各种间接侵权领域，主要包括物的支配领域和特定社会活动领域。在这些领域中，行为人作为活动的开启者或主导者对该领域所潜在的危险负有防免义务即安全保障义务，包括物的安全保障义务和特定社会活动的安全保障义务，而违反安全保障义务的作为或不作为对于危险发生的损害后果构成间接侵权①。具体来说，一是“物”之方面的安全保障义务，主要体现为保管、维护及配备义务。二是“人”之方面的安全保障义务，主要体现为应有适当的人员为参与其社会活动的他人提供与其活动相适应的预防外来侵害的保障，对该场所内可能出现的各种危险情况要有相应的、有效的预警，包括警示、告知、照顾、安保措施等。违反安全保障义务致他人损害的，应当适用过错责任原则，由受害人一方承担安全保障义务人具有过错的举证责任，安全保障义务人则应就其已尽到与其所从事社会活动相适应的安全保障义务进行抗辩②。经营者是否尽到安全保障义务的判断标准，以义务人的

---

① 刘召成：《安全保障义务的扩展适用与违法性判断标准的发展》，载《法学》2014年第5期。

② 最高人民法院侵权责任法研究小组编著：《〈中华人民共和国侵权责任法〉条文理解与适用》，人民法院出版社2010年版，第270～271页。

实际行为是否符合法律、法规、规章或者特定的操作规程的要求，是否属于同类社会活动或者一个诚信善良的从业者应当达到的通常的程度为准。但由于个案案情的不同，经营者的安全保障义务也有所不同，相应地其应承担的责任也不同。

具体到本案中，某某酒店作为安全保障义务人应否对受害人的死亡承担赔偿责任，需从受害人、安全保障义务人、危险本身等角度进行考量，并综合衡量义务人的责任。受害人钟某某作为完全民事行为能力人，其对于自己醉酒后坠楼身亡，应承担事故的主要责任。某某酒店作为经营者，对顾客特别是身体呈特殊状态的顾客负有安全保障义务，但该酒店涉案走廊敞开宽度比较大且窗户没有安装防盗网，客观上增大了酒店住客人身财物的安全风险，而且某某酒店在发现住店的钟某某醉酒时未加强保护措施以防范钟某某可能遭遇的伤害，致使钟某某在醉酒后意识不清，自控力较弱的情况下从房间内走出，在某某酒店有安全隐患的走廊窗户处跌落身亡，应认定某某酒店对此未尽到安全保障义务，对钟某某坠楼身亡事故应承担次要责任。一审法院据此认定钟某某自身承担70%的责任，某某酒店承担30%的责任；案经二审调解达成调解协议，也是在认可一审法院所作责任划定基础上形成的。

编写人：海南省高级人民法院　李周伟

海南省澄迈县人民法院　曾令侨

13

地铁运行致害侵权责任的法律适用

——苏某某诉北京市地铁运营有限公司运营三分公司生命权、健康权、身体权案

【案件基本信息】

1. 裁判书字号

北京市第二中级人民法院（2016）京02民终字第9178号民事判决书

2. 案由：生命权、健康权、身体权纠纷

3. 当事人

原告（被上诉人）：苏某某

被告（上诉人）：北京市地铁运营有限公司运营三分公司（以下简称地铁三分公司）

【基本案情】

2015年1月14日上午8时30分~8时40分，苏某某在乘坐地铁三分公司所属的地铁列车，行至东直门至雍和宫区间时，因信号故障，列车紧急制动导致苏某某摔倒。地铁三分公司提供的当时的录像显示，苏某某站立在列车车厢中，低头双手握手机，未扶列车内的扶手。当日，苏某某到北京中医药大学东直门医院就医。2015年4月24日，苏某某到首都医科大学宣武医院就诊，该院为其出具诊断证明书，该诊断证明书上显示扼要病情：颅底骨折后3个月；临床诊断：颅底骨折。苏某某委托北京盛唐司法鉴定所对其上述伤情所致伤残等级进行鉴定。2015年11月23日，该鉴定所出具《司法鉴定意见书》，鉴定意见为：被鉴定人苏某某的目前状况属十级伤残。

【案件焦点】

1. 地铁三分公司对于苏某某的人身损害应否承担赔偿责任；2. 如果地铁三分公司构成赔偿责任主体，其承担的赔偿责任比例应如何确认。

【法院裁判要旨】

北京市大兴区法院经审理认为：公民依法享有生命权、健康权。行为人因过错侵害他人民事权益，应当承担侵权责任。苏某某在乘坐地铁三分公司的地铁列车时，因列车紧急制动而摔倒受伤，地铁三分公司应承担赔偿责任，但苏某某作为成年人在乘坐地铁列车时应尽到相应的对自身安全的注意义务，苏某某在乘车时未握扶手，未尽到注意义务，也应承担一定的责任，法院确定地铁三分公司应承担90%的责任。

对苏某某主张的各项损失，就医疗费一节，对其与摔伤有关的医疗费用1483.4元予以确认；就伙食补助费、残疾赔偿金、鉴定费一节，苏某某提交了住院病历、鉴定报告和鉴定费发票佐证，数额合理，予以确认，伤残赔偿金应按受诉法院上一年度城镇居民人均可支配收入标准计算；就营养费一节，苏某某提交了医疗机构的医嘱佐证，结合其伤情和休息时间，具体数额酌定为5000元；就误工费一节，根据苏某某提交的诊断证明和住院病历，其因摔倒受伤休息共计35天，就此期间的误工费用5250元，予以认可；就护理费一节，虽苏某某未提交医嘱，但根据其伤情，确需护理，结合其住院及休假时间具体数额酌定为3500元；就交通费一节，根据苏某某的实际伤情，结合其就医时间、地点、人数、次数等酌定交通费数额为500元；就复印费一节，于法无据，不予支持。综上，除鉴定费外，地铁三分公司应按上述确定的数额按照责任比例承担赔偿责任，鉴定费用由地铁三分公司全部承担。地铁三分公司庭审中同意给付苏某某精神抚慰金5000元，对此不持异议。

北京市大兴区人民法院判决：

一、判决生效之日起七日内，地铁三分公司赔偿苏某某医疗费1335元、伙食补助费900元、残疾赔偿金95146.2元、营养费4500元、误工费4725元、护理费3150元、交通费450元、鉴定费2250元、精神抚慰金5000元；

二、驳回苏某某的其他诉讼请求。

判决后，地铁三分公司不服，提起上诉。北京市第二中级人民法院经审理认为：关于地铁三分公司对于苏某某的人身损害应否承担赔偿责任。欲判断地铁三分公司应否承担赔偿责任，关键在于确定本案侵权行为的性质，即属于一般侵权行为还是特殊侵权行为，这决定了本案应当适用的侵权归责原则。而判定前述争议的前提是：北京2号线地铁是否属于《中华人民共和国侵权责任法》（以下简称《侵权责任法》）第七十三条规定的“高速轨道运输工具”。

《中华人民共和国民法通则》（以下简称《民法通则》）第一百二十三条规定：“从事高空、高压、易燃、易爆、剧毒、放射性、高速运输工具等对周围环境有高度危险的作业造成他人损害的，应当承担民事责任；如果能够证明损害是由受害人故意造成的，不承担民事责任。”据此确立了高度危险责任应适用无过错责任的法律制度。《侵权责任法》第九章同样规定了高度危险责任的数种情形，构成我国侵权法中典型的无过错责任类型。其中第七十三条规定：“从事高空、高压、地下挖掘活动或者使用高速轨道运输工具造成他人损害的，经营者应当承担侵权责任，但能够证明损害是因受害人故意或者不可抗力造成的，不承担责任。被侵权人对损害的发生有过失的，可以减轻经营者的责任。”从前述两个法律条文来看，高速运输工具侵权均被归类于高度危险责任侵权之中。但我国当前的法律法规和相关司法解释并未对运输工具之“高速”标准作出相应规定。

高度危险责任中的“高度危险”是指按照现有的技术发展水平，人们不能完全控制和有效防止的致损风险。高速轨道运输工具其实质为“高度危险运输工具”；对于地铁是否构成高速轨道运输工具，不应以单纯的物理速度为标准予以判断，而应看其是否达到“对周围环境具有高度危险”的标准，从法律角度进行价值判断。从物理速度看，《中华人民共和国道路交通安全法》第六十七条规定了高速公路的最低时速为70公里。而按照国际惯例，通常以火车速度为标准，时速200公里至400公里称之为高速。北京地铁2号线的最高时速为80公里，虽然远低于高速铁路，但已经超过高速公路规定的最低时速。从产生危险的特点看，地铁列车重量大、体积大、产生的动能大，如和车外人员发生撞击，会造成极其严重的伤亡；地铁只能在固定轨道上运行，如前方轨道上出现人员或其他物体，列车无法避让，即使紧急制动，亦会因高速和本身巨大的质量，导致惯性向前滑行很长距离，对近距离内轨道上出现的人员、车辆或其他物品，将无法避免地产生严重碰撞损害。从危险是否可控的角度看，虽然国家对地铁运行有严格的安全和技术规范要求，很多城市甚至实现了智能运行，但限于科学技术和工业制造能力，现阶段还不能完全了解和控制某些自然力量和物质属性，即使尽到审慎的高度注意和勤勉义务，采取必要的防范措施，造成损害的危险性还是不能完全消除。从地铁发展现状看，地铁在一些城市已经成为城市公共交通的重要工具，在城市人口稠密区运营的地铁增加了其危险性。

综上，由于地铁运营所具有的高度危险，案涉北京2号线地铁列车应属于《侵权责任法》第七十三条规定的高速轨道运输工具；对于乘客因列车紧急制动摔伤的后果应适用无过错责任归责原则，由地铁三分公司承担赔偿责任。

关于地铁三分公司应承担的赔偿责任比例问题。《侵权责任法》第二十六条规定：“被侵权人对损害的发生也有过错的，可以减轻侵权人的责任。”该条确立了过失相抵的法律制度。第七十三条“被侵权人对损害的发生有过失的，可以减轻经营者的责任”的规定则明确了过失相抵适用于高速轨道运输工具侵权责任。过失相抵的法律效果是减轻或免除侵权人的责任，因此在适用过失相抵时应当依据一定的标准来减轻或免除。我国现行法律在确定责任比例时，有过错和原因力两个参考标准。在无过错责任中，由于不以侵权人过错作为承担责任的条件，如果存在过失相抵的情形，主要依据侵权人与被侵权人具有过错的行为对损害发生的原因力进行比较更为适宜。而由于过错是行为人的一种可归责的心理状态，过错程度如何是判断原因力强弱的参考，故在适用过失相抵时，过错仍然是需要考虑的前提性因素。

第一，地铁三分公司对于案涉事故的发生是否存在过错。就侵权法理论而言，无过错责任之设立系立法上以保护被侵权人利益为目的、以严格要求侵权人危险责任为手段而进行的正义分配；侵权人所负之义务，为法律上不得侵害他人权益的一般性义务，对此项义务的违反系法定义务之违反，侵权人理应承担赔偿责任。而被侵权人纵有过失，但其所违反的系属非真正法律义务，即对自己的安全利益疏于注意的义务。故在侵权人因故意或重大过失侵权时，其违反法律义务侵害他人权益的行为与被侵权人疏于注意自身安全的行为，非属同质可以比较的过失，此时自不应对受害人的过失予以斟酌。即在无过错责任中若侵权人有故意或者重大过失，应谨慎适用过失相抵。《最高人民法院关于审理人身损害赔偿案件适用法律若干问题的解释》第二条第一款的规定对此亦有所体现。故考察地铁三分公司在案涉事故中是否存在过错影响到本案对过失相抵的适用范围。

地铁在运营过程中存在巨大的、不可控的潜在危险，故地铁运营方应对乘客尽到法定的安全保障义务，以尽可能地减少损害的发生。就本案而言：1. 地铁 2 号线列车在运行中采用自动循环播放公益广播的方式提醒乘客“扶稳站好”，地铁三分公司已经尽到了安全告知义务。2. 地铁三分公司称地铁紧急制动系因信号故障所致，即因地铁运行中通过信号无法对周边环境作出判断而采取了紧急制动措施。苏某某对此并不认可，但其不能说明紧急制动的原因。3. 没有其他证据证明案涉地铁 2 号线的紧急制动行为构成安全运营事故，亦无证据证明相关紧急制动行为系人为误导操作所致。综上，鉴于北京地铁 2 号线系采用自动驾驶模式运行，结合《北京地铁 2 号线电动列车操作规定（试行）》（以下简称《操作规定》）中第 84 条、第 88 条、第 205 条关于列车紧急制动的相关规定，对地铁三分公司的说法予以采信，地铁三分公司对于案涉事故的发生并无过错。

第二，苏某某对于案涉事故的发生是否存在过错。从《侵权责任法》第七十条到第七十三条确立的无过错责任之特别规定看，在高度危险责任中侵权人免责条件的适用范围存在一定程度的区别：第七十条到第七十二条的免责或减轻责任的事由均为被侵权人存在故意或重大过失。而第七十三条规定的则是被侵权人对损害的发生具有过失。就《侵权责任法》体系解释角度而言，此处的“过失”显然属于一般过失，以区别于第七十二条规定的“重大过失”。过失是指行为人对自己行为的结果应当预见或者能够预见而没有预见；或者虽然预见了却轻信这种结果可以避免的心理状态。《侵权责任法》和《最高人民法院关于审理人身损害赔偿案件适用法律若干问题的解释》在一定程度上对过失进行了区分，直接使用的表述有“重大过失”和“一般过失”，所谓重大过失，系指违反普通人的注意义务，即行为人仅用社会上一般人的注意即可预见或避免而竟怠于注意或未能避免，为重大过失；违反法定注意义务的属重大过失。所谓一般过失系指违反善良管理人（理性人）在一般情况下的注意义务。如此，《侵权责任法》第七十三条确认的是最低限度的无过错责任原则，只要被侵权人有过失，就能减轻侵权人的责任。

依据查明的事实，苏某某进入地铁列车后一直低头在看手机，双手没有扶扶手。而乘坐地铁时站稳扶好以保证安全系基本的安全常识，且北京地铁2号线列车在运行中为提升驾驶安全，采用自动循环播放公益广播的方式进行广播，包括“乘车时请扶稳站好，不要倚靠或手扶车门”之类的话语，此亦为经常乘坐地铁的乘客所熟知。苏某某作为一名具有完全民事行为能力的成年人，上下班途中的主要通行工具即为地铁，其在乘坐地铁时对于不扶扶手可能导致摔伤的后果应当预见而未予以重视，故其对于摔伤一节存在明显过错。因其对自己的安全连普通人的注意义务亦未尽到，应属重大过失。当然，在无过错责任中，侵权人的重大过失与被侵权人的重大过失非属同质可以比较的过失，在依据过失程度判断损害分摊比例时，对被侵权人过失的斟酌应比侵权人负同样程度过失责任的情形为轻。

第三，列车紧急制动行为和苏某某过错行为原因力的比较。原因力是指在导致被侵权人同一损害后果的数个原因中，各原因对于该损害后果的发生或扩大所发挥的作用力，反映了行为人的行为与损害的因果关系的紧密程度。原因力的大小取决于各个原因的性质、原因事实与损害的距离以及事实的强度。就本案而言：1. 地铁列车正常行驶时，苏某某虽没有手扶扶手却未摔倒；而列车紧急制动时，其他手扶扶手的乘客身体亦严重摇晃，显然列车的紧急制动成为苏某某摔伤的初始原因。2. 从列车紧急制动时车厢内众乘客的反应状态可知，其他手扶扶手的乘客均未摔倒，而苏某某本人亦非猝然倒地而是趔趄式地摔倒。由此虽不能得出苏某某如手扶扶手则一定不会摔伤的结论，但就一般认知而言，如苏某某事发时手扶扶手则大概率不会摔伤或即使摔倒其受伤程度亦应较轻。故，如事发时苏某某手扶扶手，则列车紧急制动行为与苏某某人身损害之间的因果关系很大程度上将可以因苏某某手扶扶手行为的介入而中断或至少能降低前述初始原因形成的危险。此外，苏某某从进入列车车厢至事发时长达三分钟的时间均在看手机而未扶扶手，其注意力完全集中在手机上，对于可能出现突发情况的警觉性大大降低。由此可以认定苏某某长时间未扶扶手系其摔伤的主要原因。据此，对于苏某某摔伤的后果，比较对损害发生的实证意义的大小，苏某某长时间未扶扶手之行为相比于地铁2号线列车紧急制动之危险行为产生的原因力应超出许多。

综上，地铁三分公司的地铁列车在运营中尽到了安全保障义务，对于紧急制动之行为没有过错；苏某某长时间未扶扶手、对其自身安全未尽到合理注意义务，构成重大过失，此种过失对损害的发生具有促成作用；地铁列车的紧急制动行为和苏某某未扶扶手的行为相结合导致损害后果的发生，而后者是构成损害后果发生的主要原因。结合前文对于双方过错程度的分析及各自行为原因力大小的比较，适用《侵权责任法》第七十三条的规定，在地铁三分公司承担赔偿责任的基础上，应大幅度减轻其应承担的责任，具体比例由地铁三分公司承担40%较为妥当；原审判决认定的损害分摊比例不当，依法予以调整。经审核，原审法院认定苏某某发生的各项经济损失的数额并无不当，予以确认，故对于苏某某除精神损害抚慰金和鉴定费之外的其他经济损失均应由地铁三分公司负担40%。地铁三分公司的上诉请求于法有据，予以支持。

北京市第二中级人民法院依据《中华人民共和国侵权责任法》第二条、第七条、第十五条、第十六条、第二十六条、第七十三条，《中华人民共和国民事诉讼法》第一百七十条第一款第（二）项之规定，判决如下：

一、撤销北京市东城区人民法院（2016）京0101民初3451号民事判决第二项；

二、变更北京市东城区人民法院（2016）京0101民初3451号民事判决第一项为本判决生效之日起7日内，地铁三分公司赔偿苏某某医疗费593.36元、住院伙食补助费400元、残疾赔偿金42287.2元、营养费2000元、误工费2100元、护理费1400元、交通费200元、鉴定费2250元、精神损害抚慰金5000元，共计

56230.56元；

三、驳回苏某某的其他诉讼请求。

【法官后语】

大胆假设：本案通过溯源无过错责任原则的产生和发展，探究无过错责任原则的核心价值，并对《中华人民共和国侵权责任法》（以下简称《侵权责任法》）高度危险责任的规定进行体系化解释，得出结论：《侵权责任法》将高速轨道运输工具侵权作为特殊侵权行为并苛以无过错责任，是因为其契合了无过错责任的法律价值，是法律对交通运输作业中高度危险性的价值选择——高速轨道运输工具实质应为“高度危险运输工具”。而地铁属于高速轨道运输工具，从而为本案纠纷提供了精准的法律适用——《侵权责任法》第七十三条。

小心求证：分析《侵权责任法》中过失相抵的规定，确认我国审判实务中判断过失相抵标准的两个因素：比较过错和比较原因力。进而通过对事实细节的认真考察，分析双方过错程度和各自行为原因力大小，比较对损害发生的实证意义，确认最终结论。

传播正能量：本案判词不仅倡议乘客树立规则意识、安全意识、摈弃交通陋习，文明交通；而且提议地铁运营方抓好管理环节、提高运营技术，最大程度保障乘客生命、财产利益，起到很好的社会导向作用。宣判后，中央电视台新闻频道、北京电视台以及凤凰网、财新网等数十家媒体进了正面报道，形成网络热议焦点，取得了良好的社会效果和法律效果。

参考价值：我国法律对无过错责任原则和高度危险责任仅有一般性规定，具体到“高速轨道运输工具”的界定和“过失相抵”的适用标准则未有明确阐释。法官通过对“地铁致损案”的分析，认定了地铁在运行中属于“高速轨道运输工具”及在高度危险责任中适用过失相抵的法定条件，为以后解决类似案件及完善立法提供了有价值的参考。

编写人：北京市第二中级人民法院　陈广辉

14

公交公司管理场所的安全保障义务

——高某某诉厦门公交集团同安公共交通有限公司生命权、健康权、身体权案

【案件基本信息】

1. 裁判书字号

福建省厦门市同安区人民法院（2015）同民初字第4088号民事判决书

2. 案由：生命权、健康权、身体权纠纷

3. 当事人

原告：高某某

被告：厦门公交集团同安公共交通有限公司（以下简称同安公交公司）

【基本案情】

高某某于2015年7月9日乘坐同安公交公司的614路公交车从莲花镇小坪村到同安公交车站，于当日上午7时左右在同安公交车站下车，后不慎掉入该公交车站的车辆检测地沟中。当日，高某某在厦门大学附属第一医院门诊，初步诊断为，“1. 下肢损伤；2. 股骨颈骨折胃Ca肝转移Ca”，高某某在该院骨科门诊治疗花费医疗费119.69元。2015年7月19日，高某某至厦门市第三医院就诊，病历记录：“跌倒致左髋肿痛、畸形，活动受限，10天前从公交车上下来时不慎跌倒致左髋肿痛、畸形，活动受限就诊外院诊断：左股骨颈骨折。因患者患有胃Ca，且血小板低（具体不详），未予以收住院，患者自行回家休息，症状无明显缓解，今就诊我院。今年6月在我院诊断胃Ca中正神清、左髋稍肿、畸形，大？子压叩痛、左髋活动受限，拟诊：1. 左股骨颈骨折；2. 胃Ca R4：收住骨A区。”高某某于2015年7月19日至25日在厦门市第三医院住院治疗7天，花费医疗费4790.53元，出院时诊断为：1. 左股骨颈骨折；2. 胃癌、肝转移癌；3. 血小板减少原因待查；

4. 肺气肿、肺大泡；5. 小气道阻塞性通气功能障碍；6. 双肾结石。处置意见：1. 患者于2015年7月19日至25日在我科住院治疗；2. 建议卧床休息。”经高某某申请，法院委托福建义成司法鉴定所进行鉴定，该所于2015年11月12日作出鉴定意见书，结论为：“被鉴定人高某某于2015年7月9日受伤，致左股骨颈骨折，经治疗与恢复，其后遗功能障碍现状构成八级伤残。”高某某支付鉴定费700元。法院调取了厦门市公安局祥平派出所民警于2015年7月9日614路公交车当班司机杨某因的询问笔录，杨某因述称：“2015年7月9日6时许，我驾驶614路公交车从同安大坪公交站点出发，途经小坪道地站点上来几名往同安城区的乘客。7时10分许，公交车到达同安长途汽车站站内，乘客全都下车，我才把614路公交车停放在公交公司指定的停车位置。当时天下点小雨，一名下车的、年龄四五十岁的男乘客边走边玩手机。我停好车下车后，这位男乘客在汽车站检测台地沟内喊我名字。我告诉他我没空，我要赶着去吃饭。我在汽车站站务室吃饭的时候告诉汽车站保安有一名乘客掉到检测台地沟内。车站的保安就到检测台地沟将那名男乘客拉起，扶到站务室门口的一张凳子上休息。过后男乘客的儿子就开车到现场将他载走。”另，庭审中，同安公交公司提供一张视频光盘欲对高某某主张的侵权事实予以反驳，认为检测地沟旁有“同安公交车站检测点”的标志，车场内有指定的乘客出入口，同安公交公司已尽到警示义务。

【案件焦点】

同安公交公司是否应当对高某某的损害承担赔偿责任。

【法院裁判要旨】

福建省厦门市同安区人民法院经审理认为：高某某于2015年7月9日乘坐614路公交车到同安公交站下车后不慎落入同安公交公司所有的车辆检测地沟内导致受伤，高某某主张同安公交公司当班司机停车不当，该公交车在检测区域停车卸客违反规定；同安公交公司则辩称：当班司机按规定停车，并未在检测区域停车卸客。同安公交公司举证的监控录像及法院调取的监控录像画质模糊，且短时间内陆续有车辆进场停车，无法辨识出具体哪辆车为涉案的614路公交车，亦无法证明涉案614路公交车在检测区域停车卸客，高某某该项主张证据不足，不予认定。关于检测区域是否设置足够的警示标志的问题。法院认为，虽然同安公交公司举证可以证实其标注了该区域为“同安公交车站检测点”，该检测地沟旁边搭盖的铁柱子上有红白相间的警示标志，地沟附近地面画有黄色警示标志，但该警示标志并未明示该区域不得进入，亦并不足以防范行人跌落的风险，该检测区是对公交车辆的低级保养区域，根据《中华人民共和国行业标准：城市道路公共交通站、场、厂工程设计规范 CJJ/T 15 - 2011》，低级保养工间修车地沟应设置在工间内，不是属于乘客可以进入的区域，应当采取隔离措施，或在地沟未使用时加设顶盖，同安公交公司依法应对其未尽合理限度范围内的安全保障义务而对他人所造成的损害承担赔偿责任。高某某作为完全行为能力人，在行走中未注意观察环境，具有过错，对不慎跌入地沟内引起的伤害结果承担主要责任。同安公交公司对未在合理限度范围内尽安全保障义务承担次要责任，根据本案具体情况，酌定同安公交公司对高某某因伤造成的经济损失承担 20% 责任，现对高某某的各项经济损失确认如下：医疗费 4910.23 元、护理费 420 元、交通费 70 元、住院伙食补助费 600 元、残疾赔偿金 225862.5 元、营养费 2000 元、鉴定费 700 元，共计 234562.73 元，同安公交公司承担高某某因伤造成经济损失的 20%，为 46912.55 元。据此，福建省厦门市同安区人民法院依据《中华人民共和国民法通则》第一百一十九条，《最高人民法院关于审理人身损害赔偿案件适用法律若干问题的解释》第六条、第十七条、第十九条、第二十一条、第二十二条、第二十三条、第二十四条、第二十五条，《中华人民共和国民事诉讼法》第六十四条第一款之规定，判决如下：

一、同安公交公司于本判决生效之日起三日内赔偿高某某各项经济损失共计人民币 46912.55 元；

二、驳回高某某的其他诉讼请求。

【法官后语】

人们乘坐公交车等公共交通工具时，因驾驶员急刹车、猛起步、开关车门等行为导致乘客受伤的案件时有发生，公交公司对于此类案件必须承担赔偿责任。本案虽与公共交通有关，但具有特殊性，区别于一般情形的乘客在公交车上受伤的案件，本案中是乘客在公交车站检测点受伤，即在公交公司的管理区域内受伤，在此情况下，如何判断公交公司的行为是否合理、是否违反安全保障义务以及违反安全保障义务应如何承担责任，是正确适用法律审理此类案件的核心问题。

《中华人民共和国侵权责任法》第三十七条明确规定："宾馆、商场、银行、车站、娱乐场所等公共场所的管理人或者群众性活动的组织者，未尽到安全保障义务，造成他人损害的，应当承担侵权责任。因第三人的行为造成他人损害的，由第三人承担侵权责任；管理人或者组织者未尽到安全保障义务的，承担相应的补充责任。"所谓安全保障义务，即指特定场所的所有人、管理人或者社会活动的组织者，对于进入该场所的任何人的人身或者财产安全所负有的合理的注意和保护义务。

本案中，如何判断公交公司是否在其管理场所内已经适当履行了安全保障义务。需要强调的是，安全保障义务的责任主体在社会活动中对于他人人身和财产安全的保障义务是有底线的，不能无限制地加重公共场所管理者、群众性活动组织者的负担，故此产生了安全保障义务的一个合理限度的问题，换言之，若安全保障义务的相关责任主体已经尽到一切有效合理的措施仍无法避免损害的发生，应视为其已经尽到了合理的安全保障义务。在审理实践中，可参照如下标准：一是预防危险的措施是否合理。采取适当的危险防范措施，是承担安全保障义务的首要内容，关于防范措施是否得当，法律规定的标准和行业标准均不可能周全，因此，在审判实践中可适用诚实信用原则对负有安全保障义务的主体进行衡量，要求负有安全保障义务的主体尽到善良管理人的义务，保护好乘客的人身和财产安全。二是制止危险的措施是否合理。当危险发生时，负有安全保障义务的主体应当尽力采取措施制止、消灭危险，若没有积极采取或者采取措施不合理而造成损害，则应承担相应的责任。三是损害发生后救助措施是否合理。负有安全保障义务的主体应当对遭受人身损害的人员采取合理的救助措施，无论这种伤害是自己的直接行为引起的还是第三人的违法行为、犯罪行为造成的，都负有将受害人及时送往医院、尽可能进行抢救的义务，若没有采取救助措施或者采取的措施不当加重了损害，负有安全保障义务的人应当承担相应的责任。比如，涉及类似本案的摔伤案件，可以从以下几个方面考量。首先，设置的警示是否明确醒目。管理者虽然树立了危险警示牌，但警示牌是否完整、是否醒目，是否设置在合理的位置足以提示危险，这些因素均可以用来判断管理者是否已经尽到提示义务。其次，防范措施是否有效。有些管理区域虽然设置了防护栏，但如果防护栏过低、空隙过大或者防护栏破损未能及时修复，那么可以认为防范措施未能尽到符合保护公众安全的要求，不能认定管理者已经尽到安全保障义务。最后，管理是否谨慎周到。除了采取日常防护措施，是否安排了安全巡查人员巡视等，如果有，即可以认定管理人员的管理尽到了善良管理人的注意义务。

具体到本案，双方当事人最大的分歧在于公交公司对于高某某的受伤是否应当承担相应的赔偿责任。从本案查明的事实来看，原告摔伤的区域为“同安公交车站检测点”，根据国家有关行业标准，该检测区作为对公交车辆的低级保养区域，禁止他人进入，但同安公交公司既未设置警示标识提示该区域不得闲杂人等进入，也未采取隔离措施，或在地沟未使用时加设顶盖，故同安公交公司依法应对其未尽合理限度范围内的安全保障义务而对他人所造成的损害承担一定的赔偿责任。

编写人：福建省厦门市同安区人民法院　金玲　王辛

15

单位的安全保障义务不能无限加以扩大

——周某某诉北京市公安局交通管理局生命权、健康权、身体权案

【案件基本信息】

1. 裁判书字号

北京市西城区人民法院（2016）京0102民初字第2383号民事判决书

2. 案由：生命权、健康权、身体权纠纷

3. 当事人

原告：周某某

被告：北京市公安局交通管理局（以下简称交通管理局）

【基本案情】

周某某原系交通管理局民警，2010年3月，周某某退休，此后交通管理局返聘周某某从事住房档案管理工作，双方曾于2014年1月1日签订退休返聘协议书，约定协议期限为2014年1月1日至2014年12月31日。2014年4月18日18时5分许，周某某在交通管理局机关内部浴室内桑拿房以倒立的姿势蒸桑拿时昏倒，后

被同事发现送至北京大学第一医院抢救。北京大学第一医院于2014年4月18日23时33分的病历记录载明：入院情况：中老年男性，急性病程。患者4小时前昏倒在桑拿房，呼之不应，四肢抽搐，送至我院急诊，高热，四肢肌张力高，……血象、肝功能、凝血功能、电解质、ECG未见异常，凝血功能、头颅CT、胸片未见明显异常。急诊予下胃管，胃肠减压，非那根25mg及补液支持，现为求进一步诊治收入我科。既往有冠心病，服用阿司匹林治疗。余既往、个人、婚育、家族史无特殊。……入院诊断：1. 发热待查，热射病可能性大。2. 冠状动脉粥样硬化性心脏病，窦性心律，心脏不大，心功能Ⅱ级（NYHA分级）。周某某于2014年5月15日出院，出院诊断：1. 热射病，急性肝坏死。2. 冠状动脉粥样硬化性心脏病，窦性心律，心脏不大，心功能Ⅱ级（NYHA分级）。3. 肺部感染。4. 胃食管反流病。5. 轻度贫血，溶血性贫血不除外。2014年5月15日至23日，周某某在北京大学第一医院住院治疗，出院诊断：1. 热射病，急性肝坏死。2. 冠状动脉粥样硬化性心脏病，心脏不大，窦性心律，心功能Ⅱ级（NYHA分级）。3. 轻度贫血。4. 胃食管反流病。出院医嘱：1. 注意休息，低脂饮食，禁用肝毒性药物，监测肝功能、凝血、血常规。2. 院外继续口服下列药物：……3. 消化内科、心内科门诊随诊，如有不适，及时就诊。以上周某某共住院35天，支付医疗费69187.94元、住宿费1698元、交通费363元。事发后，交通管理局停发周某某2个月返聘工资，共计4400元。

另查，交通管理局在浴室桑拿房门口处张贴有警示标志，内容为：为了确保您的生命安全，请在使用桑拿房前认真阅读以下文字内容：一、体内有金属者慎用；二、有出血倾向者慎用；三、过度疲劳、激烈运动、饥饿、甲亢病人慎用；四、有各种疾病及年龄偏长的人员，特别是高血压、心脏病、心脑血管等疾病患者请勿使用该设备；五、桑拿室内严禁吸烟并注意控制使用时间，以免发生危险。该桑拿房内还设有沙漏式计时器。

【案件焦点】

交通管理局是否违反安全保障义务。

【法院裁判要旨】

北京市西城区人民法院经审理认为：当事人对自己提出的诉讼请求所依据的事实，有责任提供相应的证据予以证明，没有证据或证据不足以证明其事实主张的，应承担不利的法律后果。本案中，交通管理局是否违反安全保障义务是双方当事人的主要争议焦点。对此，周某某负有举证义务。庭审中查明，交通管理局所设立的浴室（包括桑拿房）是单位对内部职工的一种福利待遇，不具有营利性质。周某某作为完全行为能力人，其应明知自身在年龄偏大、患有心脏病的情况下蒸桑拿具有一定危险性等常识，却未尽到谨慎的注意义务，采用倒立姿势蒸桑拿从而造成发病晕倒，周某某对损害结果的发生负有重大过错。交通管理局应承担的安全保障义务主要体现在预防外界及第三人侵害的保障，包括警告、指示说明、通知和保护义务，根据庭审中查明的事实，交通管理局在桑拿房门口张贴有警示标志，桑拿房内设有计时装置，并且在事发后对周某某积极进行救治，已尽到安全保障义务，周某某未提供证据证明交通管理局在此过程中存在过错，故周某某要求交通管理局赔偿损失，依据不足，法院不予支持。

北京市西城区人民法院依据《中华人民共和国民事诉讼法》第六十四条第一款之规定，作出如下判决：

驳回周某某之诉讼请求。

【法官后语】

本案争议焦点在于交通管理局是否违反安全保障义务。所谓安全保障义务主要是指从事住宿、餐饮、娱乐等经营活动或者其他群众性活动的自然人、法人、其他组织，应尽的合理限度范围内的使他人免受人身及财产损害的义务。安全保障义务是一种侵权责任法层面的法定义务，其义务主体为公共场所的管理人和群众性活动的组织者，一般具有营利性，其保障对象具有不特定性，违反安全保障义务导致他人损害的，应当适用过错责任原则。而本案周某某所主张的安全保障义务主体是自己的工作单位，不同于上述法条所规定的义务主体，在认定用人单位是否违反安全保障义务上应运用区别原则：首先，交通管理局所设立的桑拿房是单位对内部职工的一种福利待遇，不具有营利性质。其次，这种设施服务的对象是单位内部的工作人员，不向社会人员开放，具有特定性。最后，交通管理局应承担的安全保障义务主要体现在预防外界及第三人侵害的保障，包括警告、指示说明、通知和保护义务，并非达到相应的法定标准或尽到一般的告知义务和注意义务。交通管理局在桑拿房门口张贴有警示标志，桑拿房内设有计时装置，并且在事发后对周某某积极进行救治，已尽到一定的安全保障义务，在此情况下，不应苛求其是否配备值班人员，是否对桑拿室及时进行巡视，即不能无限度地扩大单位的安全保障义务。且周某某对损害的发生具有重大过错，其也没有提供证据证明交通管理局在此过程中存在过错，故周某某的诉讼请求不应得到支持。

编写人：北京市西城区人民法院　王建

16

安全保障义务的责任范围

——郭某某诉北京市门头沟区体育场馆管理中心健康权案

【案件基本信息】

1. 裁判书字号

北京市门头沟区人民法院（2016）京0109民初字第1487号民事判决书

2. 案由：健康权纠纷

3. 当事人

原告：郭某某

被告：北京市门头沟区体育场馆管理中心（以下简称体育场馆管理中心）

【基本案情】

2015年5月2日，郭某某在体育场馆管理中心经营、管理的奥健健身房健身后洗浴时摔倒。其伤情经鉴定构成十级伤残，比照赔偿指数为10%；护理期评定为90日，营养期评定为90日。护理人数原则上为1人。

体育场馆管理中心称为郭某某办理了人身意外伤害保险，且保险受益人为郭某某；郭某某认可体育场馆管理中心曾为其购买保险，但称保险受益人并非自己，而是体育场馆管理中心。双方均未就上述保险合同关系情况举证。截至本案法庭辩论终结时止，郭某某、体育场馆管理中心均表示尚未从承保上述保险事项的保险公司获得理赔。

另查，郭某某的健身卡系续卡，续卡期间，发生此次摔倒事件。

【案件焦点】

体育场馆管理中心是否尽到安全保障义务。

【法院裁判要旨】

北京市门头沟区人民法院经审理认为：宾馆、商场、银行、车站、娱乐场所等公共场所的管理人或者群众性活动的组织者，未尽到安全保障义务，造成他人损害的，应当承担侵权责任。郭某某在体育场馆管理中心经营、管理的奥健健身房健身，体育场馆管理中心应当承担相应的安全保障义务。

本案审理中，体育场馆管理中心提交照片，证明该中心在显著位置张贴有警示性标语，郭某某认可体育场馆管理中心曾在奥健健身房张贴过“小心地滑”的标语，故认定体育场馆管理中心在合理范围内尽到必要的告知、提示等危险提示义务。但需要指出的是，公共场所管理人的安全保障义务不仅包括告知、警示等危险提示义务，亦应涵盖防范、避免等危险预防、消除的义务。根据相关法律规定，沐浴场所地面应采用防滑、防水、易于清洗的材料建造。体育场馆管理中心虽称其撤换防滑垫系应大多数会员要求，没有防滑垫不等同于没有防滑措施，淋浴房铺设的地砖均为防滑瓷砖，但未就此提供证据，故认定体育场馆管理中心未能提供合理的安全保障措施，在危险预防、消除方面存在疏忽，应向郭某某承担侵权责任。

关于郭某某是否存在过失，作如下认证：

浴室系沐浴过程中使用的空间，环境相对湿滑，郭某某作为具有完全民事行为能力的成年人，对浴室的湿滑环境可以预知，对浴室可能存在的风险有能力预见。在可以预知并有能力预见的情况下，洗浴过程中，郭某某对自身安全亦有注意义务，应更加小心谨慎，以更好地保护自身安全。

体育场馆管理中心未在奥健健身房的淋浴房铺设防滑垫虽是导致郭某某滑倒摔伤的原因之一，但郭某某未尽到对自身安全的注意义务亦是导致其滑倒摔伤的因素，故郭某某本人对此事故亦应承担相应的责任。

结合本案的具体情况，确定体育场馆管理中心在此次事件中负主要责任，酌定比例为70%；郭某某承担次要责任，酌定比例为30%。

根据双方当事人的主张及所提供的证据，郭某某因滑倒摔伤后治疗所造成的合理损失总额应为163607.1元。按照70%的比例，体育场馆管理中心应赔偿金额为114524.97元。

关于精神损害抚慰金，考虑郭某某的伤残程度，依据相关法律规定的精神，结合本院审判实践和本案的实际情况，酌情确定精神损害抚慰金的金额为3500元。

体育场馆管理中心虽称投保了以郭某某为受益人的意外伤害险，但第一，体育场馆管理中心未就上述保险法律关系的内容提供相关证据；第二，体育场馆管理中心未举证证明其与郭某某之间存在以保险理赔金填补郭某某所受损害的约定；第三，双方当事人认可截止本案法庭辩论终结时，保险公司尚未支付理赔金。故本案中本院对保险理赔金问题不予处理。体育场馆管理中心可就此另案提出主张。

综上所述，北京市门头沟区人民法院依据《中华人民共和国侵权责任法》第十六条、第三十七条，《最高人民法院关于审理人身损害赔偿案件适用法律若干问题的解释》第十七条、第十九条、第二十一条、第二十二条、第二十三条、第二十四条、第二十五条、第二十六条之规定，判决如下：

一、体育场馆管理中心于本判决生效之日起七日内赔偿郭某某医疗费、住院伙食补助费、营养费、护理费、残疾赔偿金、残疾辅助器具费、精神损害抚慰金、交通费、鉴定费等损失共计118024.97元；

二、驳回郭某某的其他诉讼请求。

【法官后语】

本案涉及娱乐场所的使用人在健身后洗浴时摔倒受伤，娱乐场所的经营者能否仅以“张贴警示”的告知行为，证明其尽到了安全保障义务。该情况涉及安全保障义务的边界问题，以及娱乐场所使用者自身的注意义务限度问题，上述问题在实务界存在争议。

在审理过程中，对于郭某某和体育场馆管理中心应承担的责任比例，法院存在不同观点。最终认定体育场馆管理中心承担70%的赔偿责任，具体原因为：

1. 公共场所管理人的安全保障义务范围不仅包括告知、警示等危险提示义务，亦应涵盖防范、避免等危险预防、消除的义务，体育场馆管理中心在危险预防、消除方面存在疏忽，应认定其未尽到安全保障义务。

2. 浴室湿滑是客观事实，但是体育场馆管理中心作为正常收费的娱乐场所经营者，应当给郭某某提供相对安全的环境，上述保障义务，不应因郭某某的注意义务而过分减少，为了避免将郭某某被迫的小心变为强加的注意，认定郭某某的责任比例不应超过30%。

3. 考虑郭某某的健身卡系续卡，续卡期间，发生此次摔倒事件，故应认为郭某某对健身房浴室的环境是熟悉的，不同于首次前往健身房锻炼的新顾客，因此认定原告的责任比例不低于10%。

4. 考虑体育场馆管理中心为健身房使用者办理了人身意外伤害保险，且尚未理赔，结合双方陈述的保险情况，以及体育场馆管理中心不得从郭某某的损失中获得收益的基本原则，认定体育场馆管理中心的责任比例不低于60%①。综合考虑公共场所管理人的安全保障义务范围及上述因素，认定原、被告的责任比例为3:7②。

本案的裁判文书通过对体育场馆管理中心的安全保障义务范围和郭某某的注意义务内容进行充分阐释，并在此基础上进行了责任划分，判决作出后，双方当事人均未上诉并已实际履行。

编写人：北京市门头沟区人民法院　余婕

---

① 审理中，体育场馆管理中心表示可从保险机构获得医疗费及住院伙食补助费的报销，结合经法院认定的郭某某损失金额，如体育场馆管理中心的责任比例认定为60%，扣减其可以报销的数额后，其实际支付的损失赔偿金额比郭某某自行负担的损失金额还少，因此设定60%的责任比例下限。

② 综合考虑上述郭某某和体育场馆管理中心责任比例等各项因素后，确定体育场馆管理中心责任比例在70%～90%。在调解中，体育场馆管理中心表示该体育馆系政府开设的具有服务公众性质的场馆，郭某某亦认可该体育馆的收费标准低于一般健身场所，并表示可以承担30%的责任比例，故酌定责任比例为3:7。

17

儿童在游乐场所受伤如何分配责任

——李某某诉北京某某文化发展有限责任公司、北京某某公园开发经营公司违反安全保障义务责任案

【案件基本信息】

1. 裁判书字号

北京市东城区人民法院（2015）东少民初字第18862号民事判决书

2. 案由：违反安全保障义务责任纠纷

3. 当事人

原告：李某某

被告：北京某某文化发展有限责任公司（以下简称某某公司）、北京某某公园开发经营公司（以下简称北京某某公园）

【基本案情】

2015年7月18日下午1点多，李某某在北京某某公园内由某某公司经营的充气城堡中玩耍时摔伤，随后某某公司工作人员与李某某家长一起将李某某送至北京丰盛医院，经诊断为右肱骨髁上粉碎性骨折，神经损伤，李某某当天赴积水潭医院、首都儿童医院等就医。之后，李某某又分别赴北京丰盛医院、哈尔滨市第五医院、兰西医院进行了复查。经鉴定，李某某损伤构成十级伤残。

【案件焦点】

李某某与某某公司、北京某某公园就李某某受伤后所产生的损失应如何分配赔偿责任。

【法院裁判要旨】

北京市东城区人民法院经审理认为：宾馆、商场、银行、车站、娱乐场所等公共场所的管理人或者群众性活动的组织者，未尽到安全保障义务，造成他人损害的，应当承担侵权责任。本案中根据现有证据可以认定李某某系在某某公司所经营和管理的娱乐场所内玩耍时受伤。作为专门为未成年人提供娱乐场所的管理者和经营者，某某公司本应采取更为严格的标准，避免危险，消除隐患，但其并未充分证明其对充气城堡的安全性及现场管理等方面尽到安全保障义务，故其需对李某某受伤承担全部赔偿责任。庭审中，某某公司虽辩称因李某某违反注意事项从滑梯上跳下致伤，但未提交充足证据，故对该意见不予采纳。另，根据现有证据北京某某公园已尽审核及监管职责，不应承担责任。结合在案证据，法院对李某某各项诉请分别确认。北京市东城区人民法院依照《中华人民共和国侵权责任法》第六条、第十六条、第三十七条第一款之规定，判决如下：

一、某某公司于本判决生效后七日内赔偿李某某医疗费 1087.57 元、护理费 4500 元、营养费 2250 元、交通费 300 元、住宿费 1350 元、伤残赔偿金 87820 元、精神损害抚慰金 5000 元、鉴定费 2250 元，共计 104557.57 元；

二、驳回李某某的其他诉讼请求。

【法官后语】

本案的处理重点在于责任的分配。根据《中华人民共和国侵权责任法》第三十七条第一款的规定，承担违反安全保障义务责任的主体为公共场所的管理人和组织者，本案中即儿童游乐场所的管理人或者组织者，综合分析李某某及其法定代理人自身是否存在过错，具体涉及以下三个责任主体：

其一，李某某。本案中李某某已举证证明其系在充气城堡中玩耍时受伤，某某公司、北京某某公园亦认可该事实，因此李某某已完成初步的举证责任，举证责任移转至某某公司、北京某某公园，某某公司、北京某某公园需进一步举证证明已尽安全保障义务。

其二，儿童游乐场所的实际经营和管理者即某某公司。目前，众多儿童游乐场所包括本案中的充气城堡常设有禁止家长入内的规定，这种半封闭式的游乐方式事实上阻隔了父母作为法定监护人对孩子进行直接的监护，一旦发生事故，父母即使能够看见也很难在第一时间阻止并保护孩子，因此，此类游乐场所的直接经营和管理者需要尽到更加严格的安全保障义务来填补这种直接监护的缺失，其不仅需要设立家长须知、警示标志、注意事项等基础性的预防措施，还应在场地内配备足够的工作人员指导未成年人玩耍，对违规嬉戏的未成年人及时纠正、制止，配备监控设备以督促履行义务，等等。然而，本案中某某公司既未充分证明其充气城堡的安全性符合相关规定，亦未能证明其在现场管理中尽到了足够的安全保障义务，故法院最终认定该公司对李某某受伤承担全部赔偿责任。

某某公司虽辩称李某某系违反注意事项从滑梯上跳下致伤，故李某某及其法定代理人存在过错亦应承担责任，但未向法院提交充足证据予以证明，因此，法院未采纳其该答辩意见。

其三，儿童游乐场所的间接管理者即北京某某公园。北京某某公园作为间接的监管者，相较某某公司的举证责任较轻，主要在于证明其已尽审核及监管职责。根据北京某某公园提供的证据，其已完成该举证责任，李某某及某某公司亦予认可，故法院最终认定北京某某公园不承担责任。

本案判决生效后，李某某和某某公司在执行阶段达成了和解。笔者亦希望通过个案在责任分配上的严苛，来倒逼儿童游乐场所的经营者和管理者提高安全保障意识、完善措施、重视监管，真正做到防患于未然。

编写人：北京市东城区人民法院　罗兰

18

安全保障义务如何确定

——许甲等诉北京红螺寺旅游开发有限公司生命权、健康权、身体权案

【案件基本信息】

1. 裁判书字号

北京市第三中级人民法院（2016）京 03 民终字第 8747 号民事判决书

2. 案由：生命权、健康权、身体权纠纷

3. 当事人

原告（被上诉人）：许甲、许乙、田某

被告（上诉人）：北京红螺寺旅游开发有限公司（以下简称红螺寺公司）

【基本案情】

许乙与石某某系夫妻，许甲系二人之女，田某系石某某之母。田某之夫石某平已于2006年2月病逝，两人共育有四名子女，石某某系其次女。

2015年1月15日，石某某从张家口市宣化县赵川镇赵川村的家中离开后即与家人失去了联系，身上仅带有400元左右的现金，许乙多方寻找，并向宣化县赵川派出所报警。2015年1月20日，赵川派出所通知许乙，经查询石某某购买了当月16日从北京到张家界的火车票。

2015年1月24日，因下雪，为保证游客的安全，红螺寺公司对红螺寺景区进行了封山，将通往主峰天门山的铁门关闭。1月28日重新开门后，景区的工作人员李洋某巡视时，在离主峰大约200米处的游道边上发现了石某某的尸体，后红螺寺公司报警。北京市公安局怀柔分局出具了怀公治鉴通字（2015）第009号鉴定结论书，鉴定结论为："结合案情，石某某不排除冻死。"北京市公安局怀柔分局出具了怀公治亡查字（2015）第009号关于石某某死亡的调查结论，调查结论为："1. 该人系非正常死亡；2. 该人死亡不属于刑事案件。"对石某某的死亡原因，许甲、许乙、田某和红螺寺公司均认可北京市公安局怀柔分局的鉴定结论。对石某某在红螺寺景区内死亡的事实，红螺寺公司亦予以认可。石某某的尸体现存放于北京市盛唐法医鉴定所。庭审中，虽经法院多次释明，但许甲、许乙、田某仍未对石某某的尸体进行处理。

案件审理过程中，法院依法调取了北京市公安局怀柔分局关于石某某非正常死亡案卷，刑侦支队于2015年1月29日对许乙作了询问笔录，在询问笔录中，许乙叙述："石某某精神上有点儿毛病，所以她出门时从不带手机。"根据卷宗调查结果显示，石某某死亡时，身上没有红螺寺景区的门票和北京至张家界的火车票。北京市公安局怀柔分局刑侦支队曾组织许甲、许乙、田某观看2015年1月16日8时至1月28日10时红螺寺景区大门的监控录像，许甲、许乙、田某观看后并未指认出石某某从景区大门进入的画面。

经法院现场勘验，红螺寺景区在通往其主峰天门山的入口处设置了一个对开的铁门，从铁门进入，有一条石阶道路通往天门山主峰。在铁门旁边立有登山须知，其上写明："雷、雨、雪、雾、大风天气禁止登山。""凭票（登山证）出入中天门大门，三人以下禁止登山。"

【案件焦点】

红螺寺公司是否尽到了安全保障义务，红螺寺公司的安全保障义务范围以及红螺寺公司是否应对石某某的死亡承担赔偿责任。

【法院裁判要旨】

北京市密云区人民法院经审理认为：被侵权人死亡的，其近亲属有权请求侵权人承担侵权责任。行为人因过错侵害他人民事权益，应当承担侵权责任。被侵权人对损害的发生也有过错的，可以减轻侵权人的责任。许乙在北京市公安局怀柔分局的询问笔录中，多次表示石某某精神上有点儿问题，因此，其家人应该尽到看护之责。但许甲、许乙、田某作为石某某的家人未尽到看护之责，导致其从家中离开，并在红螺寺景区内死亡，故许甲、许乙、田某对石某某的死亡应承担主要责任。

根据《中华人民共和国侵权责任法》第三十七条的规定，宾馆、商场、银行、车站、娱乐场所等公共场所的管理人或者群众性活动的组织者，未尽到安全保障义务，造成他人损害的，应当承担侵权责任。综合已查明的事实及许甲、许乙、田某和红螺寺公司双方所提交的证据分析，红螺寺公司虽然张贴了登山须知，对游客进行登山提示，但在恶劣的天气情况下，在封山前，作为景区的管理者，其应尽到高度的注意义务，应合理地预见到封山行为可能造成滞留的游客无法下山的风险，故红螺寺公司未尽到合理限度范围内的安全保障义务，其对石某某的死亡应承担次要责任。

对许甲、许乙、田某要求红螺寺公司赔偿因石某某死亡的死亡赔偿金、被扶养人生活费、丧葬费的诉讼请求，理由正当、证据充分，予以支持，具体赔偿数额，依据双方责任比例及相关法律规定予以确定；依据相关规定，被扶养人生活费应包含在死亡赔偿金中，不再单独列项；石某某的死亡，确实给许甲、许乙、田某的精神造成了损害，许甲、许乙、田某要求红螺寺公司赔偿精神损害抚慰金，理由充分，符合相关法律规定，但其请求过高，法院依据双方过错程度等因素，予以酌定；许甲、许乙、田某要求的处理丧葬人员的误工费、交通费、住宿费，属于许甲、许乙、田某处理丧葬事宜必然发生的费用，故法院酌情予以考虑；原告要求的石某某尸体的停尸费，因其未提交充分有效的证据予以证明，不予支持；许甲、许乙、田某要求的运尸费，依据相关规定，已包含在丧葬费中，不再单独计算。

北京市密云区人民法院依照《中华人民共和国侵权责任法》第六条、第十六条、第十八条、第二十二条、第二十六条、第三十七条，《最高人民法院关于审理人身损害赔偿案件适用法律若干问题的解释》第十七条、第十八条、第二十七条、第二十八条、第二十九条之规定，判决如下：

一、红螺寺公司赔偿许甲、许乙、田某因石某某死亡的死亡赔偿金、丧葬费、精神损害抚慰金、处理丧葬人员的误工费、交通费、住宿费，共计 221473.4 元，限本判决生效之日起七日内给付。

二、驳回许甲、许乙、田某的其他诉讼请求。

红螺寺公司持原审答辩意见提起上诉。北京市第三中级人民法院经审理认为：本案争议的焦点为红螺寺公司对石某某的死亡是否应当承担赔偿责任。根据《中华人民共和国侵权责任法》第三十七条的规定，宾馆、商场、银行、车站、娱乐场所等公共场所的管理人或者群众性活动的组织者，未尽到安全保障义务，造成他人损害的，应当承担侵权责任。综合已查明的事实及双方所提交的证据分析，首先，石某某系死亡于红螺寺景区内，红螺寺公司虽主张石某某由其他途径而非通过购买门票的途径进入红螺寺景区、红螺寺公司不应承担安全保障义务，但其并未提供充分有效的证据证明其他途径的存在，且即使存在其他途径，作为景区管理者，也应对其他进入途径进行管理，在恶劣天气导致封山等情况下更应加强管理；其次，红螺寺公司虽然张贴了登山须知，对游客进行登山提示，但在恶劣的天气情况下，在封山前，其更应尽到高度的注意义务，在封山期间，亦应有合理的管理义务。因此，一审法院认定红螺寺公司未尽到合理限度范围内的安全保障义务、对石某某的死亡承担次要责任并无不当，予以维持。关于红螺寺公司赔偿许甲、许乙、田某的各项费用，一审认定正确，予以确认。综上，红螺寺公司的上诉理由和请求没有事实和法律依据，均不予支持。一审判决认定事实清楚，适用法律正确，应予维持。

北京市第三中级人民法院依照《中华人民共和国民事诉讼法》第一百七十条

第一款第（一）项之规定，判决如下：

驳回上诉，维持原判。

【法官后语】

本案中，红螺寺公司系旅游景点运营之公司，其在诉讼中主张已经张贴了登山须知，尽了一定的安全保障义务，但作为景区的管理者，在封山后，其应当预见到封山行为可能造成滞留游客无法下山的风险，故红螺寺公司仍应在本案中承担次要的赔偿责任。实践中，安全保障义务人的安全保障义务范围的确定是确定责任划分的主要依据，而公共场所的管理人或者群众性活动的组织者是否尽到“安全保障义务”是确定责任比例的关键，也是审判实践的难点。

根据现行的相关法律规定，安全保障义务本身并没有对注意的内容和标准给出确定的规则，判断是否违反了安全保障义务通常需要综合案件的实际情况和其他法律法规并综合考虑理性人（审慎管理人）的判断标准，具体考量时应当注意把握：一是对于法律就安全保障的内容有直接规定的，应当严格遵守法律、法规的明确规定加以判断；二是在法律、法规没有明确标准的情况下，是否违反了安全保障义务，应当参照理性人（审慎管理人）的标准进行判断，也就是按照具有相当知识经验的普通人所应具备的标准由法院进行判断；三是对于残疾人、未成年人等特殊群体，要对义务人采用高于普通正常人的安全保障标准。

如何具体判断管理者是否履行了安全保障义务，应当具体分析：一是安全保护措施是否合理。经营者或管理人应当保证所提供的设备、设施不存在安全隐患。二是控制措施是否合理。对管理范围内的安全隐患或对自己所占有、使用、管理的物及危险环境要承担积极的安全保障义务，包括警示标志的设置等合理的安全预警方式的采取。三是安全检查是否到位。在预见到存有安全隐患的情况下，安全保障义务人应当积极地对其所管理的物或者环境中存有的危险采取适当方法予以排除。四是救助措施的合理性。在发生损害后，管理者应当采取必要和及时合理的救助措施，防止损害的扩大和再次发生。本案中，红螺寺公司虽尽到了一定的安全保障义务，但根据上述分析，其对管理范围内的安全隐患缺乏充分的预判，采取的措施亦不到位，故其应承担相应的法律责任。

编写人：北京市密云区人民法院　朱成辉

19

娱乐场所中的人身伤害责任如何认定

——刘靖某等诉丁某、宜州市某某酒店生命权案

【案件基本信息】

1. 裁判书字号

广西壮族自治区河池市中级人民法院（2016）桂 12 民终字第 563 号民事判决书

2. 案由：生命权纠纷

3. 当事人

原告（上诉人）：刘靖某、罗志某、罗伊某

被告（上诉人）：丁某、宜州市某某酒店（以下简称某某酒店）

【基本案情】

某某酒店于 2013 年 7 月 5 日在宜州市工商行政管理局办理登记，经营范围为中餐类制售，类型为个体工商户，经营者为覃某某。从 2013 年年底开始，覃某某聘请丁某管理某某酒店的相关事务。某某酒店位于一条河畔旁，依山傍水，到酒店必须渡船过河，在进入酒店的停车场路口旁有两张广告牌，一张为“某某山庄”，另一张为“某某山庄　三星级农家乐”，内容包括有山庄简介、特色美食、特色演艺，其中的宣传小图上写有：机动船阀、免费渡河；游山玩水、游泳垂钓；朋友聚会、棋牌娱乐等内容。在酒店旁的河岸两边、码头等显要位置竖立有多块严禁游泳的警示牌，酒店的码头边有两间蓝色铁皮更衣间及两组用于保管物品的方格铁皮柜。余某某生前系刘靖某的女儿、罗志某的妻子、罗伊某的母亲，长期居住在柳州市。2015 年 7 月 18 日，余某某与 15 名中专同学到某某酒店进行同学聚会活动。每人出资 300 元由余某某保管支配。余某某以每人 88 元，15 人共计 1320 元的价格购买了某某酒店推出的全天自助烧烤套餐门票，包括：杂粮 + 烧烤 + 正餐。当日约 18

时许吃完晚饭，余某某提议到河里游泳，两名男同学陪其游到河中央后，余某某说自己在浅的地方游，不用陪她，于是两名男同学均游到与余某某有一定距离的位置。几分钟后，两名男同学发现余某某溺水，其中一名男同学率先赶到余某某溺水地点，但因体力不支，两次施救都未能把余某某救起，另外一名男同学随后赶到，只看见救人的男同学浮在水面上，便呼喊救人，此时一艘载有十来名游客的机动渡船驶过，船工将两名男同学救上船并驶向岸边码头，听说还有人没有救起，在把船上的游客送至岸上后，便载着两名男同学驾船又返回余某某落水处，与另外两名划竹排赶到事故地点的船工一起将余某某捞上竹排运回岸边，后120救护车赶到对余某某进行抢救，当晚约21点35分，余某某因抢救无效死亡。院方出具的病人死亡医学证明书上诊断为因呼吸、循环衰竭死亡。刘靖某、罗志某、罗伊某认为，在事故发生时经过余某某溺水处的某某酒店机动渡船没有及时救助，而是先将游客送回岸边才返回施救，前后延误了5、6分钟的最佳施救时机，余某某被救上岸后某某酒店方也没有实施有效的救援措施，造成余某某溺水死亡，对此某某酒店负有不可推卸的责任。丁某、某某酒店称酒店的经营项目只有聚餐和表演，因为对游泳没有进行收费，所以不承担游客因下河游泳而导致的后果、责任，且在余某某溺水后酒店方也积极地进行了救援，余某某溺水身亡与其不存在任何因果关系。

【案件焦点】

余某某溺水死亡与某某酒店的行为是否存在因果关系。

【法院裁判要旨】

广西壮族自治区宜州市人民法院经审理认为：某某酒店因其地理位置依山傍水，在酒店停车场路口旁张贴的广告牌上写有“游泳垂钓”等字样，且在码头边也设有铁皮更衣间及用于保管物品的铁皮柜，说明是允许到此的游客游泳并为其提供便利，这也是余某某及同学选择某某酒店举办聚会的原因之一。某某酒店位处河畔，以特殊地理位置吸引游客，应该知道河道有一定危险性，对此应该设置一定的安全区域或采取一定的防护措施，但其未尽合理限度范围内的安全保障义务，对余某某溺水死亡有一定的过错责任，其是由覃某某以个体户方式经营，应以其字号某某酒店作为被告承担20%的责任，而余某某作为成年人，具有完全民事行为能力，对河水的深浅、缓急应有判断能力，对下河游泳的危险性应有预知，但还是坚持下河并游到深水区域，造成溺水死亡的后果，余某某本人存在重大过错，承担80%的责任，丁某仅是某某酒店聘请的工作人员，余某某溺水死亡与其没有关联，不承担赔偿责任。

广西壮族自治区宜州市人民法院依法作出如下判决：

一、某某酒店赔偿刘靖某、罗志某、罗伊某经济损失122901.2元。

二、驳回刘靖某、罗志某、罗伊某的其他诉讼请求。

刘靖某、罗志某、罗伊某、某某酒店、丁某均提起上诉。广西壮族自治区河池市中级人民法院经审理认为：某某酒店辩称游泳项目不在其营业范围内，但从查明的事实来看，其张贴在路口的广告牌上明确有“游泳垂钓”的内容，可见，某某酒店是以此项目作为招揽游客的手段之一，虽然某某酒店辩称该广告牌是丁某在承包期间所立，但在其承包结束后到本案事故发生前相当长的一段时间里，该广告牌都没有拆除，并且持续发挥着招揽游客的作用，显然，某某酒店实际上是承接了这一广告设施的，并从刘靖某方提交的证据照片来看，某某酒店营业场所附近的河域也确实存在不少游客游泳玩水，这表明某某酒店对游客下河游泳的态度应当是放任的。因此，虽然某某酒店营业场所附近的河岸两边、码头等位置竖立有一些严禁游泳的警示牌，但在防范游客下河游泳上仍存在疏于管理和提示的问题，未尽到合理的安全保障义务，对余某某的死亡应承担一定责任。余某某作为心智成熟的成年人，对其行为可能引发的后果应当有清醒的认识，对游泳溺亡的后果应当承担主要责任。刘靖某、罗志某、罗伊某在二审期间提供的名片仅能证明丁某担任某某酒店的总经理职务，未提供证据证实丁某是该酒店的实际经营者之一，故其认为丁某亦应承担责任的主张不成立。综上，一审根据双方过错，确定余某某自行承担80%的责任，某某酒店承担20%的责任适当，应予维持。

广西壮族自治区河池市中级人民法院依照《中华人民共和国民事诉讼法》第一百七十条第一款第（一）项之规定，判决如下：

驳回上诉，维持原判。

【法官后语】

本案处理重点主要在于对余某某溺水死亡与某某酒店的行为是否存在因果关系的认定。我国《侵权责任法》第三十七条规定，“宾馆、商场、银行、车站、娱乐场所等公共场所的管理人或者群众性活动的组织者，未尽到安全保障义务，造成他人损害的，应当承担侵权责任”。《最高人民法院关于审理人身损害赔偿案件适用法律若干问题的解释》第六条规定，“从事住宿、餐饮、娱乐等经营活动或者其他社会活动的自然人、法人、其他组织，未尽合理限度范围内的安全保障义务致使他人遭受人身损害，赔偿权利人请求其承担相应赔偿责任的，人民法院应予支持”。

本案中，某某酒店作为提供餐饮、游乐项目的娱乐场所，其广告牌上标明其提供的娱乐项目有“游泳垂钓”等，说明其有通过这些项目吸引游客的意图，所以其应在合理限度内确保进入酒店经营场所并下河游泳的游客的人身安全，避免因管理、服务瑕疵而引发人身伤害，而某某酒店虽然在河岸两边、码头等位置竖立有一些严禁游泳的警示牌，但该警示内容与前述允许游泳的广告内容相左，不足以引起游客的重视，故其在防范游客下河游泳，避免出现意外事故方面存在疏于管理和未明确提示的问题，未尽到合理的安全保障义务，这与余某某的死亡结果具有一定的因果关系，其应承担相应的责任。同时，余某某作为完全民事行为能力人，应当对自己的行为尽到合理的注意义务，其下河游泳时，疏于观察河流情况，自行进入深水区，未尽到一般的注意义务，存在重大过错，应承担相应责任。根据责任比例原则，法院认定余某某负80%的责任，某某酒店负20%的责任，并作出相应的赔偿。

编写人：广西壮族自治区宜州市人民法院　韦茜茜

（三）同饮、同旅者的义务

20

酒宴的组织者、参与者对于醉酒者的安全负有何种注意义务

——张可某等诉崔某等生命权、健康权、身体权案

【案件基本信息】

1. 裁判书字号

北京市石景山区人民法院（2016）京0107民初字第14862号民事判决书

2. 案由：生命权、健康权、身体权纠纷

3. 当事人

原告：张可某、李秀某、李忠某、张欣某、张守某

被告：崔某、殷丽某、冯某

【基本案情】

2015 年 9 月 14 日晚间，崔某在其住处招待张维某、冯某等人吃饭并饮酒，酒宴结束后，崔某及其家人意识到张维某酒后独自回家存在安全隐患，欲安排车辆送张维某回家，但张维某拒绝乘坐该车辆并要求驾驶崔某的摩托车回家，崔某、殷丽某及冯某等人劝诫未果，殷丽某在与张维某的妻子电话联系告知情况后，张维某驾驶摩托车独自回家。当日 23 时许，张维某驾驶该摩托车在石景山区香山南路发生交通事故，造成张维某死亡。北京市公安局交通管理局石景山交通支队认定："张维某醉酒后驾驶与驾驶证载明的准驾车型不相符合且未按规定登记的机动车上道路未靠右侧行驶未按规定戴安全头盔的违法行为，与本起道路交通事故的发生有因果关系，是事故发生的（全部）原因。""张维某应负事故全部责任。"

另查，张维某生前在北京居住和工作，张可某、李秀某系张维某之父母，除张维某外另有一子一女；李忠某系张维某之配偶，张欣某、张守某系张维某之子女；五原告均系农村户口。崔某与殷丽某系夫妻，冯某系二人朋友。

【案件焦点】

崔某、殷丽某作为酒宴组织者、冯某作为酒宴的参与者，是否应对张维某酒后驾车死亡事件承担赔偿责任。

【法院裁判要旨】

北京市石景山区人民法院经审理认为：行为人因过错致他人人身受损的，侵权人应当在其过错范围内承担相应的赔偿责任。本案中，被告崔某、殷丽某对张维某的死亡有一定的过错：首先，涉案摩托车系崔某所有，该摩托车钥匙由崔某及其家人保管，崔、殷二人客观上有能力阻止张维某驾驶摩托车上路行驶；其次，崔、殷二人在明知张维某饮酒的情况下，应当采取彻底、有效的方式、方法阻止其驾驶摩托车自行离去。虽然崔、殷二人对张维某进行了劝阻，但并未有效地阻止张维某驾

驶摩托车上路行驶，主观上存在过错，且该行为与张维某死亡有一定程度的因果关系，故应承担相应的赔偿责任。法院对其责任比例酌定为10%。

关于冯某是否承担侵权责任一节，张可某、李秀某、李忠某、张欣某、张守某未提供证据证明冯某在明知张维某酒后会驾驶机动车离开的情况下仍然进行劝酒，且从现有证据看，冯某曾劝说张维某乘坐崔某安排的车辆离开并在发现张维某欲驾驶摩托时亦对张维某进行了劝阻，但均遭张维某拒绝。因冯某并非摩托车的所有者或管理者，其在能力范围内对张维某已经尽到了注意义务，不能认定冯某存在过错。

张可某、李秀某、李忠某、张欣某、张守某主张丧葬费、死亡赔偿金、被扶养人生活费均有事实及法律依据，法院在相应额度内对上述请求予以支持，上述被扶养人生活费计入死亡赔偿金，精神抚慰金予以酌定。

综上所述，北京市石景山区人民法院依据《中华人民共和国侵权责任法》第六条、第十六条、第二十二条，《最高人民法院关于审理人身损害赔偿案件适用法律若干问题的解释》第十七条、第十八条之规定，判决如下：

一、崔某、殷丽某于本判决生效后七日内给付张可某、李秀某、李忠某、张欣某、张守某丧葬费4252元，死亡赔偿金69993元、精神损害抚慰金8000元；

二、驳回张可某、李秀某、李忠某、张欣某、张守某的其他诉讼请求。

【法官后语】

本案争议的焦点问题在于：酒宴组织者、参与者，是否应对同饮人酒后驾车死亡事件承担赔偿责任。

第一种意见认为：酒宴的组织者、参与者不应对酒后驾车死亡的同饮人承担赔偿责任。同饮人作为完全行为能力人，对于饮酒的后果及饮酒后驾车的后果应当有明确的认识，其在饮酒后驾车并因交通事故死亡，完全是因其自己的过错所造成的，不应当由酒宴的组织者、参与者承担赔偿责任，同时酒宴在我国是一种常见的社交方式，如果由酒宴的组织者、参与者对所有参与酒宴的人在酒宴结束后的行为负责，无疑会加重组织者、参与者的风险，故而不同意酒宴的组织者、参与者对酒后驾车死亡的同饮人承担赔偿责任。

第二种意见认为：酒宴的组织者、参与者应对酒后驾车死亡的同饮人承担赔偿责任。人在饮酒后的控制力和判断力都有所降低，作为酒宴的组织者和参与者，应当对同饮人负有注意义务，如果同饮人在饮酒后驾车并因酒驾发生交通事故造成损害，则组织者和参与者没有尽到对于同饮人安全的注意义务，应当承担赔偿责任。

第三种意见认为：酒宴的组织者、参与者对酒后驾车死亡的同饮人，仅在有限的情况下，承担赔偿责任。

笔者同意第三种意见。有限的情况是指仅在组织者或参与者明知同饮人已经饮酒，已经预见或应当预见到同饮人如果驾车会产生损害后果，其未尽到在其能力范围内的劝阻义务，则应当承担赔偿责任。

在本案中，张维某在醉酒后驾驶机动车上路是导致其死亡的直接原因。而该机动车的所有人正是酒宴的组织者崔某、殷丽某。崔某、殷丽某确实采取了多项措施阻止张维某骑行摩托车返家，如约车送张维某回家、抢夺摩托车钥匙、给张维某妻子打电话等，但从最终的结果来看，其还是没有能够阻止张维某上路的行为。崔某、殷丽某对醉酒后驾驶摩托车上路的危害有着明确的认识，崔某、殷丽某应该完全能够预料其向张维某提供了上述摩托车后可能出现的后果，崔某、殷丽某作为机动车的所有者完全有能力有理由也有责任阻止张维某驾驶其摩托车上路。但是崔某、殷丽某在阻止几次之后并没有继续阻止而是放任了张维某醉酒后驾车的行为，实际上是一种侥幸心理，其对张维某的受害是一种放任的心态，所以其应当在其过错范围内赔偿张维某的各项损失。

而对于另一位同饮者冯某而言，其亦对张维某进行了劝阻，但从其身份而言，其并非是摩托车的所有者，在摩托车所有者已经放任了张维某醉酒驾驶摩托车上路的行为后，从一般生活经验看，其已经无法再阻止张维某。要求冯某承担彻底的、完全的阻止张维某上路的注意义务有失偏颇。故冯某已经尽到了其注意义务，不应当再承担赔偿责任。

编写人：北京市石景山区人民法院　赵莹

21

共同聚餐同饮人对超出可控程度的酒后自杀行为不承担责任

——宋成某、粟雅某诉天山区新华北路某某西式快餐店等生命权案

【案件基本信息】

1. 裁判书字号

新疆维吾尔自治区乌鲁木齐市中级人民法院（2015）乌中民一终字第1263号民事判决书

2. 案由：生命权纠纷

3. 当事人

原告（上诉人）：宋成某、粟雅某

被告（被上诉人）：马晓某、张玉某、美某、杨秋某、天山区新华北路某某西式快餐店（以下简称某某快餐店）

【基本案情】

宋成某、粟雅某系宋某某父母。宋某某与马晓某、张玉某、美某、杨秋某均系某某快餐店员工。

2015年6月9日下班后，马晓某提议并召集7人聚餐吃火锅。吃饭时宋某某自带3瓶啤酒及1瓶125克的白酒。22时许，何某某吃完员工餐后自带一瓶250克白酒来到女员工宿舍与马某某、宋某某共饮，其余人未饮酒。其间，何某某外出购买火锅底料时又购买了1瓶125克白酒。其中马某某喝了1瓶啤酒，其余由宋某某及何某某喝完。23时30分左右7人吃完饭，美某、杨秋某、张某某各自返回各自居住的房间，马某某返回7楼男员工宿舍。宋某某一直留在马晓某房间未回家，亦未返回7楼男员工宿舍。何某某返回男员工宿舍后又返回女员工宿舍叫宋某某回宿舍，未果。0时左右，宋某某从马晓某房间到客厅后跳上客厅窗台坠楼。张玉某拨打120急救电话，马晓某、马某某等将宋某某送至医院。宋某某经抢救无效死亡。

某某快餐店店长何某得知宋某某喝酒且不离开女员工宿舍后，先后让马晓某、何某某将宋某某拉回男员工宿舍。何某某在女员工宿舍门口等待宋某某期间事发。事发后何某第一时间通知了老板，并拨打了110及120电话。

经乌鲁木齐市公安局刑事科学技术研究所理化检验鉴定，死者宋某某的血液酒精含量为217mg/100ml。2015年7月14日乌鲁木齐市公安局天山区公安分局法医室出具死亡证明，载明宋某某死亡原因系饮酒后高坠（自杀）死亡。

另查明，2015年6月9日21时40分左右，张玉某在外吃完晚餐后返回宿舍看电视，并未参与涉案聚餐活动。

【案件焦点】

共同聚餐饮酒人对同饮人应承担何种程度的随附注意义务。

【法院裁判要旨】

新疆维吾尔自治区乌鲁木齐市天山区人民法院经审理认为：当事人对自己提出的诉讼请求所依据的事实或者反驳对方诉讼请求所依据的事实，应当提供证据加以证明，但法律另有规定的除外。在作出判决前，当事人未能提供证据或者证据不足以证明其事实主张的，由负有举证证明责任的当事人承担不利的后果。本案马晓某召集同事在宿舍吃火锅是工作之余的正常聚餐活动，是同事间沟通、交流、增进友情的一种方式，其召集行为没有过错。共同聚餐人应当根据客观情况对其他饮酒人的人身安全承担随附义务，即特别的注意义务。但该特别的注意义务应指饮酒人人身安全面临一定的风险和危害，且达到一定程度时，其他聚餐人对饮酒人的照顾义务。同时对饮酒人的醉酒状态及危险程度的判断标准，应以社会普通理性人的要求衡量。本案现有证据表明，宋某某在聚餐时自带啤酒、白酒与案外人共饮。聚餐中马晓某、张玉某、美某、杨秋某均未饮酒，亦未向宋某某提供酒水。宋某某饮酒及留在马晓某房间聊天期间，没有出现意识不清、身体失控等面临人身安全的状况。且本案中无论从聚餐地点、聚餐时间、聚餐人员范围上均不存在危险性。死者宋某某是完全民事行为能力人，应当意识到饮酒过度对身体有害或导致思维不清楚的后果，更应该对自身生命健康负有注意义务。宋成某、粟雅某亦没有证据证明聚餐中其他聚餐人存在相互劝酒情形或其他刺激及加害行为。聚餐后宋某某留在马晓某宿舍，美某、杨秋某、张某某已经各自返回各自居住的房间。宋某某从马晓某房间到客厅跳上窗台坠楼的行为事发突然，马晓某、美某、杨秋某无法预见，亦无法有效阻止、杜绝事件的发生，故其没有过错，不应承担法律责任。张玉某未参与涉案聚餐活动，不应承担责任。某某快餐店店长得知宋某某喝酒且不离开女员工宿舍后，先后让马晓某、何某某将宋某某拉回宿舍。事发后，也第一时间拨打了110及120电话，已经尽到对员工下班后的管理职责，不应承担责任。遂判决：

驳回宋成某、粟雅某的诉讼请求。

宋成某、粟雅某不服原审判决，提出上诉。新疆维吾尔自治区乌鲁木齐市中级人民法院经审理认为：行为人因过错侵害他人民事权益，应当承担侵权责任。本案中，宋成某、粟雅某认为某某快餐店及马晓某等人因过错造成宋某某死亡的损害后果，宋成某、粟雅某作为权利主张人应当举证证明某某快餐店及马晓某等人存在过错行为，且该过错与宋某某的死亡后果之间存在因果关系。本案经过公安机关的调查询问及化验鉴定，认定宋某某死亡原因为饮酒后高坠（自杀）死亡。宋成某、粟雅某认为马晓某作为聚餐活动的组织者，在宋某某酒后未采取强制措施将其送回，自愿留宿宋某某，马晓某在事发过程中的不作为及疏忽大意导致悲剧发生，应当承担赔偿责任。因召集、参与聚餐活动均系公民个人的自愿行为，本案并无有效证据显示马晓某等人在与宋某某聚餐的过程中存在过分劝酒等不当行为，马晓某等人作为宋某某的同事，在宋某某酒后亦不具有对其人身采取强制措施的法定监护职责。宋某某坠楼的意外并非通常情况下常人能够预见的安全隐患，本案客观上并未达到饮酒人人身安全面临一定风险和危害，且达到一定程度的情形，故不能认定马晓某、美某、杨秋某对宋某某负有特别照顾义务。宋成某、粟雅某主张马晓某承担侵权赔偿责任，张玉某、美某、杨秋某承担连带赔偿责任没有事实及法律依据，不予支持。某某快餐店的管理人员在得知宋某某喝酒后督促同事将其送回宿舍，且在事发后尽到了合理限度内的救助、管理职责，故宋成某、粟雅某要求某某快餐店承担侵权赔偿责任没有事实及法律依据，不予支持。宋成某、粟雅某在二审期间提交的照片、证人证言等证据亦不足以证实某某快餐店、马晓某、张玉某、美某、杨秋某在本次事故中存在过错行为，且与宋某某的死亡后果存在因果关系，故宋成某、粟雅某理应承担举证不能的不利后果。综上，宋成某、粟雅某的上诉理由不能成立，对其上诉请求不予支持。原审判决认定事实清楚，适用法律正确，依法予以维持。新疆维吾尔自治区乌鲁木齐市中级人民法院依照《中华人民共和国民事诉讼法》第一百四十四条、第一百七十条第一款第（一）项、第一百七十四条之规定，判决如下：

驳回上诉，维持原判。

【法官后语】

德国民法学家梅迪库斯将免费搭载、盛情款待、友情照料等行为称为纯粹的“情谊行为”。我国台湾地区学者王泽鉴将此类行为引起的关系称为“好意施惠关系”。实践中，因请客喝酒、好意搭载所引起的人身损害赔偿案件并不鲜见，主流观点是将过错责任作为好意施惠侵权损害赔偿的归责原则，本案也不例外，引用的条款为《中华人民共和国侵权责任法》第六条的规定，行为人因过错侵害他人民事权益，应当承担侵权责任。一般过错责任的成立，需要四个要件：一是加害人实施了违法加害行为（作为或不作为）；二是受害人遭到了可救济的损害（人身损害或财产损失）；三是加害行为与损害结果之间存在因果关系；四是加害人对损害的发生具有过错（故意或过失）。在“好意施惠关系”中，对第三、第四两个要件的考察更为重要。具体分析如下：

1. 马晓某等人对于宋某某之自杀行为是否具备“客观上可预见”

“客观上可预见”主要是指根据生活原型、发生频率等考察行为人对于某种危险是否能够预见。比如，实践中较为常见的现象是酒后猝死、迷路冻死等，虽然不是很普遍，但还是有类似的案例，应认为此类后果能够为常人所预见，如果没有预见则有过失。反之，如果发生行为人客观上难以预见的危险，则很难认定其存在重大过失。本案中，喝酒聚会的发起人是某某快餐店职工马晓某，宋某某属于受邀人之一，啤酒、白酒均是其自带，聚会结束后其他人各自回宿舍，唯独宋某某没有离开马晓某的宿舍。无论从聚餐地点（宿舍）、聚餐时间（晚上）、聚餐人员（同事）范围上看，宋某某喝完酒后并未外出离开聚会人的视线，也不存在发生意外的可能性，大家都认为待在宿舍里是较为安全的。但是宋某某却从窗台坠楼，其行为事发突然，马晓某等人无法预见，故不应当对马晓某等人科以法律责任。如果宋某某之前多次流露出厌世、自杀的倾向或举止，那么应当认定马晓某等人因先前的同饮行为对孙某某的人身安全产生附随的照顾和保护义务，应当预见到孙某某可能因酒后失控实施意外的伤害自身的行为。

2. 马晓某等人对于宋某某自杀时的“行为能力状况”的判断是否符合社会普

通理性人的要求

“行为能力状况”是指行为人控制自身的辨识能力。如果聚会人知道受害人已经不具备相应的识别能力，那么造成人身损害结果的，应当认定聚会人为重大过失。比如，社会普通人对于“醉酒”的判断标准就是胡言乱语、走路踉跄、意识不清、行为失控等，这些都是不正常的行为举止，而且这些举止都是多数人醉酒后的“常态”表现，虽然饮酒人因酒量大小的差异使其呈现“醉态”有快慢之别，但一般性的表现都是如此。因此，较为容易判断。实践中发生的聚会人疏于对同伴的安全注意义务而导致人身损害的案件，多是受害人已经出现了一些“非常态”的行为举止，但聚会人没有注意到而自认为其表现正常，或者意识到其不正常但抱以侥幸心态。本案中，与宋某某聚会的同事均是年轻人，都能够认知饮酒过度对身体有害或者导致思维不清、行为失控，而宋某某饮酒时及留在马晓某宿舍聊天期间，并没有出现意识不清、行为失控等面临人身安全的状况，使得马晓某等人认为其并没有“喝醉”，这符合社会普通理性人的判断。同时，本案聚会过程中仅宋某某与何某某两人喝白酒，其他人并未喝酒，亦不存在其他人呈现“醉态”判断失误的问题。

3. 马晓某等人对于宋某某自杀行为是否进行了积极的救助

安全注意义务存在于两个阶段，一是行为发生时有无积极阻止；二是行为发生后有无积极救助。宋某某在女同事宿舍喝酒，酒后不走，某某快餐店店长先后让马晓某、何某某将宋某某拉回宿舍，未果后何某某一直守候在马晓某宿舍。事发后店长第一时间拨打了110及120电话，马晓某与马某等将宋某某送至医院。从以上时间段的推进可以看出，虽然聚会人没有预见到宋某某自杀的危险，但在其自杀结果发生后，相关人员积极采取措施予以救助，已经尽到了安全注意义务。

综上所述，亲朋之间宴请聚会饮酒属于一种情谊行为。饮酒过程中，如果有人处于酒后危险的状态，其他同饮者应对客观上可预见的危险负有合理的注意义务，包括对饮酒者提醒、劝导、照顾、安全护送等，以减少、避免安全风险。如果同饮者疏于履行上述义务，则存在客观上的过失，应承担一定的责任。如果同饮者已经尽到了特别的注意义务，或对损害后果客观上不可预见，则对损害结果的发生不存在过错，就不应当承担侵权赔偿责任。

编写人：新疆维吾尔自治区乌鲁木齐市天山区人民法院　于克勤

22

共同饮酒后一方未尽到照顾义务致另一方死亡的责任承担

——张某某等诉李某某等生命权案

【案件基本信息】

1. 裁判书字号

新疆维吾尔自治区昌古回族自治州中级人民法院（2017）新23民终字第445号民事判决书

2. 案由：生命权纠纷

3. 当事人

原告（被上诉人）：张某某、陈某某、张某琦

被告（上诉人）：李某某、付某某

被告（被上诉人）：骆某、王某某

【基本案情】

张某某为死者张某的父亲，陈某某为死者张某的母亲，张某琦为死者张某的女儿。死者张某生前离异，住奇台县奇台镇东风北街67号政建公司楼×幢×单元×室。2015年11月7日晚，张某与付某某在李某某家饮酒，酒后张某与付某某均在李某某家留宿。次日，在张某还未清醒的情况下，付某某将张某留在李某某家中，自行回家。在2015年11月9日，李某某发现张某死亡，遂向奇台县公安局报案。经奇台县公安局鉴定，张某死于酒精中毒。

【案件焦点】

李某某、付某某对于张某死亡的过错程度以及各自应当承担责任的比例，承担赔偿责任的主体如何确定。

【法院裁判要旨】

新疆维吾尔自治区奇台县人民法院经审理认为：公民、法人或者其他组织因侵权造成他人人身损害或者财产损失的，应当向赔偿权利人赔偿。公民因违反义务造成他人损伤的应当向权利人进行赔偿，该义务可以是法定义务，也可以是约定义务，还可以是公民先前行为产生的义务。本案中，李某某、付某某在与张某饮酒后，明知张某已经醉酒，此时因先前的共同饮酒行为，其二人负有对张某的照顾义务。但其二人并未履行该义务，在张某醉酒一夜的情况下没有将其送医，也未通知其家人。付某某自行回家，李某某外出从事其他活动，造成张某死亡。李某某、付某某的不作为与张某的死亡之间有一定的因果关系，故李某某、付某某应当承担相应的赔偿责任。死者张某作为完全民事行为能力人，应当对其身体是否适合饮酒以及饮多少酒有明确的认知，在与李某某、付某某饮酒的过程中，大量饮酒造成其死亡，对其死亡结果有明显的过失。鉴于李某某、付某某对于张某是否可以饮酒以及可以饮多少酒无法具体得知，造成张某死亡的原因是其饮酒过量，故张某应当对其死亡结果承担主要责任，自行承担80%。关于李某某、付某某各自的责任比例问题应当根据其未进行救助的情况分担。张某醉酒后一直留宿在李某某家中，这就使得他人无法对张某进行救助，尤其是在付某某离开后，李某某并未将张某送医救治，也未通知张某的家属。付某某自己离开后，李某某与张某在家时，李某某在有条件进行救助的情况下，没有进行救助，其过失程度明显高于付某某，故酌情确认李某某承担赔偿额的12%。付某某在明知张某醉酒的情况下，还独自一人回家，对张某疏于照顾，故应当由其承担剩余的8%赔偿额。以现有的证据不能证实骆某、王某某对张某的死亡负有过错，故骆某、王某某在本案中不承担赔偿责任。

关于赔偿的项目和数额本院确定如下：

一、丧葬费，张某某、陈某某、张某琦主张以2014年在岗职工平均工资进行计算，该主张不违反法律规定，予以确认，即丧葬费为27203元（54407元÷2=27203元）。

二、死亡赔偿金，死者张某为城镇户口，张某某、陈某某、张某琦主张以2014年城镇居民人均可支配收入计算，该主张不违反法律规定，予以确认，即死亡赔偿金为464280元（23214元/年×20年）。

三、精神抚慰金，酌情确定为5000元；精神抚慰金，由李某某承担60%为

3000 元，付某某承担 40% 为 2000 元。

四、参葬人员误工费，张某某、陈某某、张某琦原告主张 10 人，计算 3 天的误工费，但未提供相应的证据，酌情确认参葬人员误工费为 2856 元（7 人 ×3 天 ×136 元/天）。

五、被扶养人生活费，张某死亡时其婚生女张某琦 17 周岁。张某某、陈某某、张某琦主张按照 2014 年城镇居民人均消费性支出计算，该主张不违反法律规定，予以准许，即抚养费为 8842. 5 元（17685 元 ÷2 =8842. 5 元）。

以上费用由李某某承担 63381. 78 元［（27203 元 +464280 元 +2856 元 +8842. 5 元）×12% +3000 元］，由付某某承担 42254. 52 元［（27203 元 +464280 元 +2856 元 +8842. 5 元）×8% +2000 元］。综上，新疆维吾尔自治区奇台县人民法院依据《中华人民共和国侵权责任法》第六条、第二十四条，《中华人民共和国民事诉讼法》第一百四十四条，《最高人民法院关于审理人身损害赔偿案件适用法律若干问题的解释》第十七条、第二十条、第二十九条的规定，判决如下：

一、李某某于本判决生效之日起十日内向张某某、陈某某、张某琦赔偿 63381. 78 元；

二、付某某于本判决生效之日起十日内向张某某、陈某某、张某琦赔偿 42254. 52 元；

三、驳回张某某、陈某某、张某琦的的其他诉讼请求。

李某某、付某某不服一审判决，提起上诉。新疆维吾尔自治区昌吉回族自治州中级人民法院经审理认为：李某某、付某某提出不应由其对张某死亡结果承担赔偿责任，其二人应提供相应的证据予以证实。综观全案，2015 年 11 月 7 日，张某是与付某某一起到李某某家三人进行饮酒。作为张某的酒友付某某，在明知张某处于醉酒状态已无法支配自身行为时未将张某安全送回家，也没有及时联系张某家属，而是在次日自行离开李某某家，其行为存在过错理应承担赔偿责任。对于李某某，其不但要承担责任，且要承担相对付某某较重的责任。张某与付某某到李某某家喝酒至李某某发现张某死亡近三天时间，李某某对醉酒后睡在自已家中的张某不管不顾，未通知张某家属，在发现张某一直处于昏睡的情况下也未及时送张某去医院救治，李某某对张某未尽到安全保障的注意义务，对张某死亡后果也应承担相应责任。一审法院认定张某自负 80% 的责任，李某某承担 12% 、付某某承担 8% 的赔偿责任并无不当，予以确认。

综上，李某某、付某某的上诉请求不能成立，应予驳回；一审判决认定事实清楚，适用法律正确，应予维持。新疆维吾尔自治区昌吉回族自治州中级人民法院依照《中华人民共和国民事诉讼法》第一百四十四条、第一百七十条第一款第（一）项、第一百七十四条规定，判决如下：

驳回上诉，维持原判。

【法官后语】

《中华人民共和国侵权责任法》第六条规定，行为人因过错侵害他人民事权益，应当承担侵权责任。第二十六条规定，被侵权人对损害的发生也有过错的，可以减轻侵权人的责任。这里的侵权行为可以是以积极的行为去追求损害结果的发生，也可以是本该作为而未作为，因其不作为造成了侵害后果的发生。在损害后果发生后，如侵权人的行为与损害后果之间的原因力大小能够确定的，可以按原因力大小承担责任，不能确定的可以平均承担责任。因共同饮酒行为造成其中一方死亡的案件并不鲜见，在饮酒过程中一定要量力而行，对自己是否能够饮酒，适合饮多少酒有明确的认知，而他人对此难以预知，未尽到此义务的，对损害后果的发生应当承担主要责任。同时一起饮酒的人员在饮酒过程中也要对他人的状态进行一定的预估，不能一味地劝酒，以积极的行为造成他人身体受损。在饮酒后清醒的人员，尤其是酒局的召集人，因为之前的共同饮酒行为，其负有将饮酒后处于非清醒状态下的人员安全送达，未尽到相应义务的人员，将会承担相应的不作为的侵权责任。本案正是因为“作为”和“不作为”的交集造成了危害后果的发生，也正是基于此，本案作出以上判决。

编写人：新疆维吾尔自治区奇台县人民法院　杨敏峰

23

共同饮酒者未尽安全注意义务的法律责任

——林某某等诉康某某等生命权、健康权、身体权案

【案件基本信息】

1. 裁判书字号

福建省厦门市中级人民法院（2016）闽02民终字第893号民事判决书

2. 案由：生命权、健康权、身体权纠纷

3. 当事人

原告（被上诉人）：林某某、王某某、刘某某、彭某、刘明某

被告（上诉人）：康某某

被告：郭某某、康某某

【基本案情】

2015年8月21日晚，被害人彭某某在康某某家中与康某某及康某某的妹妹康某某、妹夫郭某某四人一同吃饭，其间彭某某与郭某某有饮酒。次日00时40分许，彭某某自己驾驶摩托车回家。8月22日1时许，彭某某给康某某打电话，告知其因饮酒无法单独驾车回家，后康某某驾驶彭某某的摩托车将其送至沙美村住家附近。其间，康某某电话确认彭某某是否安全到家。康某某将彭某某送到沙美村后驾驶彭某某的摩托车返回家中。当日2时许，彭某某微信告知康某某其第二天要用摩托车，8月22日2时30分许，康某某将摩托车送回沙美村，后彭某某又将康某某送回，在8月22日4时许彭某某自行驾驶摩托车返回途中，其驾驶的摩托车碰刮中心绿化带护栏及路沿石发生事故，造成彭某某当场死亡，后经检测彭某某血样中乙醇含量为54.82mg/dl。2015年9月24日，厦门市公安局交通警察支队翔安大队出具《道路交通事故认定书》，对事故形成原因分析为：彭某某饮酒后无证驾车未确保安全行驶，致发生事故，其行为与本起事故的发生有直接因果关系，对事故的

发生起根本作用，是造成本起事故的根本原因。

另查明，林某某系彭某某的父亲，王某某系彭某某的母亲，刘某某系彭某某的配偶，彭某系彭某某的女儿，刘明某系彭某某的儿子。林某某与王某某共育有三名子女，彭某某系其次女。

【案件焦点】

康某某、郭某某、康某玲在共同饮酒后对彭某某是否尽到了安全注意义务，是否应当对彭某某酒后因交通事故死亡的后果承担赔偿责任。

【法院裁判要旨】

福建省厦门市翔安区人民法院经审理认为：根据公安机关出具的《道路交通事故认定书》，此次交通事故的直接原因是彭某某饮酒后无证驾车未确保安全行驶，彭某某作为具有完全民事行为能力的人，应当预见酒后无证驾驶的危险性，其违反交通安全法规，发生交通事故致死，应当承担主要责任。康某某、郭某某、康某玲与彭某某共同吃饭、饮酒，在明知彭某某饮酒的情况下，康某某、郭某某、康某玲应当尽合理的注意义务，但该注意义务应仅限于彭某某从康某某家到彭某某住家之间的范围内，若离开该范围则其注意义务可以免除。事发当日，康某某在凌晨1时40分左右已经将彭某某送到了沙美村其住家附近，且将彭某某的摩托车骑走，彭某某自己走路回家。康某某虽未将彭某某送至家中，但彭某某已经到达其住家附近，可以步行到达，而其再次因其他原因离开家，对于郭某某、康某某而言已经不在其能预测的能力范围之内，故对于郭某某、康某某，其注意义务在彭某某第一次到达沙美村住家附近时已经免除，对于彭某某再次离开沙美村后又发生交通事故不承担赔偿责任。康某某作为饭局的主人，明知彭某某晚饭时饮酒，并且无法自行驾驶摩托车的情况下，应当对其酒后驾车的行为进行劝阻、制止，或护送其安全到家，但其在凌晨4时许与彭某某聊天结束后并未尽到合理的注意义务，存在疏忽大意的过失，对损害结果的发生存在一定过错，应当对此承担相应的赔偿责任。综合彭某某及康某某各自的过错范围，酌定康某某对于彭某某的死亡承担10%的赔偿责任。

福建省厦门市翔安区人民法院依照《中华人民共和国侵权责任法》第六条、第十六条、第二十六条，《最高人民法院关于适用〈中华人民共和国侵权责任法〉若干问题的通知》第四条，《最高人民法院关于审理人身损害赔偿案件适用法律若干问题的解释》第十七条第三款、第十八条第一款、第二十七条、第二十八条、第二十九条、第三十五条，《最高人民法院关于确定民事侵权精神损害赔偿责任若干问题的解释》第十条，《中华人民共和国民事诉讼法》第六十四条第一款之规定，判决如下：

一、康某某于本判决生效之日起十日内，向林某某、王某某、刘某某、彭某、刘明某支付赔偿款130083.44元；

二、驳回林某某、王某某、刘某某、彭某、刘明某的其他诉讼请求。

康某某不服一审判决提起上诉。福建省厦门市中级人民法院经审理以与一审相同的理由认为，一审判决认定康某某对彭某某之死亡损害结果的发生存在一定过错，承担相应的赔偿责任，符合相关法律规定。一审综合彭某某及康某某各自的过错程度，酌定康某某对于彭某某的死亡承担10%的赔偿责任，并无不当。

福建省厦门市中级人民法院依据《中华人民共和国民事诉讼法》第一百七十条第一款第（一）项的规定，作出如下判决：

驳回上诉，维持原判。

【法官后语】

“酒文化”在我国具有深厚的历史渊源，现代社会，酒仍然是人们联络感情、沟通人际关系的重要媒介之一。亲友、同事、客户之间聚餐时饮酒是常见的情况。在数人共同喝酒的特定环境下，酒宴的主人和一起吃饭的客人之间因为先前的共饮行为，彼此产生了对人处于不安全状态的饮酒者的注意义务的前提。当共同饮酒人进行危险行为或可能处于危险无助境地时，具有安全注意义务的人都有义务劝阻对方实施危险行为，或尽力帮助其摆脱危险境地。特别是酒宴的主人，作为共同喝酒行为的组织者，更应有注意保证前来赴宴的客人在喝酒过程中和喝酒后的人身、财产安全的义务，不使客人受到损害。

本案中，康某某系宴请的主人，彭某某作为客人在吃饭过程中饮酒，康某某是清楚知悉的。因而康某某就因先前的共同吃饭的行为产生了对彭某某能够安全到家的注意义务。康某某本已骑车将彭某某护送到家，履行了该注意义务，但在彭某某再次出行与其聊天后，因其知悉彭某某仍处于酒后状态，故其仍负有对彭某某安全的注意义务，故因其未能劝阻彭某某驾车，其对于彭某某酒后因交通事故死亡的后果应承担一定的赔偿责任。

对于康某玲与郭某某，作为饭局的参与者，对于共同饮酒人彭某某的安全亦负有注意义务，但因为其对于彭某某安全返家又再次离开家不知情，故其对于彭某某之后的人身安全没有注意义务，对于彭某某在第二次回家途中遭遇交通事故的后果，郭某某、康某玲可免除责任。

编写人：福建省厦门市翔安区人民法院　张薇

24

婚宴主办人应对客人安全负有善良管理人必要的注意义务

——黄某某、谢某某诉刁创某等生命权案

【案件基本信息】

1. 裁判书字号

广东省兴宁市人民法院（2016）粤1481民初字第1816号民事判决书

2. 案由：生命权纠纷

3. 当事人

原告：黄某某、谢某某

被告：刁创某、刁淡某、刁伟某、刘兴某、罗伟某、吴文某、罗智某、黄新某

【基本案情】

黄某某系受害人黄志某的生父，谢某某系受害人黄志某的继母。2016年2月4日晚，刁创某举办结婚酒席，黄志某与其男友刁幸某一同赴宴，当晚同桌吃饭的还有刁创某等8人。在该婚宴过程中，黄志某及刁幸某均喝醉，后被刁创某、刁伟某、刁淡某及黄新某（公安笔录中自认）送至刁幸某家中休息。次日5时31分，黄志某死亡。2016年3月14日，广东省梅州市公安司法鉴定中心作出对黄志某死亡原因《理化检验报告》，该报告检验意见为：检材中未检出常见镇静安眠药物成

分；检出乙醇成分，含量为652.7mg/100ml。2016年3月21日，广东省兴宁市公安司法鉴定中心作出（2016）32号《法医学尸体检验鉴定书》，该鉴定书鉴定意见为：死者黄志某系生前醉酒状态下，呕吐物堵塞呼吸道致机械性窒息死亡。2016年8月22日，黄某某和谢某某向法院提起民事诉讼，请求判决刁创某等8人和刁幸某赔偿因黄志某死亡所造成的损失：死亡赔偿金695140元、丧葬费32395元、酌定办理丧葬误工费10000元、精神损害赔偿费100000元、交通费4204元、住宿费594元、途中伙食补助费3000元，合计845333元的50%，即422666.5元，减去刁幸某已付的20000元，还应赔付402666.5元。庭审中，黄某某和谢某某表示对刁幸某在本案中承担的份额撤回起诉，法院口头裁定准许其撤诉。

另查明，刁幸某在黄志某事故发生后垫付了火化费等8330元、伙食费1870元，并给付了黄某某和谢某某20000元，合计30200元。

【案件焦点】

刁创某等8人在该事故中各自应承担多少责任。

【法院裁判要旨】

广东省兴宁市人民法院经审理认为：公民的生命健康权受法律保护。公民由于过错侵害他人人身的，应当承担民事责任。受害人对同一损害的发生或者扩大有故意、过失的，可以减轻或者免除赔偿义务人的赔偿责任。本案中，受害人黄志某作为完全民事行为能力人，应该为其自身死亡承担85%的主要责任。黄志某、刁创某等8人同桌共餐，并且在餐后醉酒死亡，其间未发生其他情况，且经公安机关司法鉴定中心鉴定为黄志某系生前醉酒状态下，呕吐物堵塞呼吸道致机械性窒息死亡，因此其死亡应与饮酒之间有因果关系，而黄志某在餐饮过程中饮酒过量与刁创某等8人有因果关系，故刁创某等8人应承担相应的民事责任。刁创某作为婚宴的主办人和组织者，负有最大限度注意、帮助、照顾等安全保障义务。众所周知，酒可以助兴，但过量饮酒会损害人的身体健康。从公安司法鉴定中可知，黄志某血液乙醇含量为652.7mg/100ml，可见其在席宴间曾大量喝酒。作为主办和组织者，应对客人安全等有善良管理人必要的注意义务，包括劝阻客人不能过度喝酒、提供安全场所等。另外，对于醉酒而危及自身安全的客人，应协助将其送往医疗机构救助，而刁创某在黄志某醉酒后只是护送其回其男友家休息，故其对黄志某的死亡承担5%

的责任。刁幸某作为受害人黄志某的男朋友，携黄志某参加婚宴致其醉酒，且在醉酒回家后没有妥善照顾黄志某致其死亡，应对黄志某的死亡承担3%的责任。刁淡某、刁伟某、刘兴某、罗伟某、吴文某、罗智某、黄新某与黄志某同桌共餐，无法确定该7人在黄志某因醉酒死亡的结果之间各自承担多少责任，法院依法推定其各承担1%的同等责任。黄某某、谢某某提出死者黄志某从2012年7月起在广州市白云区务工至发生事故前，其赔偿标准应按城镇居民标准计算，有刁创某和刁幸某在兴宁市公安局刁坊派出所所作的笔录、黄志某户籍所在地村民委员会、人民政府证实及黄志某在广州市的购物消费单和银行取款凭证等证据证实，各证据之间能相互印证，且符合有关法律规定，予以支持。对黄某某、谢某某所造成的经济损失数额应以《最高人民法院关于审理人身损害赔偿案件适用法律若干问题的解释》规定的项目和《广东省2016年度人身损害赔偿计算标准》确定，其经济损失为：1. 死亡赔偿金：34757.2元/年×20年=695144元，以黄某某、谢某某请求的695140元为准，超过部分视为黄某某、谢某某主动放弃其诉讼权利，予以准许；2. 丧葬费：32395元；3. 办理丧葬误工费：31195元/年÷365天×15天×3人=3846元；4. 精神损害抚慰金：黄某某、谢某某请求精神损害抚慰金100000元，结合本案的实际情况，确定为30000元为宜；5. 交通费：黄某某、谢某某请求交通费4204元，有交通费发票证实，予以支持；6. 住宿费：黄某某、谢某某请求594元，有住宿费发票证实，予以支持；7. 伙食补助费：100元/天×15天=1500元，以上合计767679元。受害人黄志某承担85%的责任，即652527元，其余115152元由刁创某等8人和刁幸某共同承担。其中刁创某承担38383元，刁幸某承担23030元，因黄某某、谢某某已与刁幸某另行调解，且表示放弃起诉追究刁幸某在本事故中应承担的份额，予以准许。刁伟某、刁淡某、刘兴某、罗伟某、吴文某、罗智某、黄新某各承担7677元。广东省兴宁市人民法院依照《中华人民共和国侵权责任法》第二条、第六条、第十条、第十二条、第十五条第一款第（六）项、第十八条、第二十二条、第二十六条、第三十七条，《最高人民法院关于审理人身损害赔偿案件适用法律若干问题的解释》第一条、第三条、第十七条、第十八条、第二十二条、第二十三条、第二十七条、第二十九条，《最高人民法院关于确定民事侵权精神损害赔偿责任若干问题的解释》第十条的规定，判决如下：

一、刁创某于本判决生效后15日内赔偿黄某某、谢某某因黄志某死亡造成的各项经济损失 38383 元；

二、刁伟某于本判决生效后 15 日内赔偿黄某某、谢某某因黄志某死亡造成的各项经济损失 7677 元；

三、刁淡某于本判决生效后 15 日内赔偿黄某某、谢某某因黄志某死亡造成的各项经济损失 7677 元；

四、刘兴某于本判决生效后 15 日内赔偿黄某某、谢某某因黄志某死亡造成的各项经济损失 7677 元；

五、罗伟某于本判决生效后 15 日内赔偿黄某某、谢某某因黄志某死亡造成的各项经济损失 7677 元；

六、吴文某于本判决生效后 15 日内赔偿黄某某、谢某某因黄志某死亡造成的各项经济损失 7677 元；

七、罗智某于本判决生效后 15 日内赔偿黄某某、谢某某因黄志某死亡造成的各项经济损失 7677 元；

八、黄新某于本判决生效后 15 日内赔偿黄某某、谢某某因黄志某死亡造成的各项经济损失 7677 元；

九、驳回黄某某、谢某某的其他诉讼请求。

【法官后语】

中国是礼仪之邦，在往来宴请、觥筹交错之中，不少地方在“酒桌文化”中形成毫无节制的劝酒习惯，有网络调查结果显示，79.3% 的网友在宴席上被劝过酒。适量饮酒固然可以助兴，过量则会损害人的身体健康，近年来，因为饮酒造成人身伤亡事件，同饮者各担其责的案件时常见诸媒体报道。

目前我国法律不禁止成年公民饮酒，也不禁止多人共饮。共同参与饮酒的人员，彼此一般不承担责任。但共饮者各自都应尽到充分的注意义务，首先自己不过量饮酒，同时不强迫他人喝酒，发现他人过量饮酒的应及时劝阻，一旦出现有人醉酒，应立即送医或采取相应的保护措施，以免发生意外。在同饮者中，作为宴请的主办人和组织者，负有最大限度的注意、帮助、照顾等安全保障义务，应当对来客尽到劝诫和救助的义务，而同饮者彼此之间也应有相应的默契，发现酒友有不良反应后，均具有及时通知、协助救护、照顾和帮助等法律和道德上的义务。如果同饮者未能尽到这些义务而造成其他同饮者人身损害的，将根据其过错程度承担一定的赔偿责任；如果系二人以上同饮者未能尽到这些义务而造成其他同饮者人身损害的，应根据《最高人民法院关于审理人身损害赔偿案件适用法律若干问题的解释》第三条第二款“二人以上没有共同故意或者共同过失，但其分别实施的数个行为间接结合发生同一损害后果的，应当根据过失大小或者原因力比例各自承担相应的赔偿责任”的规定，由具有过错的同饮者分别承担一定的赔偿责任。

具体来说，同饮者存在以下行为将承担相应的“酒责”：

一是强迫性劝酒，如用“不喝不够朋友”等语言刺激对方喝酒，或在对方已有醉意甚至意识不清没有自制力的情况下，仍劝其喝酒的行为；

二是明知对方不能喝酒仍劝其饮酒，如明知对方患有某种疾病或酒量有限等状况，不但不履行劝阻饮酒义务反而劝其饮酒，诱发相关疾病的行为；

三是未将醉酒者安全护送就医或返家，如饮酒者已失去或即将失去对自己的控制能力，神志不清无法支配自身行为，没有将其送至医院或安全送回家中，对其生命和安全采取放任态度，最终导致人身损害后果发生的行为；

四是对酒后驾车的同饮者未予劝阻，导致发生交通事故等损害的行为。

作为具有完全民事行为能力的饮酒者，每个人都应当有足够清醒的认识，应该知道自己的身体状况及过量饮酒可能造成的损害，如果其在喝酒过程中，不能理性控制饮酒，放纵自身的行为，导致过量饮酒而发生人身损害的悲剧，其应对自身死亡承担主要责任。

编写人：广东省兴宁市人民法院　何裕

（四）共同侵权

25

房客遗忘关阀兼堵塞门缝，液化气爆炸，房客、一二手房东均担责

——彭某某诉陈某某等身体权案

【案件基本信息】

1. 裁判书字号

广东省东莞市第一人民法院（2015）东一法堂民一初字第289号民事判决书

2. 案由：身体权纠纷

3. 当事人

原告：彭某某

被告：陈某某、陈惠某、曾某某

第三人：东莞市人民医院

【基本案情】

2015年10月15日17时许，彭某某入住东莞市中堂镇某某住宿（出租屋）201号房，次日凌晨3时许，该房间发生爆炸，彭某某在该爆炸中受伤。由于东莞市公安消防局中堂大队认为该事故为爆炸事故，未作为火灾事故进行调查，故事故发生的原因没有相关部门的鉴定或认定。

案涉发生爆炸事故的出租屋没有办理权属证明，也没有办理消防验收合格证明，东莞市中堂镇东泊社区居民委员会出具的《关于东泊出租屋爆炸事件的情况说明》称：案涉出租屋的房东为陈某某，二手房东为曾某某。2015年5月10日《中

堂镇火灾隐患整治办公室（出租屋）防火巡查监督登记表》记载案涉出租屋的业主为陈惠某，东莞市中堂镇东泊社区居民委员会于2016年3月10日出具的《证明》陈述案涉房屋及土地属陈惠某所有；案涉出租屋的《宿舍租赁合同》是陈某某与曾某某签订的，约定陈某某将案涉房屋的二、三层出租给曾某某使用。曾某某主张，签订案涉《宿舍租赁合同》时陈某某自称是房东，合同签订后，案涉出租屋的承租事宜都是由曾某某直接与陈某某进行沟通，租金由陈某某收取，平日出租屋的管理由陈某某负责。

曾某某主张，其没有就案涉出租屋的经营办理旅业登记或办理营业执照，案涉出租屋内的热水器、液化气瓶均是上一位二手房东留下的，承租时被告知屋内的液化气瓶及电路已经过安全检测，不存在安全隐患。

彭某某在东莞市人民医院住院期间接受东莞市公安局中堂分局东泊派出所问话，陈述如下：入住案涉出租屋，当天晚上11点许洗澡，洗了十几分钟，洗澡的时候彭某某自己打开了液化气罐的阀门，但洗完澡后没有关闭；次日凌晨3时许，彭某某起床点烟，爆炸就发生了，彭某某起床的时候并没有闻到煤气味。庭审中，彭某某的代理人表示，彭某某本人主张其于2015年10月15日21时左右就洗完澡并入睡了，爆炸发生前彭某某曾用布料塞住房门缝，但其塞门缝只是因为房外太吵，彭某某平时也有塞门缝的习惯，当时阳台的窗户应该也是关闭的。

另，事发后，彭某某被送往医院，2015年10月16日至11月28日，彭某某在东莞市人民医院住院治疗，共43天，共发生医疗费71041.69元，其中彭某某已支付15000元，仍欠东莞市人民医院医疗费56041.69元未付。

【案件焦点】

1. 案涉爆炸事故发生的原因是什么；2. 陈某某、陈惠某、曾某某之间的关系如何，对于彭某某的受伤是否存在过错；3. 彭某某的损失计算问题。

【法院裁判要旨】

广东省东莞市第一人民法院经审理认为：对于焦点一，案涉爆炸事件发生时只有彭某某一人在场，没有其他证据可以证明事故发生的经过，爆炸事故发生后，公安及消防部门亦未认定爆炸事故发生的原因，即案涉事故发生的过程、原因等事实缺乏必要证据的证明。结合本案客观发生的事实、证人在询问笔录中的陈述、彭某某在爆炸发生后的陈述，不能认定案涉爆炸事故是彭某某故意造成的，根据生活经验法则，201 房内的液化气泄漏、彭某某抽烟时点火导致爆炸事故发生的可能性较大，故法院推定案涉爆炸事故发生的原因是：201 房内的液化气泄漏、彭某某抽烟时点火。

对于焦点二，首先是陈某某、陈惠某、曾某某之间的关系。东莞市中堂镇东泊社区居民委员会于2016 年3 月10 日出具的《证明》《现金收入单》《中堂镇火灾隐患整治办公室（出租屋）防火巡查监督登记表》等证据可以证明案涉出租屋的所有权人是陈惠某，对此予以确认。至于陈某某，其在《宿舍租赁合同》中是作为出租方将案涉出租屋出租给曾某某的，结合东莞市中堂镇东泊社区居民委员会于 2015 年 11 月 20 日出具的《关于东泊出租屋爆炸事件的情况说明》及曾某某对承租过程的陈述，认定陈某某是案涉出租屋的使用人及管理人。根据《宿舍租赁合同》的内容及曾某某的自认，认定曾某某是案涉出租屋的经营者、实际管理人。

其次是陈某某、陈惠某、曾某某对于彭某某的受伤是否存在过错的问题。

案涉 201 房内有液化气罐及使用液化气的热水器，曾某某作为案涉出租屋的经营管理者，应该领取旅业营业执照并尽安全保障义务，既要提供安全可靠的设施设备给住客使用，也要定期对设施设备的性能进行检查。实际上，曾某某不但未领取相关营业执照，而且未对其经营场所进行消防验收，现彭某某入住 201 房期间发生液化气泄漏，可见液化气罐、胶管和热水器的安全性存在隐患，因此，彭某某在因液化气泄漏发生的爆炸中受伤，曾某某对此存在过错。

陈惠某作为案涉出租屋的所有权人、陈某某作为案涉出租屋的使用人及管理人，二人将未办理权属证明、消防验收合格证的房屋用于出租，且明知曾某某未办理相关的营业执照却仍同意其经营旅业，陈惠某、陈某某应对案涉出租屋的安全经营负有监管责任。案涉 201 房装有液化气热水器、存放有液化气罐，陈惠某、陈某某对上述设施设备的安全隐患未能有效排除、监督和纠正，因此，陈惠某、陈某某对彭某某的受伤也存在过错。

彭某某是具有完全民事行为能力的成年人，应当具备一般的生活常识，应该知道液化气罐在使用时需加强通风、使用完毕后要及时关闭阀门，并谨慎注意可能存在的危险，以减少事故的发生。在本案中，其一，彭某某在使用液化气罐完毕后不仅未将液化气罐的阀门关闭，还用布条将房门缝隙塞住、将阳台的窗户关闭，其行为严重妨碍了房间内部的空气流通，大大增加了爆炸事故发生的可能性；其二，液化气本身是没有气味的，但由于其易燃易爆、具有较大危险性，为便于气体泄漏后及时发现，家用的液化气中应掺有明显臭味的物质，如案涉液化气泄漏的浓度已达到爆炸极限，则彭某某醒来点烟时应该闻到明显的臭味并意识到存在液化气泄漏的情况，但当时彭某某并没有注意到特殊的味道，并在该情况下点火抽烟最终引发爆炸的发生；从上述两点可知，彭某某对案涉爆炸事故的发生有不可推卸的责任，存在一定过错。

综合考虑各方的过错程度，对彭某某的受伤事故，陈惠某、陈某某应承担15%的民事赔偿责任，曾某某应承担35%的民事赔偿责任，彭某某应自行承担50%的责任。

对于焦点三，根据上述法院查明的事实、法定的赔偿计算标准、彭某某的诉请及举证情况，对彭某某因本次爆炸事故造成的损失按一审法庭辩论终结时上一年度的标准即《广东省2015年度人身损害赔偿计算标准》计算如下：

1. 医疗费：71041.69元。

2. 护理费：彭某某因本次爆炸事故住院43天，伤势比较严重，其诉请护理费合理，予以支持，护理费酌情按100元/天的标准计算43天，共4300元。

3. 住院伙食补助费：按100元/天的标准计算43天，共4300元。

4. 住宿费：彭某某及其亲属因处理案涉事故而产生的住宿费，酌情支持1000元。

5. 交通费：彭某某及其亲属因处理案涉事故而产生的交通费，酌情支持1000元。

6. 营养费：没有医嘱证明，不予支持。

综上，彭某某的医疗费损失为71041.69元，彭某某应自行承担50%的责任即35520.85元，曾某某应承担35%的责任即向彭某某赔偿24864.59元，陈惠某、陈某某应承担15%的责任即向彭某某赔偿10656.25元。由于彭某某至今仍拖欠东莞市人民医院医疗费56041.69元，东莞市人民医院有权作为有独立请求权的第三人参加本案诉讼，结合陈惠某已向彭某某支付医疗费10000元的事实，故陈惠某、陈某某应直接向东莞市人民医院支付医疗费626.25元，曾某某应直接向东莞市人民医院支付医疗费24864.59元，彭某某应直接向东莞市人民医院支付医疗费

30520.85 元。

除医疗费外彭某某的其他损失为 10600 元，彭某某应自行承担 50% 的责任即 5300 元，曾某某应承担 35% 的责任即向彭某某赔偿 3710 元，陈惠某、陈某某应承担 15% 的责任即向彭某某赔偿 1590 元。彭某某超过上述金额的诉请，予以驳回。

综上所述，广东省东莞市第一人民法院依照《中华人民共和国民法通则》第一百零六条、第一百一十九条、第一百三十一条，《中华人民共和国侵权责任法》第三十七条，《最高人民法院关于审理人身损害赔偿案件适用法律若干问题的解释》第十七条、第二十二条，《中华人民共和国民事诉讼法》第六十四条、第一百四十二条的规定，判决如下：

一、限彭某某于本判决发生法律效力之日起五日内向东莞市人民医院支付 30520.85 元；

二、限曾某某于本判决发生法律效力之日起五日内向东莞市人民医院支付 24864.59 元；

三、限陈惠某、陈某某于本判决发生法律效力之日起五日内向东莞市人民医院支付 656.25 元；

四、限曾某某于本判决发生法律效力之日起五日内向彭某某赔偿 3710 元；

五、限陈惠某、陈某某于本判决发生法律效力之日起五日内向彭某某赔偿 1590 元；

六、驳告彭某某的其他诉讼请求。

【法官后语】

1. 本案对案涉爆炸事件的发生原因之认定，运用了生活经验法则。案涉爆炸事件的发生原因未经事故主管部门的分析、认定已是既定的事实，加上事故现场在爆炸发生时、事故营救时已遭破坏、无法复原，以及事故发生在相对封闭的空间无其他见证人的实际情况，导致本案爆炸事件发生的过程及原因缺乏必要证据予以证明，但并不等于案涉事故就无法分析、认定各方责任。

《最高人民法院关于适用〈中华人民共和国民事诉讼法〉的解释》第九十三条第一款第（四）项规定，根据已知的事实和日常生活经验法则推定出的另一事实，当事人无须举证证明。为进一步查明、认定案件事实，法官调取了事故发生后各方当事人及关联证人向公安机关作出陈述的询问笔录、询问录像等，发现彭某某存在反复堵塞门缝的异常行为，由此陈某某、陈惠某、曾某某均主张案涉事故是彭某某故意为之。但结合案涉事故发生的时间是在凌晨三点，事故的形式为对自身痛苦较大、对周边环境影响较大且难以控制的爆炸，结合生活经验法则来分析，案涉事故是彭某某故意所为的可能性不大。法官经过仔细分析各方陈述及出租屋的燃气设备情况，推定案涉爆炸事故发生的原因是：液化气泄漏、抽烟点火产生的火花引爆。

2. 本案对各方法律责任的分析认定，结合运用了《中华人民共和国侵权责任法》第三十七条“宾馆、商场、银行、车站、娱乐场所等公共场所的管理人或者群众性活动的组织者，未尽到安全保障义务，造成他人损害的，应当承担侵权责任……”以及《中华人民共和国民法通则》第一百三十一条“受害人对于损害的发生也有过错的，可以减轻侵害人的民事责任”的规定。

案涉事故发生在未领取营业执照的旅店，旅店的管理人有义务确保其提供的住所及配套设备的使用安全，特别是对于液化气类高危险设施，旅店的管理人更加应当谨慎注意可能存在的风险并积极进行维护、更换以保障住客的安全。案涉事故之所以发生，必然存在液化气配套设备有安全隐患的事实，应当认定旅店的管理人（包括旅店经营者及出租屋的所有权人、使用人及管理人）存在过错，其应当承担相应的法律责任。

至于受害人彭某某，其存在不关闭液化气罐阀门、用布条堵塞房门间隙、关闭窗户阻碍通风等行为，且更是在液化气泄漏浓度达爆炸极限时忽视气体臭味点火抽烟，其上述行为极不合理，表明其严重缺乏安全常识，未对自身安全尽到基本的注意，故法官认定其对案涉事故的发生存在较为严重的过失，并判决其承担相应的法律责任。

编写人：广东省东莞市第一人民法院　陈静

26

民事纠纷中因果关系的认定及证明责任

——龙某甲等诉吴某甲、吴某乙生命权案

【案件基本信息】

1. 裁判书字号

云南省昭通市中级人民法院（2016）云06民终字第1936号民事判决书

2. 案由：生命权纠纷

3. 当事人

原告（上诉人）：龙某甲、龙某乙、龙某丙

被告（被上诉人）：吴某甲、吴某乙

【基本案情】

2016年4月3日9时许，吴某甲、吴某乙发现龙某丁家的狗和龙某甲、龙某乙、龙某丙母亲唐某家的狗正在追咬吴某甲家的鸡吃，就追打狗，追至唐某家门口时，吴某甲用钢筋钩子把唐某家追咬鸡吃的那条狗钩住拉回拴在自家背后的一棵树上，但随后狗挣脱跑了。吴某甲随即把唐某家的狗吃了自己家的鸡一事（以下简称“狗吃鸡一事”）打电话告知了当地社长杨某。唐某赶集回来得知自己家的狗吃了吴某甲家的鸡后，同意跟吴某甲协商赔偿事宜，并喊吴某甲到她家去协商。当日17时许，吴某甲、吴某乙来到唐某家与唐某协商赔偿事宜。协商的结果是唐某自愿赔偿吴某甲三只鸡并当场兑现给吴某甲。次日，唐某到当地村民委员会反映其赔偿吴某甲家三只鸡不是自愿的，并称其放于卧室的2000元现金被盗，请求帮助处理。村民委员会随即开展调查工作，经调查查明系唐某与吴某甲就“狗吃鸡一事”自愿达成协议由唐某赔偿吴某甲三只鸡并当场兑现，就告知了唐某，并让唐某就其所称2000元现金被盗一事到派出所报案。4月7日16时许，唐某到永善县公安局务基派出所报案称其放于家中的2000元现金被盗。鉴于唐某的听力欠佳，务基派出所

对唐某的报案过程采取录像的方式进行了记录，之后，于当日17时许到唐某家住地，在吴某甲、吴某丙、唐某、龙某乙等人在场的情况下，采取现场录像的方式展开了调查工作，吴某甲当场讲述了“狗吃鸡一事”的前后经过。经过调查，查明唐某赔偿吴某甲三只鸡并当场兑现给吴某甲系唐某与吴某甲就“狗吃鸡一事”经协商自愿达成的协议，而唐某报案称其2000元现金被盗的情况不属实。4月8日9时许，务基派出所接到唐某死亡的电话报案后，立即赶赴现场开展调查取证工作，查明唐某系服毒自杀身亡，认为没有犯罪事实，不符合立案条件，遂决定不予立案，并于2016年5月13日作出永公（务）不立字（2016）01号不予立案通知书进行了送达，龙某甲对该决定不服申请复议和复核，永善县公安局于同月24日作出永公（刑）刑复字（2016）1号复议决定书维持原决定，昭通市公安局于同年6月27日作出昭公刑复核字（2016）2号刑事复核决定书维持复议决定。

2016年8月4日，龙某甲、龙某乙、龙某丙作为共同原告，向云南省永善县人民法院提起民事诉讼，要求吴某甲、吴某乙共同赔偿死亡赔偿金8242元/年×17年＝140114元、丧葬费64463元÷2＝32231.5元、误工费200元/天×60天＝12000元、交通费1000元、精神损害抚慰金5000元，共计190345.50元。

【案件焦点】

唐某的死亡与吴某甲、吴某乙的行为是否具有因果关系。

【法院裁判要旨】

云南省永善县人民法院经审理认为：本案当事人争议的焦点是：唐某的死亡与吴某甲、吴某乙是否具有因果关系；唐某死亡后的损失应当如何计算，吴某甲、吴某乙是否应当承担赔偿责任。本案中，龙某甲、龙某乙、龙某丙认为其母亲唐某的死亡与吴某甲、吴某乙具有因果关系，其所主张的损失应当获得赔偿，但其提供的证据不足以证明其主张。从经审理查明的事实来看，唐某赔偿吴某甲三只鸡并当场兑现给吴某甲系唐某与吴某甲就“狗吃鸡一事”经协商自愿达成协议并履行的结果，双方在处理过程中未发生过吵闹、抓扯或打斗，而经公安机关调查，唐某报案称其2000元现金被盗的情况不属实，唐某的死亡系其服毒自杀身亡。故唐某的死亡与吴某甲、吴某乙之间没有因果关系。根据法律规定，当事人对自己提出的主张，有责任提供证据，否则应当承担举证不能的不利后果，故对龙某甲、龙某乙、龙某丙的主张不予支持。

云南省永善县人民法院依照《中华人民共和国民事诉讼法》第六十四条第一款之规定，作出如下判决：

驳回龙某甲、龙某乙、龙某丙的诉讼请求。

龙某甲、龙某乙、龙某丙对云南省永善县人民法院作出的上述判决不服提出上诉。云南省昭通市中级人民法院经审理认为：本案的争议焦点是唐某的死亡与吴某甲、吴某乙是否具有直接因果关系。对此，法院认为：一审法院依职权调取的永善县公安局务基派出所的询问笔录以及当地村委会的调查笔录显示唐某赔偿吴某甲三只鸡系属自愿、唐某报案称其2000元现金被盗的情况不属实，龙某甲、龙某乙、龙某丙对其上诉所称的“唐某并非自愿赔偿”的主张未提交证据予以证明。龙某甲、龙某乙、龙某丙称唐某2000元现金被盗，当地派出所对此未予立案，龙某甲、龙某乙、龙某丙也没有提交证据证明吴某甲、吴某乙与现金被盗一事有关。另，根据《中华人民共和国侵权责任法》第六条第一款之规定：“行为人因过错侵害他人民事权益，应当承担侵权责任。”本案中，吴某甲、吴某乙通过协商方式向唐某主张损害赔偿符合法律规定，其行为不存在任何过错，龙某甲、龙某乙、龙某丙也无证据证明吴某甲、吴某乙实施了对唐某生命权造成侵害的行为。死者唐某系服毒自杀身亡，其死亡与龙某甲、龙某乙、龙某丙实施自力救济的行为之间不存在直接因果关系。综上，龙某甲、龙某乙、龙某丙的上诉请求及理由无理无据，依法不予采纳。原判认定事实清楚，适用法律正确。

云南省昭通市中级人民法院依照《中华人民共和国民事诉讼法》第一百七十条第一款第（一）项之规定，作出如下判决：

驳回上诉，维持原判。

【法官后语】

作为一般侵权纠纷，侵权行为人承担民事责任需满足四个构成要件：一是损害事实客观存在；二是侵权行为的违法性；三是侵权行为与损害事实之间具有因果关系，即特定的损害事实是行为人的行为必然引起的结果；四是侵权行为人主观上有过错。

本案属一般侵权纠纷。首先，吴某甲在自身合法财产遭受不法侵害后，采取协商方式向侵权人唐某主张权利，符合法律规定，在主张权利过程中其行为也没有超过必要限度，故吴某甲的行为不具有违法性。其次，如自己的行为使他人的合法财产遭受损失，被侵权人主张权利符合法律、符合情理，作为行为人也应当赔偿对方的合理损失，这符合一般人的思维逻辑和行为方式，一般人不可能认识到自己正当主张权利且侵权人在履行义务后会自杀。因此，在唐某获知“狗吃鸡一事”并主动要求吴某甲到她家协商赔偿事宜的情况下，对吴某甲而言，无法预见也不应当预见到自己按照唐某的意见到唐某家与其协商赔偿事宜会引起唐某服毒自杀的结果，故吴某甲采取协商方式向唐某主张权利并接受唐某自愿履行的赔偿，其对唐某自杀的后果在主观上没有过错。再次，唐某服毒自杀是其对自身生命的自行放弃，与吴某甲采取协商方式向其主张权利的行为无关，因此，唐某的死亡与吴某甲的行为不具有因果关系。最后，吴某乙与吴某甲是兄弟，其接受吴某甲的请求同吴某甲一起去找唐某主张权利，是人之常情。在主张权利过程中，吴某乙的行为没有超过必要限度，与吴某甲一样，其主观上不可能预见也不应当预见到唐某会服毒自杀，其行为也不会必然引起唐某服毒自杀的结果。因此，吴某乙的行为不具有违法性，其主观上没有过错，其行为与唐某的死亡也不具有因果关系。综上，吴某甲、吴某乙不应当赔偿龙某甲、龙某乙、龙某丙因唐某服毒自杀所遭受的损失。

编写人：云南省永善县人民法院　殷举凯

27

无意思联络数人侵权中按份责任比例的划分

——王某诉谷某、北京某某物业管理有限公司身体权案

【案件基本信息】

1. 裁判书字号

北京市第一中级人民法院（2016）京01民终字第5704号民事判决书

2. 案由：身体权纠纷

3. 当事人

原告（被上诉人）：王某

被告（上诉人）：北京某某物业管理有限公司（以下简称某某物业公司）

被告（被上诉人）：谷某

【基本案情】

2015年8月9日12时许，王某在某某小区房屋厨房内做饭时发生爆燃事故，造成王某全身多处被烧伤，经鉴定为十级伤残。该房屋系张某某从谷某处承租，张某某与王某及王某的弟弟王某某共同居住于此。某某物业公司系某某小区的物业管理单位。经测试，燃气灶具符合检测数据；室内下水道和室外污水井的水相似度为88%。海淀消防支队作出火灾事故认定，爆燃原因为涉案房屋厨房洗水池下排水管内可燃气体泄漏遇明火爆燃所致。

经查阅消防部门相关询问笔录，王某某陈述在王某关闭抽油烟机的瞬间发生爆燃。另一受损房屋业主杨某某陈述其发现客厅部分区域的物品及厨房东南侧及西侧物品有灼烧痕迹。燃气质监站向法院介绍，甲烷数值累计达到5%～15%即会发生爆燃。受害人在做饭之初未发生爆燃，与其开启抽油烟机存在一定的联系，抽油烟机关闭的瞬间，甲烷浓度的数值就达到了爆燃区间值。

【案件焦点】

各方对本次事故的发生是否存在过错及其责任划分。

【法院裁判要旨】

北京市海淀区人民法院经审理认为：此次爆燃事故经消防部门认定为涉案房屋厨房洗水池下排水管内可燃气体遇明火引发。可燃气体来自下水管道，而业主的下水管道均连接至公共排污井。某某物业公司虽进行了必要的养护及清淘工作，但并未有效防止爆燃事故的发生。在某某物业公司没有证据证明爆燃可能系因王某过失引发的情况下，对其抗辩意见不予采信。从相关勘验笔录可知，谷某作为出租人提供给王某的设施、设备并无隐患，王某要求谷某承担侵权责任之请求，缺乏事实根据，不予支持。在某某物业公司没有其他证据证明爆燃系因其他原因引发的情况下，其应承担因管理不到位给王某造成的损害。王某的相关损失数额，结合王某提交的证据依法予以认定。

北京市海淀区人民法院作出如下判决：

一、某某物业公司赔偿王某医疗费、护理费、住院伙食补助费、营养费、误工费、残疾赔偿金、司法鉴定费、精神损害抚慰金共计256966.09元；

二、驳回王某对某某物业公司的其他诉讼请求；

三、驳回王某对谷某的诉讼请求。

某某物业公司提起上诉。北京市第一中级人民法院经审理认为：发生此次爆燃事件，必须同时满足以下三个条件。一是可燃气体大量存在；二是可燃气体大量泄漏至房屋内并达到可爆燃的浓度；三是遇到明火。王某对与事件有关的厨房设备未进行改动，其没有不当操作之行为，很难预见到大量可燃气体会泄漏至房屋内，因而王某不存在主观过错，其自身不应承担相应的责任。关于某某物业公司的责任问题。物业公司对小区内排污管道及化粪池负有养护和清掏义务。本案事发当天同一楼另一房屋在无人的情况下厨房内亦发生了同类燃烧事件，由此说明当时排污管道内可燃气体的含量达到了相当高的数值。事发时又正值夏季高温，可燃气体在气压达到一定程度时就可能渗透到室内。综合考虑本案所查明的全部事实，某某物业公司在此事件中存在过错，应承担相应的赔偿责任。关于谷某的责任问题。谷某作为房屋所有权人和出租人，应向承租人提供具备安全生活、居住条件的房屋及相关设施。涉事房屋厨房洗水池排水管为塑料材质直筒形状软管，直接与地漏连接（连接处未封闭），未设置存水弯，违反了《建筑给水排水设计规范》（中华人民共和国国家标准）第4.2.6条，《住宅装饰装修工程施工规范》（中华人民共和国国家标准）第15.1.3条及第15.2.2条的规定。上述设施系谷某安装。虽然上述规范是部门规章，但却是国家标准，具有强制性。其所规定的内容是有科学依据的，应当遵守。设置存水弯的目的之一就是通过留存的水来有效阻止有害气体泄漏至房屋内。谷某提供的房屋设施存在缺陷，给大量可燃气体泄漏至房屋内创造了便利条件，因而谷某应对王某的损害承担相应的赔偿责任。本案属于多因一果的损害，谷某与某某物业公司不存在共同的故意或过失行为，因而双方不应承担连带赔偿责任。造成本次爆燃事件，大量可燃气体的存在与泄漏至房屋内两个要件缺一不可，因而很难区分某某物业公司与谷某责任的大小，根据《中华人民共和国侵权责任法》第十二条之规定，认定某某物业公司与谷某对此次事件承担同等责任。

北京市第一中级人民法院作出如下判决：

一、撤销一审判决；

二、某某物业公司赔偿王某医疗费、护理费、住院伙食补助费、营养费、误工费、残疾赔偿金、司法鉴定费、精神损害抚慰金共计 128483.05 元；

三、谷某赔偿王某医疗费、护理费、住院伙食补助费、营养费、误工费、残疾赔偿金、司法鉴定费、精神损害抚慰金共计 128483.05 元；

四、驳回王某的其他诉讼请求；

五、驳回某某物业公司的其他上诉请求。

【法官后语】

《中华人民共和国侵权责任法》（以下简称《侵权责任法》）第八条至第十二条针对不同形态的数人实施的侵权行为作出了规定。第八条、第九条分别规定了共同侵权行为和拟制的共同侵权行为（帮助、教唆行为），第十条规定的是共同危险行为，第十一条、第十二条则规定的是无意思联络的数人侵权。根据原因力结合形态的不同，又可将无意思联络的数人侵权的因果关系划分为聚合（等价）及累积（竞合）的因果关系。在前一情形中，每一侵权行为均足以造成全部损害，数个侵权行为人承担连带责任；后一情形中，存在两种情形的因果关系，即数个侵权行为相互结合且原因力不可分的累积因果关系与数个侵权行为偶然结合且原因力可分的竞合因果关系①，此时数个侵权人应承担按份责任。

本案中的三个因素：大量可燃气体的存在、可燃气体泄漏以及遇到明火均是爆燃事故发生的原因，但是某某物业公司、房屋出租人谷某及房屋使用人王某并不存在共同的故意或者过失，因此本案属于无意思联络的数人侵权。同时，上述三个因素都是此次爆燃事故发生必不可少的条件，缺一不可，单个因素的存在均不足以导致本次事故的发生，因而不属于“每个人的侵权行为都足以造成全部损害”的情形，应属“多因一果”，因此应适用《侵权责任法》第十二条之规定，由数个行为人承担按份责任。

具体到数个侵权人之间责任划分的问题，第十二条规定，“能够确定责任大小的，各自承担相应的责任；难以确定责任大小的，平均承担赔偿责任”。如何确定

---

① 最高人民法院侵权责任法研究小组编著：《〈中华人民共和国侵权责任法〉条文理解与适用》，人民法院出版社 2016 年版，第 96 页。

责任大小？从侵权责任产生的原因来看，侵权行为同时满足过错和因果关系的条件时才需承担侵权责任；同时，《最高人民法院关于审理人身损害赔偿案件适用法律若干问题的解释》第三条第二款也从过失和原因力角度对责任划分作出了规定。因此，在具体确定各个侵权人的责任比例时，应从过错程度和原因力角度进行考量。从过错的角度而言，故意、重大过失、一般过失、轻过失承担的责任应依次递减，没有过错的行为人则不应承担责任；从原因力角度而言，根据直接原因与间接原因、主要原因与次要原因的区分，行为人承担的责任也应有所不同[①]。按照过错和原因力分配责任，也符合为自己行为负责的基本原则。

本案中，王某是正常在家做饭，未对与事件有关的厨房设备进行改动，也没有不当操作之行为，其很难预见到大量可燃气体会泄漏至房屋内。因其不存在主观过错，不应须就损害的发生承担责任。就某某物业公司与房屋出租人的责任而言，二者都是过失的主观状态，其行为与事故的发生均存在直接、主要的因果联系，故难以就其责任比例作出区分。因此，按照《侵权责任法》第十二条之规定，二者应平均承担赔偿责任。

编写人：北京市第一中级人民法院　黄慧婧

28

“多因一果”损害赔偿案件中因果关系的分析与认定

——唐某某诉刘某某等健康权案

【案件基本信息】

1. 裁判书字号

福建省厦门市中级人民法院（2016）闽02民终字第1752号民事判决书

2. 案由：健康权纠纷

---

① 最高人民法院民事审判第一庭编著：《最高人民法院人身损害赔偿司法解释的理解与适用》，人民法院出版社2004年版，第65页。

3. 当事人

原告（被上诉人）：唐某某

被告（上诉人）：刘某某、赵某某、福建某某纺织连锁股份有限公司（以下简称某某公司）

被告：何某某、苏某某

【基本案情】

某某公司将其位于厦门市湖里区华昌路1号工地（以下简称1号工地）的工程发包如下：1. 外墙粉刷部分发包给唐某某。双方于2014年6月14日签订了一份《施工安全协议书》（某某公司作为甲方，唐某某作为乙方），约定施工项目为外墙粉刷涂料，乙方的安全职责为：乙方进场施工，须经甲方同意，并指定施工负责人，施工现场设立安全监督，便于施工过程中的协调、联系。同时，在不影响甲方安全生产运行的前提下，甲方需为乙方提供施工便利条件和服务。施工队伍的安全防护器材必须配置到位，安全措施得力，否则不得开工作业；严禁酒后作业，必须按规定使用安全带，安全带必须高挂低用，挂设点必须安全、可靠；施工中因违章操作等原因造成意外的人身伤害、死亡或事故损失由乙方全权负责。双方还约定付款方式为验收完成后按每平方米27元的单价计算，甲方按所完成之实际施工进度拨付5000元预付款，工程全部竣工并验收合格后再付清余款。2014年6月24日，某某公司通过案外人王某的账户向唐某某转账支付5000元作为工程预付款。庭审过程中，唐某某陈述其施工时所用施工绳、安全带、搅拌枪由其自行携带，人员由其组织，报酬由其发放。2. 水电等轻工部分发包给赵某某。虽然双方未签订相应的承揽合同，但是根据（2014）湖民初字第4793号案件的询问笔录，赵某某当时向法院陈述其承接了1号工地的轻工装修。本案审理过程中，赵某某亦陈述人员由其组织，双方按照具体的工程量进行结算。赵某某雇用刘某某负责1号工地的水电安装。

另外，1号工地所需的木门系某某公司向苏某某购买，由苏某某负责安装。苏某某电话通知案外人徐某某前去装门，报酬按实际安装的件数计算。徐某某又通知其老乡何某某于2014年6月26日、27日一并前去1号工地装门。之后，由徐某某至苏某某处领取相应的现金报酬，徐某某与何某某按照双方的实际工作量分账。

2014年6月27日14时许，唐某某在讼争大楼背面五楼高空粉刷外墙，其将施工主绳的一端系在身上，另一端系在一楼门框与窗框之间的墙柱上，当时现场无人看管该绳子。因何某某将木门放在地上，影响刘某某打线槽，故刘某某询问何某某能否将木门移开，何某某表示因有绳子系在其要装木门的门框上，遂询问刘某某“绳子能不能解”，刘某某到室外观察后表示无人在使用该绳子，遂将该绳解开，导致唐某某从五楼坠落。另刘某某在 1 号工地已施工多日，其庭审中明确表示在事故发生前看到唐某某绑着绳子在施工作业。

【案件焦点】

1. 各方当事人之间的法律关系；2. 刘某某、赵某某、何某某、苏某某、某某公司的行为是否构成侵权；3. 刘某某、赵某某、何某某、苏某某、某某公司各方当事人之间民事责任的承担方式。

【法院裁判要旨】

福建省厦门市湖里区人民法院经审理认为：唐某某受伤与刘某某解开绳子的行为存在直接因果关系，刘某某在解绳前未进行仔细的查看及询问，未尽到充分的注意义务，故其对唐某某受伤存在重大过失。赵某某系刘某某的雇主，应对刘某某在从事雇佣活动中致人损害的行为承担赔偿责任，刘某某应与赵某某承担连带赔偿责任。唐某某对损害后果的发生亦存在一定过错，可以适当减轻刘某某、赵某某的民事责任。某某公司并未尽到对施工现场的监督管理职责，存在一定过错，应对唐某某因本案事故造成的损失承担相应的赔偿责任。刘某某并无相关证据证明何某某指使其解开绳子，根据查明的事实，何某某只是询问刘某某“绳子能不能解”，何某某的询问行为本身并无过错，唐某某据此主张何某某承担赔偿责任，缺乏相应的事实和法律依据，不予支持。

根据《最高人民法院关于审理人身损害赔偿案件适用法律若干问题的解释》第三条第二款“二人以上没有共同故意或者共同过失，但其分别实施的数个行为间接结合发生同一损害后果的，应当根据过失大小或者原因力比例各自承担相应的赔偿责任”之规定，赵某某、刘某某和某某公司应根据其过失大小承担相应的赔偿责任。结合上述对其民事责任的分析，酌定赵某某、刘某某承担 40% 的民事责任，某某公司承担 30% 的民事责任，唐某某承担 30% 的民事责任。

福建省厦门市湖里区人民法院依照《中华人民共和国民法通则》第一百零六

条第二款、第一百一十九条、第一百三十一条，《中华人民共和国侵权责任法》第十六条、第二十六条，《最高人民法院关于审理人身损害赔偿案件适用法律若干问题的解释》第二条第一款、第三条第二款之规定，判决如下：

一、刘某某、赵某某于本判决生效之日起十日内连带赔偿唐某某医疗费、误工费、残疾赔偿金、住院伙食补助费、护理费、营养费、交通费、后续治疗费、鉴定费、精神损害抚慰金等合计 104081 元；

二、某某公司于本判决生效之日起十日内赔偿唐某某医疗费、误工费、残疾赔偿金、住院伙食补助费、护理费、营养费、交通费、后续治疗费、鉴定费、精神损害抚慰金等合计 22707 元；

三、驳回唐某某的其他诉讼请求。

刘某某、赵某某、某某公司对判决结果不服，均提起上诉。福建省厦门市中级人民法院经审理后以与一审相同的裁判理由认为刘某某、赵某某及某某公司的上诉理由不能成立，应予驳回；一审判决认定事实清楚，适用法律正确，应予维持。

福建省厦门市中级人民法院依照《中华人民共和国民事诉讼法》第一百七十条第一款第（一）项之规定，判决如下：

驳回上诉，维持原判。

【法官后语】

所谓“多因一果”，是指由数个无意思联络的因素共同作用，造成了同一损害结果的发生。

本案中，对唐某某受伤的结果，存在过错的行为很多，如刘某某的解绳子行为、唐某某自身的过错、某某公司的不作为等。其中解绳子作为产生损害后果的直接原因，包含两个动作要素：一是发出解绳子的指令，二是实施解绳子的行为。解绳子的人需要承担损害赔偿责任，争议不大，那么做出“绳子是否能解”这个询问的人，是否需要对损害后果承担赔偿责任呢？这就涉及这两个动作之间因果关系的认定，是否做出了询问行为，就必然导致解绳子的行为？在本案中，刘某某并无相关证据证明何某某指使其解开绳子，根据查明的事实，何某某只是询问刘某某“绳子能不能解”，何某某与刘某某并无隶属关系，在其向刘某某询问“绳子能不能解”时，刘某某作为一个具备完全民事行为能力的成年人，其应根据自身经验及常识来决定是否解开施工绳，何某某的询问行为本身并无过错，该询问行为与解绳子的行为之间不存在必然的因果关系，因此发出解绳子询问的何某某无须承担损害赔偿责任。

本案各个侵权人之间不存在共同故意或者共同过失，也不存在意思联络，因此本案不属于共同侵权。作为分别侵权行为，每个侵权人的侵权行为是否必然导致损害后果的发生，即一个侵权行为是否足以造成全部损害，决定了本案侵权责任承担的方式是连带责任或是按份责任。刘某某解绳子的言行并不必然导致唐某某的损害，唐某某未按照“高挂低用”的标准操作也不必然导致其从高空坠落，某某公司的不作为也不必然造成唐某某的损害，但是三者间接结合后，导致了损害结果的发生，即三个行为人的过错行为对损害结果的发生都具有一定程度上的原因力。因此本案关于侵权责任承担方式的认定符合《最高人民法院关于审理人身损害赔偿案件适用法律若干问题的解释》第三条第二款“二人以上没有共同故意或者共同过失，但其分别实施的数个行为间接结合发生同一损害后果的，应当根据过失大小或者原因力比例各自承担相应的赔偿责任”之规定，即本案各侵权人应根据其过失大小及其行为对损害结果的原因力大小承担相应的赔偿责任。

编写人：福建省厦门市湖里区人民法院　洪华娇

29

连带责任部分责任人履行全部赔偿责任后其他责任人与权利人债的关系相应消灭

——宋某某诉高某君等生命权、健康权、身体权案

【案件基本信息】

1. 裁判书字号

北京市大兴区人民法院（2016）京0115民初字第804号民事判决书

2. 案由：生命权、健康权、身体权纠纷

3. 当事人

原告：宋某某

被告：高某君、高仲某、刘秀某

【基本案情】

宋某某与高某君同为北京市汽车高级技工职业学校学生。因双方发生矛盾，2015年12月1日15时40分许，高某君伙同李某在北京市大兴区青云店镇鲍辛庄村公交站附近，持钢管对宋某某头部、手部进行殴打，致使宋某某受伤。宋某某受伤后到北京市大兴区人民医院住院治疗16天，经诊断为：急性闭合性颅脑损伤，双额顶叶脑挫伤，左额顶硬膜下血肿，多发头皮血肿，多发头皮裂伤，双手、左肘及右肩软组织损伤，左手食指远节指骨骨折（住院治疗期间一级护理3天、二级护理12天，休假两周）。经北京市大兴区公安司法鉴定中心鉴定：宋某某双侧额顶叶脑挫伤，左额顶硬膜下血肿，无神经系统症状，左手食指远节指骨骨折，属轻伤一级。经北京市公安局强制治疗管理处司法鉴定中心鉴定：高某君诊断为轻度精神发育迟滞，实施违法行为时受智能障碍影响，辨认能力和控制能力降低，评定为限制刑事责任能力。

事件发生后，在公安机关处理期间，李某及家属已赔偿宋某某损失30000元。2016年10月21日，高某君因犯故意伤害罪被法院判处有期徒刑六个月，现在服刑期间。

【案件焦点】

宋某某的经济损失已得到共同侵权人李某的全额赔偿，能否向共同侵权的高某君再行主张权利要求赔偿。

【法院裁判要旨】

北京市大兴区人民法院经审理认为：公民的生命权、健康权、身体权受法律保护。无民事行为能力人、限制民事行为能力人造成他人损害的，由监护人承担侵权责任。监护人尽到监护责任的，可以减轻其侵权责任。二人以上共同实施侵权行为，造成他人损害的，应当承担连带责任。法律规定承担连带责任的，被侵权人有权请求部分或者全部连带责任人承担责任。本案中，高某君在与宋某某发生矛盾后未能正确处理，伙同李某故意殴打宋某某，致使宋某某受到伤害，对此存在过错，由此造成的损失，高某君应与李某承担连带赔偿责任。因事件发生时高某君尚未成年，为限制民事行为能力人，故其监护人高某某、刘某某应承担相应的侵权责任。需要特别指出的是，侵权责任法中的连带责任是指被侵权人有权向共同侵权人责任主体中的部分或者全部请求赔偿损失，而责任主体中的任何一员均有对外向被侵权人承担赔偿全部损失的责任和义务；若部分责任人向被侵权人承担了全部赔偿责任，则其他责任人应付的赔偿责任相应予以免除。

宋某某受到的损失依据相关规定结合相关证据材料确定为：医疗费18019.26元、法医鉴定费（复印费）506元、护理费7000元、营养费800元、交通费346.5元、住院伙食补助费1600元，共计28271.76元。

因共同侵权的李某及家属已赔偿宋某某损失30000元，该费用已超出实际损失，宋某某的赔偿请求已得到满足，其再行主张权利属重复支付，故其要求高某君、高仲某、刘秀某承担赔偿责任的请求缺乏相关依据，不予支持。

据此，北京市大兴区人民法院依照《中华人民共和国侵权责任法》第八条、第十三条、第三十二条，《最高人民法院关于适用〈中华人民共和国刑事诉讼法〉的解释》第一百三十八条第二款、第一百六十四条，《中华人民共和国民事诉讼法》第一百四十四条之规定，判决如下：

驳回宋某某的全部诉讼请求。

【法官后语】

连带责任是我国的一项重要民事责任制度，其目的在于补偿救济，加重民事法律关系债务人的法律责任，有效地保障债权人的合法权益。连带责任依产生之原因不同，可以将其划分为法定连带责任和约定连带责任；依据内容之不同，又可将其划分为违约连带责任与侵权连带责任。本文所称连带责任仅指侵权连带责任。

本案系因故意伤害行为导致的侵权责任纠纷，侵权人高某君已受到刑事处罚，被判处有期徒刑。对此《中华人民共和国侵权责任法》（以下简称《侵权责任法》）第四条第一款明确规定："侵权人因同一行为应当承担行政责任或者刑事责任的，不影响依法承担侵权责任。"也就是说侵权人的同一行为既符合刑事责任的构成要件，又符合侵权责任的构成要件时，侵权人应当同时承担刑事责任与侵权责任，即受害人宋某某有权提起民事诉讼，要求高某君及监护人高某某、刘某某承担民事赔偿责任。《侵权责任法》第八条同时规定：“二人以上共同实施侵权行为，造成他人损害的，应当承担连带责任”。本案中，高某君在与宋某某发生矛盾后未能正确处理，与李某协商后共同持钢管殴打宋某某，致使宋某某的身体受到伤害，属于典型的意思关联与行为关联共同侵权行为，故对于所造成的损失，高某君与李某应承担连带赔偿责任。

本案争议的焦点是宋某某因身体受到伤害所受经济损失已得到共同侵权人之一李某全额赔偿，其能否再向其他共同侵权人即高某君主张赔偿权利呢？对此，《侵权责任法》第十三条规定：“法律规定承担连带责任的，被侵权人有权请求部分或者全部连带责任人承担责任。”本条是关于连带责任外部效力的规定，即责任主体对外如何向被侵权人承担责任的规定。该条赋予被侵权人行使请求权以极大的便利，即被侵权人在行使请求权时享有相对自由的选择权。相对而言，责任主体在承担责任时具有较大的压力，这正是连带责任的本质内容与真正内涵所在。连带责任是一种加重责任，在确定连带责任时必须严格遵循法律规定。侵权责任法中的连带责任是指被侵权人有权向共同侵权人责任主体中的部分或者全部请求赔偿损失，而责任主体中的任何一员均有对外向被侵权人承担赔偿全部损失的责任和义务；若部分责任人向被侵权人承担了全部赔偿责任，则其他责任人应付的赔偿责任相应予以免除。这也是连带责任的本质特征，确保了权利人目的的实现，当权利人目的得以实现后，其他责任人对权利人的责任也就失去了存在的基础和理由。本案中宋某某的损失共计为28271.76元，而共同侵权人李某及家属已赔偿宋某某损失30000元，该费用已超出宋某某的实际损失，宋某某的赔偿请求已得到满足，其再行主张权利要求高某君赔偿损失属重复支付，故其要求高某君承担赔偿责任的请求不应予以支持。

对此需要特别强调的是，共同责任人对外连带承担全部、整体责任，不区分份额，但在共同责任人的内部，共同责任人应依据一定的标准区分责任份额，每个责任人只对自己的责任份额承担责任，这是连带责任的最终归属，若某些责任人对外承担了超出自己份额的责任，有权向其他未足额承担责任份额的责任人求偿。《侵权责任法》第十四条对连带责任人内部责任分担及追偿权作出明确规定：“连带责任人根据各自责任大小确定相应的赔偿数额；难以确定责任大小的，平均承担赔偿责任。支付超出自己赔偿数额的连带责任人，有权向其他连带责任人追偿。”本案中，共同侵权人李某因支出了全部赔偿数额，有权根据责任大小向高某君进行追偿。

编写人：北京市大兴区人民法院　王国生

30

擅自在河道内挖沙井取水造成人员伤亡是否承担责任

——李某某、王某兰诉大姚县水务局等生命权案

【案件基本信息】

1. 裁判书字号

云南省楚雄州中级人民法院（2016）23民终字第176号民事判决书

2. 案由：生命权纠纷

3. 当事人

原告（被上诉人）：李某某、王某兰

被告（上诉人）：大姚县水务局、王某某

被告：大姚县金碧镇人民政府（以下简称金碧镇政府）、大姚县金碧镇钟务村民委员会（以下简称钟务村委会）

【基本案情】

李某某、王某兰与王某某系同村人，死者王开某系李某某、王某兰之子。2010年3月许，因抗旱需要，王某某用挖掘机在位于小岔河的蜻蛉河河道内挖了一个长约45米、宽3米、深2米左右的沙井。2015年1月1日15时左右，王开某同本村的小伙伴离家玩耍至16时未归，其家人及村民进行查找，后向公安机关报案，在基层组织、公安机关和村民的参与下，当日21时左右，在王某某的沙井旁找到了王开某的衣物。次日9时左右，王开某从王某某所挖的沙井里被打捞出来，经公安机关确认，王开某已溺水死亡。

【案件焦点】

王某某系沙井所有人、大姚县水务局系河道管理人，其各自应承担什么责任。

【法院裁判要旨】

云南省大姚县人民法院经审理认为：1. 关于李某某、王某兰是否承担责任。《中华人民共和国民法通则》第十八条规定，监护人应当履行监护职责，保护被监护人的人身、财产及其他合法权益；监护人不履行监护职责，应当承担责任。事发时受害人王开某 6 岁左右，属于无民事行为能力人，对事物的感知能力较低，其行为应当在其父母或者其他监护人的监护之下。从本案的事故发生现场和过程来看，李某某、王某兰作为孩子的监护人，存在未尽监护职责的过失，对王开某的遇难，应承担未尽监护职责的责任即 40% 的责任。2. 关于王某某是否承担责任。《中华人民共和国侵权责任法》第六条第一款规定，行为人因过错侵害他人民事权益，应当承担侵权责任。第十六条规定，侵害他人造成人身损害的，应当赔偿医疗费、护理费、交通费等为治疗和康复支出的合理费用……造成死亡的，还应当赔偿丧葬费和死亡赔偿金。第九十一条规定，在公共场所或者道路上挖坑、修缮安装地下设施等，没有设置明显标志和采取安全措施造成他人损害的，施工人应当承担侵权责任。王某某作为沙井的所有人、管理人和受益人，明知所挖的沙井存在安全隐患，在沙井存在四年多的时间里，未采取填埋等措施消除安全隐患，也未在沙井旁设置明显标志和采取安全防护措施，从而导致王开某在玩耍过程中坠入沙井中溺水死亡，与王开某的死亡存在直接的因果关系，应承担 40% 的责任。3. 关于大姚县水务局是否承担责任。《中华人民共和国水法》第十二条第四款规定，县级以上地方人民政府水行政主管部门按照规定的权限，负责本行政区域内水资源的统一管理和监督工作。第七十二条第（二）项规定，在水工程保护范围内，从事影响水工程运行和危害水工程安全的爆破、打井、采石、取土等活动的……由县级以上地方人民政府水行政主管部门或者流域管理机构依据职权，责令停止违法行为，采取补救措施……。《云南省楚雄彝族自治州龙川江保护管理条例》第十四规定，在河道保护范围内禁止下列行为：爆破、打井等影响河势稳定的行为……。第四十一条规定，违反本条例第十四条、第十五条、第十八条、第三十五条规定的，由水务、农业、林业、环境保护主管部门分别依照有关法律法规进行处理。根据法律和条例规定，大姚县水务局作为地方的水行政主管部门，对蜻蛉河负有统一管理和监督职责，对在蜻蛉河道内的违法行为如爆破、采砂、打井等具有行政执法权。本案中，王某某于2010年3月在蜻蛉河道内打沙井取水用于抗旱，大姚县水务局未对王某某这一违法行为进行制止和处罚，放任沙井存在长达四年之久，导致王开某在玩耍过程中落入王某某所挖的沙井内溺水死亡，其存在监管不力的责任，对王开某的死亡应承担20%的责任。4. 关于金碧镇政府、钟秀村委会是否担责。《云南省楚雄彝族自治州龙川江保护管理条例》第八条第二款规定，乡（镇）人民政府应当做好本行政区域内龙川江的保护管理工作。第三款规定，村（居）民委员会应当协助做好龙川江保护管理的相关工作。根据条例规定，金碧镇政府、钟秀村委会通过发布关于河道堤防管理公告、签订安全责任书的形式已尽到了自己的责任，因此，对王开某的死亡不承担责任。

根据《中华人民共和国侵权责任法》第二条、第十五条第（六）项、第十六条、第十八条、第二十六条、第九十一条，《中华人民共和国水法》第十二条第四款、第七十二条第（二）项，《最高人民法院关于审理人身损害赔偿案件适用法律若干问题的解释》第十八条，《最高人民法院关于确定民事侵权精神损害赔偿责任若干问题的解释》第八条第二款，《云南省楚雄彝族自治州龙川江保护管理条例》第三条、第八条第二款和第三款、第十四条、第四十一条之规定，判决如下：

一、由王某某赔偿李某某、王某兰之子死亡的各项经济损失74521.60元（186304元×40%）；

二、由大姚县水务局赔偿李某某、王某兰之子死亡的各项经济损失37260.80元（186304元×20%）；

三、金碧镇政府、钟秀村委会在本案中不承担责任；

四、驳回李某某、王某兰的其余诉讼请求。

上述执行内容限判决生效后十五日内履行完毕。

大姚县水务局、王某某不服一审判决，提起上诉。

云南省楚雄州中级人民法院经审理认为：蜻蛉河流经王某某所在的自然村，村庄的部分可耕地也分布在蜻蛉河岸，事故发生时处于干旱较为严重时期，河道水流较深处约50～60公分。作为蜻蛉河岸边的村民，王某某长期在此生活耕种，其为农田灌溉而在河道底部挖坑蓄水，并在栽秧期间对用水村民每人收取20元费用，其作为该沙井的施工方、受益人，应认识到该沙井对外界人员、当地群众形成的潜在安全隐患，但其对所挖沙井缺乏必要的审慎注意义务。既没有在坑边设置明显的警示标志，也没有采取足以防止危害发生的防护措施，放任沙井存在长达四年之久，导致意外事故的发生，王某某主观上具有一定的过错，对该损害后果，王某某应当承担相应的赔偿责任。结合本案案情、本地的经济发展状况，同时兼顾双方当事人的经济条件，酌定王某某以承担该次事故20%的赔偿责任比例为宜。

蜻蛉河河道是行洪疏浚的通道，保证行洪通畅，对已建河道正常运行提供保障，负责河道的规划治理和管理是河道管理单位的主要职责。事故发生时当地旱情严重，结合本案证据《大姚县人民政府关于进一步加强抗旱工作的紧急通知》和相关会议纪要可以确认，大姚县人民政府采取“蓄、引、抽、提、拉、截流”等多种措施进行抗旱是针对当地旱情而制定的应急措施，王某某在正常行洪疏浚的河道内挖沙井蓄水后，至事故发生时长达四年之久，大姚县水务局应在合理期限、合理限度内承担监督和管理职责。但其未完全尽监督和管理职责，对该段蜻蛉河监管缺失，对该案后果也应承担一定的责任，酌定大姚县水务局以承担此次事故10%的赔偿责任比例为宜。

死者王开某系无民事行为能力人，王开某的父母李某某、王某兰作为监护人应当履行监护职责，李某某、王某兰作为长期生活在此河段附近的村民，应知晓河道是行洪疏浚的通道，并非公众玩耍的公共场所，亦应知晓河道里长期存在沙井，但其却未尽到对被监护人教育、监督、保护的义务，放任王开某在没有成年人陪伴的情况下去河道玩水，导致王开某溺水死亡后果的发生。李某某、王某兰主观上存在过错，是酿成该事故的主因，对此事故的发生，应承担主要责任。酌定由李某某、王某兰承担70%的责任。

综上，原判认定事实清楚，计算王开某死亡后的各项经济损失为186304元恰当，但酌定的赔偿比例失当，应予纠正。云南省楚雄州中级人民法院依照《中华人民共和国民事诉讼法》第一百四十四条、第一百七十条第一款第（二）项之规定，判决如下：

一、维持云南省大姚县人民法院（2015）大民初字第538号民事判决第三项；

二、撤销云南省大姚县人民法院（2015）大民初字第538号民事判决第一项、第二项、第四项；

三、王某某赔偿李某某、王某兰经济损失37260元；

四、大姚县水务局赔偿李某某、王某兰经济损失18630元；

【法官后语】

本案处理重点主要在于对沙井的施工方、受益人，河道的管理人及死者的监护人各自承担的责任如何划分。《中华人民共和国水法》（以下简称《水法》）第二十五条第二款规定，农村集体经济组织或者其成员依法在本集体经济组织所有的集体土地或者承包土地上投资兴建水工程设施的，按照谁投资建设谁管理和谁受益的原则，对水工程设施及其蓄水进行管理和合理使用。《中华人民共和国侵权责任法》（以下简称《侵权责任法》）第六条规定，行为人因过错侵害他人民事权益，应当承担侵权责任。《侵权责任法》第九十一条规定，在公共场所或者道路上挖坑、修缮安装地下设施等，没有设置明显标志和采取安全措施造成他人损害的，施工人应当承担民事责任。我国《水法》第十二条第四款规定，县级以上地方人民政府水行政主管部门按照规定的权限，负责本行政区域内水资源的统一管理和监督工作。《民法通则》第十八条规定，监护人应当履行监护职责，保护被监护人的人身、财产及其它合法权益；监护人不履行监护职责，应当承担责任。

具体到本案中，一、二审法院对事实的认定不存在异议，仅就各方当事人承担的责任比例存在分歧，其主要原因是对上述规定的理解不同。一、二审法院均对水利设施的开发人、管理人、使用人和受益人对水利设施的管理职责进行了认定，并据此对造成损害的后果判令相关主体承担不同程度的赔偿责任。同时，本案的受害人为未成年人，属于民法界定的无民事行为能力人，其监护人未完全履行监护职责，对损害后果的发生也负有相应责任。

本案中未判令金碧镇政府和钟秀村委会承担责任，其理由在于，金碧镇政府并非水利设施的直接管理人，且其已经通过下发河道堤防管理相关规定履行了相应职责，在本案中不应承担责任。钟秀村委会作为基层群众自治组织，并非水利设施管理机构，其通过向农户发放《告知书》，已对河道利用的禁止性行为进行告知，履行了相应义务，同样不应在本案中承担责任。

本案的审理提示有关主体，在开发利用水资源的同时，一定要注意合法、合理利用，并且在利用过程中谨慎地履行自身的安全保障义务，避免和降低自身在利用资源期间的安全风险。

编写人：云南省大姚县人民法院　席子荣

（五）其　　他

31

上门合理索债后债务人自杀身亡，债权人不负侵权赔偿责任

——仇某某等诉姚某某等生命权案

【案件基本信息】

1. 裁判书字号

江苏省南通市中级人民法院（2017）苏06民终字第1426号民事判决书

2. 案由：生命权纠纷

3. 当事人

原告（上诉人）：仇某某、沈甲、沈乙

被告（被上诉人）：顾某某、朱某某、吴某某、顾某、姚某某、虞某某、周某某、袁某乙（以下简称姚某某等8人）

【基本案情】

仇某某、沈甲、沈乙分别系死者沈某某的妻子、长子、次子。2016年8月30日，沈某某驾驶电动自行车与案外人袁某甲驾驶的电动自行车（后载徐某某）发生交通事故，致徐某某及沈某某受伤。徐某某当即被送往海门市人民医院救治，住院期间共花费医疗费近8万元。同年9月14日，徐某某的女婿姚某某与虞某某、袁某乙等人去沈某某家，要求沈某某预付徐某某的部分医疗费。沈某某表示其没有钱，但答应天气晴好以后就到交警中队去处理。姚某某等人遂离开沈某某家。

9月17日下午4时许，沈某某独自至农资门市，以家中玉米籽需熏蒸为由买了

一瓶熏蒸药片（注：一种通过焚烧灭虫的药）。当日下午5时许，姚某某认为当日天气晴好，但沈某某未去交警中队，故约虞某某同去沈某某家，顾某某、朱某某、吴某某、顾某、周某某、袁某乙也随同前往。见面后，沈某某解释因自己腰痛，故未到交警中队去。考虑沈某某年纪大，姚某某等人遂让沈某某带他们去沈甲家商量医疗费事宜。在沈甲家场心（注：当地惯语，指农村住宅前用水泥浇筑的用于晾晒物品、停放车辆、生活休憩等原平地）上，姚某某等人提出要沈甲将心比心拿点钱出来，哪怕先拿一二万元。沈甲夫妇表示：既然报警了，就通过法律途径解决；要钞票向沈某某要去，与他们不搭界，等等。当时，在场的朱某某讲：按照法律途径解决的话，不拿钱要封房子的。其间，姚某某等人一直与沈甲夫妇商量，没有发生激烈争吵，也未发生肢体冲突。在双方商谈过程中，坐在一旁的沈某某趁旁人不注意时，到场心边的自来水池旁吞食了随身携带的熏蒸药片，后被人发现，当即有人报警并拨打了120救助电话。之后，沈某某被送往海门市人民医院抢救。当夜11时多，沈某某不治身亡。

2016年9月22日，海门市公安交警部门认定沈某某与袁某甲分别负前述交通事故的主、次责任，徐某某不负事故责任。

2016年12月5日，仇某某、仇甲、仇乙向姚某某等8人提起侵权赔偿诉讼，要求姚某某等8人赔偿因沈某某死亡而产生的损失315098元。

【案件焦点】

姚某某等8人是否应对沈某某的死亡承担侵权责任。

【法院裁判要旨】

江苏省海门市人民法院经审理认为：本案系一般侵权，其归则原则为过错原则。姚某某等8人作为交通事故受害者徐某某的家属在沈某某既不慰藉受害者，又不配合交警处理事故的情况下，以私力救济的方式到沈某某家索要医疗费用的行为符合情理，且不具有法律上的过错，更不必然会导致沈某某死亡结果的发生。沈某某自杀身亡的结果与姚某某等8人上门索要医疗费的行为之间，不存在法律上的因果关系，因而姚某某等8人对沈某某死亡不负有侵权赔偿之责。具体理由如下：

一、受害人沈某某的死亡是其自己实施的故意行为所致。沈某某事前自行购置了熏蒸药片，且在事发前随身携带至事发现场，明显有自杀的准备；在姚某某等8

人与沈甲夫妇协商医药费期间，趁人不备，沈某某偷偷将药吞服，有自杀的主动追求，可见这是自杀行为。

二、姚某某等8人对沈某某的死亡结果主观上不具有过错。事发时，姚某某等8人在沈甲家场心上商讨医疗费事宜，商讨对象是沈甲，已不是沈某某，故沈某某自杀身亡不在姚某某等8人当日能够合理预见的范围内。

三、姚某某等8人客观上未实施具体的侵权行为。尽管姚某某等8人两次上门商讨索要医药费等，但均未对沈某某实施具体的侵权行为。即使姚某某讲了“如果徐某某死掉的话，你要准备吃官司的”、朱某某讲了“按照法律途径解决，如果不拿钱就要封房子的”之类的话，但这些纯假言推理符合法律通理，既不能认定系对受害人的威胁，也不能认定为侵权行为。

四、姚某某等8人的行为与沈某某的自杀后果之间不存在法律上的因果关系。姚某某第二次约沈某某一起到其子沈甲家商讨索要医药费，可见姚某某等8人对年事较高、经济能力较弱的沈某某已经尽到了一定的注意义务，明显属理性催债。沈某某自杀究竟是基于姚某某等8人索要医疗费行为的刺激，还是出于对可能面临的大额赔偿的担忧，或是得不到家人亲情的关怀等其他不为人知的因素，不得而知。总之，姚某某等8人上门商讨索要医药费既不是导致沈某某自杀悲剧发生的诱因，更不是导致该悲剧发生的成因。

综上所述，江苏省海门市人民法院依照《中华人民共和国侵权责任法》第六条、第二十七条之规定，判决：

驳回仇某某、沈甲、沈乙的诉讼请求。

仇某某、沈甲、沈乙不服一审判决，提起上诉。江苏省南通市中级人民法院经审理认为：本案系一般侵权法律关系，如需姚某某等8人对沈某某的死亡承担责任，首先需要认定姚某某等8人对沈某某的死亡存在不符合法律和社会常情的不当行为。首先，按照沈乙在公安机关的陈述来看，虽然事发当天姚某某携8人去沈某某家要求垫付有关款项，但从姚某某等8人的行为看，其与沈某某并未发生冲突和肢体接触，故姚某某等8人当时的行为和言语并不超出合理范畴。从同村村民的笔录反映，双方没有任何过激行为，只是讲讲；沈甲在公安机关陈述，姚某某等8人主要言语是要求“想法（给）一点钞票”“讲好到中队去的，你为什么不去”。而且，姚某某等8人当时已经考虑到沈某某年纪较大等因素，协商主要发生在沈甲与姚某某之间，地点在沈甲家场心上。反之，沈某某未有积极态度妥善处理交通事故，在姚某某2016年9月14日来要求垫付医疗费后，沈某某同村里人说“如果来要钱就寻死”。沈某某服毒当日，其还有过“要钱你们去毛泽东那里要钱去，再过两个钟头，我就去毛泽东那里去了”等言语。因此，沈某某逃避交通事故赔偿责任的心态明显，其自杀行为系其自身原因所致，与姚某某等8人向其主张权利之间并不构成侵权法上之因果关系。需要指出的是，对于交通事故造成的赔偿责任，我国法律并没有禁止当事人可以自行向对方当事人索要赔偿。从交警部门出具的事故责任认定书来看，沈某某对案涉事故承担主要责任。因此，姚某某等8人向沈某某主张权利具有法律上的正当性。从情理而言，发生交通事故后，在一方当事人身体遭受严重伤害的情况下，即使在未出具交通事故责任认定书的情况下，基于对人身权的充分保护，受害一方当事人要求对方垫付一定的医疗费也符合社会常情。因此，事故责任认定书出具的时间并不是当事人可以向对方主张权利的明确的时间点。综上，仇某某、沈甲、沈乙的上诉理由均不能成立，原审判决认定基本事实清楚，适用法律正确，实体结果并无不当，依法予以维持。江苏省南通市中级人民法院依照《中华人民共和国民事诉讼法》第一百七十条第一款第（一）项之规定，判决：

驳回上诉，维持原判。

【法官后语】

这是一起债权人上门商讨索要医药费后债务人服毒自杀的侵权赔偿案件。沈某某服毒自杀与姚某某等8人上门讨债行为间不存在法律上的因果关系，这是一个不争的事实和不争的司法认定的结论。但本案的审理仍有启迪、借鉴意义。有少数意见认为，在债权债务尚处于不确定的情况下，所谓债权人即上门向所谓债务人讨债，且在讨债过程中，发生债务人自杀身亡的后果，如果讨债人不承担任何民事责任，不符合侵权责任法的归责原则。两种不同观点的碰撞，集中到一个法律问题，即如何评判本起案件中上门商讨索要医药费的合理性问题。

首先，本案的债权债务关系是否成立？尽管姚某某等8人两次去沈某某及其长子沈甲住处商讨索要医药费时，公安交警部门的交通事故责任认定尚未作出，但交通事故受害一方徐某某被送医院住院救治仅半月就花去医药费近8万元，说明受害方伤情很重，双方因交通事故而形成的债权债务关系客观上已经形成。交通事故的加害方有出资救助受害方的义务，且沈某某受伤较轻，预付部分医药费是应然之举。

其次，本案所谓讨债的真实内涵是什么？从案情中我们不难发现，姚某某等8人去沈某某及沈甲住处目的是商讨索要部分医药费。姚某某等8人的言语完全是商讨的口气。据此，这与一般意义上的讨债有所不同，姚某某等8人只是要加害方预付一部分医药费，以解受害人的燃眉之急，这种要求无疑是正当的。

再次，尽管姚某某一方上门索要医药费的人数较多，但既无过激言语，也无肢体冲突行为，整个过程中不存在任何威胁言行，属理性催要。且姚某某意识到沈某某年纪较大，偿债能力有限，故第二次上门后让沈某某带其去沈甲家商讨医药费，让沈甲酌情预付。这种冷静的处理方法应当得到肯定。倒是沈甲的态度和言语欠妥，不仅不符合家庭成员间相互扶助的家庭伦理要求，而且容易引起矛盾激化、冲突升级，客观上也可能会刺激沈某某。

最后，沈某某应当明知自己在交通事故中致伤他人所应承担的责任。后公安交警部门认定沈某某与袁某甲分别负事故的主次责任，也说明姚某某等8人上门索要医药费，不但为救急所需，而且具有事实基础。如果沈某某的家人能够主动为沈某某挑起偿还债务的担子，或者最起码能及时给予亲人间的关怀和温暖，给予沈某某以精神上的慰藉，沈某某或许也不会轻易走上自杀这条路。

综上，法院确认案涉索要部分医药费的行为是合理的、正当的。

编写人：江苏省海门市人民法院　陈德锋

32

侵权法领域自冒风险规则的法律适用

——费某某诉周某某身体权案

【案件基本信息】

1. 裁判书字号

北京市第二中级人民法院（2016）京02民终字第4921号民事判决书

2. 案由：身体权纠纷

3. 当事人

原告（被上诉人）：费某某

被告（上诉人）：周某某

【基本案情】

费某某与周某某均系骑马爱好者，二人因共同爱好骑马而相识，并与其他骑马爱好者经常相约开展骑马运动。2014年10月，周某某将其所有的一匹从草原购买的马放置于皇林马术俱乐部，委托他人无偿帮忙进行日常喂养。2014年12月6日，费某某、周某某及其他骑马爱好者共同前往皇林马术俱乐部，费某某在骑乘周某某所有的马匹时，从马上坠落摔伤。周某某请求王某智、张某、秦某出庭作证，以证明费某某有多年的骑马经验，骑术高超，充分了解骑马运动的危险性，其骑马摔伤当日费某某坚持骑周某某的马，且不听大家劝阻坚持要外出野骑。周某某认可其与皇林马术俱乐部之间无合同关系。另查，未有皇林马术俱乐部的工商信息登记。

【案件焦点】

周某某应否对费某某骑马摔伤的后果承担相应的赔偿责任。

【法院裁判要旨】

北京市大兴区人民法院经审理认为：周某某将其所有和管理的马匹交由费某某驾驭使用的过程中，导致费某某摔伤，费某某有权要求周某某作为马匹的管理者承担侵权责任。但考虑到骑马运动本身作为一项高度危险的运动，费某某作为完全民事行为能力人，对骑马运动的危险性认识不足，其自身存在重大过失，故对于费某某此次摔伤的各项合理的财产损失，应由费某某自行承担70%的责任、周某某承担30%的责任。对于费某某所主张的5000元精神损害抚慰金的诉讼请求，结合本案案情、当事人的过错程度及损害后果，认定该项诉讼请求于法有据，数额合理，予以支持。据此，判决如下：

一、周某某于本判决生效后十日内赔偿费某某医疗费15737.38元、住院伙食补助费210元、营养费1350元、护理费3125元、误工费6421.8元、交通费180元、残疾赔偿金26346元，共计53370.18元；

二、周某某于本判决生效后十日内赔偿费某某精神损害抚慰金5000元；

三、驳回费某某的其他诉讼请求。

判决后，周某某不服原判，提起上诉。北京市第二中级人民法院经审理认为：费某某在骑乘中因意外跌落造成自身伤害，不能被认定为“动物的加害行为”所致。不应适用我国侵权责任法关于饲养动物致人损害的规定，原判适用法律不当，予以更正。

关于费某某所受伤害的责任承担问题，则需结合骑马运动本身的特点和费某某摔伤的原因、过程予以分析。第一，野外骑马运动存在着固有的高度风险，不可控制、无法消除。第二，费某某作为户外运动网站的注册会员对骑马运动的固有风险充分知晓。第三，费某某自愿地参加了野外骑马运动。第四，费某某无法证明其所受伤害不是运动的固有风险造成的。

对于处于弱势地位的人给予必要的关注是法律的一种美德，但是不能够矫枉过正。对费某某而言，其明知骑马运动的固有风险而自愿参加并因固有风险而受伤。对周某某而言，其虽将自己所有之马借于费某某骑乘，但费某某骑马之固有风险对于周某某而言不可控制、无法消除，且周某某亦不负有消除该种固有风险的义务；而周某某因已尽到了合理的注意义务，其对于费某某摔伤一节没有过错，亦不存在法律规定的周某某应承担无过错责任的情形。故费某某的自冒风险行为对其自身造成的损害应由其自行承担。北京市第二中级人民法院依照《中华人民共和国侵权责任法》第六条、第七条，《中华人民共和国民事诉讼法》第一百七十条第一款第（二）项之规定，判决如下：

一、撤销北京市大兴区人民法院（2015）大民初字第04367号民事判决；

二、驳回费某某的诉讼请求。

【法官后语】

对诉争纠纷两级法院的裁判思路完全相反，其原因牵涉侵权责任法中免责事由的法律适用问题。

1. 寻找法律规范。系指当案件事实处于两个或多个规范涵盖范围之内时，适用何种法律规范更有利于提高事实与法律规范的契合度，从而更好地体现法律正义。有观点认为，基于公平的角度，本案应适用《中华人民共和国侵权责任法》

（以下简称《侵权责任法》）第二十四条的规定，由周某某对费某某的经济损失进行适当补偿。前述条文实际上属于公平责任的一般条款，其适用前提是受害人和行为人对损害的发生均没有过错。而就本案能够查明的事实而言，受害人本人对于损害的发生是否存在过错并不清晰，故前述关于公平责任的法律规范与本案事实的契合度并不理想。此外，因缺乏明确的法律规定，本案亦无法适用无过错责任原则。

法官判明案件性质时，要么考虑侵权人的过错，要么考虑被侵权人的过错，而绝不应没有任何判断，任由双方当事人在过错的问题上信马由缰，进而依公平责任原则主持诉讼、作出判决。本案在对一审判决自身的逻辑硬伤予以解构后，将视线转向了司法实践中关于免责事由的一项规则——自冒风险规则。

2. 规则重构：案件事实与自冒风险规则的高度契合。通过对案件事实的重新梳理，发现案件事实与自冒风险规则高度契合：费某某的野外骑行符合冒险行为要件中的两个核心要素：明知和自愿；费某某之伤系骑马运动的固有风险造成，而该种固有风险对于费某某及向其出借马匹的周某某来说，均是不可控制或消除的。据此，费某某应当自负风险。鉴于对自冒风险规则没有具体法律规定，本案在适用法律时，选择了《侵权责任法》第六条和第七条，第六条对过错责任的适用系从正面规定有过错则承担责任，就法律逻辑而言，不能直接推导出无过错则不承担责任，因为还存在第七条规定的无过错责任的适用情形。而周某某对于费某某摔伤一节没有过错，亦不存在法律规定的周某某应承担无过错责任的情形，则费某某应当自担其责。

在侵权责任法的司法实践中，当无法适用过错责任原则与无过错责任原则判定责任归属时，免责事由与公平原则的适用应当如何取舍，要在逻辑与正义之间寻求平衡。法律必须对公平责任适用的范围作出合理限制或具体列举，防止出现软化既有规则体系以及司法实践向公平责任逃避的弊端。我国侵权法对于免责事由的规定仍有不足，应当引入自冒风险规则，明确在高风险运动中或竞技性体育运动中因运动固有风险造成的人身损害应当由冒险者自负风险、自担后果，进而使侵权责任法免责体系趋于完善。

编写人：北京市第二中级人民法院　陈广辉

33

如何认定托管班的开办主体

——王某诉刘某、林某生命权、健康权、身体权案

【案件基本信息】

1. 裁判书字号

北京市第二中级人民法院（2016）京02民终字第8349号民事判决书

2. 案由：生命权、健康权、身体权纠纷

3. 当事人

原告（反诉被告、被上诉人）：王某

被告（上诉人）：刘某

被告（反诉原告、上诉人）：林某

【基本案情】

2015年11月30日19时许，王某在北京市西城区某街某某托管班（以下简称某某托管班）租用的地下室内因和他人打闹摔伤，造成左肱骨外髁骨折。事发后广外派出所的询问笔录及工作记录显示，本次事情发生在托管班，当时托管班老师王老师并未看到是谁推了王某；王某等家长来接时才去就诊，并报警；王某表示是同学赵某打他了，但王老师及刘某均称没有赵某家长的电话，故民警一直未能联系上赵某的家长。北京明正司法鉴定中心对王某的伤残等级、护理期、营养期进行鉴定，鉴定结论为：被鉴定人王某因意外致左肱骨外髁骨折后遗症符合十级伤残；伤后护理期评定为90日，营养期评定为90日。因此，王某要求某某托管班的开办人刘某、林某两人共同承担全部赔偿责任。

另查，某某托管班在事发前已经运营多年。2012年该托管班在某某大学租房并与其合作，称为“某某托管班”；2014年合作结束后，以王某母亲及刘某、林某三人名义承租了广安门外某地下室作为培训用房；因为地下室影响生源，2015年以刘某、林某个人名义承租了广外某房屋作为托管班的用房。

另查，王某在托管班内并未交纳任何费用。刘某为乙公司的法定代表人，林某为甲公司的法定代表人，以上两家公司的经营范围均不包括教育培训。

【案件焦点】

本案的责任主体是刘某、林某个人还是甲公司或者乙公司。

【法院裁判要旨】

北京市西城区人民法院经审理认为：第一，托管班属于民办非学历教育培训，但并未在教委进行备案。第二，从托管班的用房上来看，两次房屋租赁协议均是以个人名义签订，并以个人名义支付租金，并非以乙公司或甲公司的名义签订，亦未由上述公司支付租金。第三，从老师的管理上来看，根据现有证据材料无法证实事发时曾在广外派出所接受询问的王老师由甲公司或乙公司缴纳社会保险，亦没有相应的劳动合同；其工资是刘某之配偶及林某通过个人账户进行发放的。第四，从公司的经营范围来看，乙公司及甲公司的经营范围中均未涉及教育培训一项。第五，乙公司在事发前五天刚通过审批，事发后又变更法定代表人为任某，无法证实该公司与托管班之间的关系。第六，现有证据材料亦不足以证实甲公司与托管班之间的关系。第七，广外派出所工作记录显示，事发后民警多次联系托管班负责人刘某询问案外人赵某家长联系方式的情况；且事发后，林某个人为王某垫付了医药费。综上所述，事发时托管班应系刘某和林某个人开办的。

北京市西城区人民法院作出如下判决：

刘某、林某共同赔偿王某各项经济损失共计92290.13元。

刘某、林某提起上诉。北京市第二中级人民法院经审理认为：各方当事人争议焦点为：1. 本案托管班的经营主体是刘某、林某还是甲公司或乙公司；2. 刘某、林某是否应当承担赔偿责任；3. 林某垫付的医药费是否应当全部返还。

首先，关于托管班经营主体，一审法院综合考虑托管班并未在教委进行备案，两次房屋租赁协议均是以个人名义签订并支付租金，涉案王老师与甲公司或乙公司未签订劳动合同，其工资是刘某之配偶及林某通过个人账户发放，甲公司及乙公司的经营范围中均未涉及教育培训一项及广外派出所对涉案事件调查核实等具体情况，认定现有证据不足以证实甲公司或乙公司是托管班的经营主体，事发时托管班应系刘某和林某个人开办是正确的。刘某上诉坚持主张甲公司是托管班的经营主体，林某上诉主张乙公司是托管班的经营主体，均未提供充分证据，均不予支持。

其次，关于刘某、林某是否应当承担赔偿责任，根据《中华人民共和国侵权责任法》第三十八条之规定，无民事行为能力人在教育机构学习、生活期间受到人身损害的，教育机构应当承担责任，但能够证明尽到教育、管理职责的，不承担责任。王某事发时未满十周岁，系无民事行为能力人，其在托管班活动期间受伤，托管班的经营管理者刘某、林某应对其已尽到教育管理职责承担举证责任。根据查明的事实，事发时托管班老师未进行看护，未能及时制止伤害事件的发生及发现王某受伤情况，亦未能提交证据材料证明已尽到教育、管理职责，一审法院据此认定刘某、林某对王某所受伤害承担主要赔偿责任及确定的责任比例是适当的。刘某上诉主张王某未缴纳费用，不是托管班学员，其于事发当天是自行进入托管班的，托管班无看管义务。经查，各方当事人在原审法院审理中均认可王某在托管班上课，但并未缴纳费用。应当指出，是否缴纳费用并非承担侵权责任的法定要件，故刘某坚持该项上诉请求缺乏事实及法律依据，不予支持。

最后，林某垫付的医药费是否应当全部返还。一审法院根据双方当事人的陈述及相关票据认定林某为王某垫付医药费 8668.37 元，依照相关法律判决该部分医药费应由刘某、林某按照责任比例共同承担，超过责任比例的部分应当由王某予以返还。林某上诉坚持认为其垫付的医药费应当由王某全部返还的事实及法律依据不足，不予支持。刘某上诉主张医药费 8668.37 元是其与林某共同垫付，未提供相关证据，其在二审审理中请求撤回相关请求及理由，表示与林某另行解决，不违反相关法律规定，予以准许。另，一审法院根据相关证据及法律规定对于王某的各项损失及数额所作认定均属适当，各方当事人均未提出异议，予以确认。综上所述，刘某、林某的上诉请求不能成立，应予驳回；一审判决认定事实清楚，适用法律正确，应予维持。北京市第二中级人民法院依照《中华人民共和国民事诉讼法》第一百七十条第一款第（一）项之规定，判决如下：

驳回上诉，维持原判。

【法官后语】

本案审理的关键是对托管班开办主体的认定。

从性质上来看，托管班属于民办非学历教育培训机构。民办培训学校，一般是指经过县级以上教育行政部门依法审批设立的实施文化课程、艺术特长、人文素质、学习能力、继续教育等方面培训的非学历教育学校。《中华人民共和国民办教育促进法》第十二条规定："举办实施学历教育、学前教育、自学考试助学及其他文化教育的民办学校，由县级以上人民政府教育行政部门按照国家规定的权限审批……"因此，如果要设立托管班，应当经过县级以上教育行政部门的审批。根据《中华人民共和国民办教育促进法》第九条之规定，设立民办培训学校的主体可以是法人，也可以是具备政治权利和完全民事行为能力的个人。

没有经过审批或备案的托管班，是个人设立的还是公司设立的，可以综合以下几个方面进行审查和判断：一是宣传方面：托管班对外宣传时，包括网络、纸质传单上所写明的承办方、联系人的情况；二是财务方面：包括托管班学费收取及出具收据、发票的主体，还有托管班日常支出的来源主体；三是教师选聘及管理方面：包括与聘任教师签订劳动合同的相对方、教师工资发放和缴纳社保主体、教师日常管理的主体情况；四是使用场所方面：场地所有人或承租方的主体情况；五是公司的经营范围方面：如果是公司设立的，教育培训是否属于公司的经营范围，是否存在超范围经营的情况。本案中，刘某、林某均抗辩称出事托管班的承办主体是公司，原审法院分别从以上几个方面进行分析，最终确定本案的诉讼主体是个人而不是公司。

编写人：北京市西城区人民法院　程乐

34

车辆侧翻致驾驶员死亡与道路管理人的管理瑕疵之间是否存在因果关系

——薛某甲等诉如皋市下原镇人民政府、如皋市下原镇白李社区居民委员会生命权案

【案件基本信息】

1. 裁判书字号

江苏省南通市中级人民法院（2015）通中民终字第03017号民事判决书

2. 案由：生命权纠纷

3. 当事人

原告（上诉人）：薛某甲、杨某某、薛某乙、薛某丙

被告（被上诉人）：如皋市下原镇人民政府（以下简称下原镇政府）、如皋市下原镇白李社区居民委员会（以下简称白李居委会）

【基本案情】

2015年4月1日12时左右，薛某某驾驶电动三轮车沿如皋市下原镇白李村东西路由东向西行至四组路段时，电瓶三轮车翻倒，致薛某某当场死亡，电瓶三轮车损坏。如皋市公安局交通巡逻警察大队因无法查清事故发生的原因，于同年5月13日出具《交通事故证明》（皋公交证字［2015］第00032号）。薛某某持有E类机动车驾驶证。

2015年4月1日，经如皋市公安局物证鉴定尸体检验表明，薛某某死亡原因符合交通事故致严重颅脑损伤死亡。同月10日，经南通市公安局交通警察支队物证鉴定室出具通公交物鉴（化）字（2015）0965号理化鉴定意见书，鉴定意见表明：在薛某某的血液中未检出乙醇成分。同日，南通市公安局交警支队车辆管理所车辆属性认定部门对薛某某事发时驾驶的“宇顺”牌电动三轮车进行了车辆属性认定，查明：该车未见悬挂号牌，车辆钢印号未见，电机号未见，由动力装置驱动，有车载可充电蓄电池，有驱动电机，驱动能源来源于车载可充电蓄电池，不具备脚踏骑行功能，仪表盘时速设置范围为每小时0～40公里；最终根据《机动车运行安全技术条件》认定该车属于摩托车，属于机动车。2015年4月30日，经如皋市公安局物证鉴定室对薛某某驾驶的车辆进行痕迹检验，结论如下：被检电动三轮车车体左侧见倒地擦痕；龙头向下变形；右侧仪表盘向下变形伴泥迹附着；车厢右前角见泥迹附着；车体其余部位未检见明显新鲜碰擦痕迹。

事发路段叫白雁路，沥青砼，东西走向，路长776米，路宽4米，于2006年左右建成后经验收合格正式交付使用，属于下原镇白李村农村公路。根据交警部门出具的交通事故证明可知，事发时，该路段路面不平整，无标志标线控制。

薛某某的父母薛某甲、邵某某（母，已故）共生有五个女儿，薛某某系其三女儿；薛某某与丈夫杨某某共生育两子，长子薛某乙，次子薛某丙。

【案件焦点】

薛某某所受损害与下原镇政府管理之间是否存在因果关系。

【法院裁判要旨】

江苏省如皋市人民法院经审理认为：第一，薛某甲、杨某某、薛某乙、薛某丙认为，因事发路段不平整，有大小坑洼，同时路面有大量碎石，从而导致薛某某驾驶车辆经过时失控侧翻造成死亡，但未能举证证明薛某某死亡是由于碾轧事发路面的不平或碎石处造成翻倒所致。即薛某甲、杨某某、薛某乙、薛某丙仅仅是凭借己方的推测，认为薛某某当时可能碾轧过路面的不平处，从而摔倒并遭电动车侧翻挤压身亡，且事故的目击证人亦陈述未看到薛某某翻倒的具体过程。第二，从交通事故现场图及照片可以看出，事发路面确有不平整，但并非严重坑洼、高低悬差明显；且薛某某摔倒处路面平整，即其电动车倒地与路面接触点不在路面不平处，距路面不平处有一段距离，表明薛某某当时已经安全通过了不平处，也即路面不平整未对薛某某的通行造成影响。第三，薛某某持有E类机动车驾驶证，表明其受过交通法规的教育，具有一定的驾驶经验，对路面常见的不平整现象应当具有处理能力，且事发时正值中午，无刮风下雨等恶劣天气影响路线与通行；因薛某某所驾电动三轮车未悬挂号牌，无车辆钢印号，无电机号，根据《机动车运行安全技术条件》被认定为机动车，故车辆性能相对更具危险性。综上，虽然事发路段的管理与养护人为下原镇政府，针对路面不平整现象具有管理、养护职责，但薛某甲、杨某某、薛某乙、薛某丙未有充足证据证明薛某某损害的发生与路面不平及下原镇政府的管理职责之间具有因果关系。薛某甲、杨某某、薛某乙、薛某丙未能完成己方所负的举证证明责任，应自行承担举证不能的不利后果。故对其要求下原镇政府对其全部损失承担赔偿责任的诉讼请求，不予支持。据此，如皋市人民法院判决如下：

驳回薛某甲、杨某某、薛某乙、薛某丙的诉讼请求。

薛某甲、杨某某、薛某乙、薛某丙不服，提起上诉。江苏省南通市中级人民法院经审理认为：当事人对自己提出的主张，有责任提供证据。本案中，薛某某驾驶电动三轮车在白雁路行驶时翻倒死亡，薛某甲、杨某某、薛某乙、薛某丙认为该道路管理人下原镇政府应承担相应的民事赔偿责任，则其应当举证证明下原镇政府在道路的维护、管理上存在瑕疵，且该瑕疵行为与薛某某摔倒死亡存在因果关系。根据查明的事实，案涉事故路段路面虽存有坑洼，能够证明下原镇政府在道路管理上存在瑕疵，但薛某甲、杨某某、薛某乙、薛某丙未能举证证明薛某某车辆翻倒确系路面坑洼所致。从事发时天气晴好、视线较佳的情况，以及坑洼路面与薛某某摔倒位置之间的距离等因素，亦不能推断出薛某某摔倒即为坑洼路面所致。车辆行驶中发生翻倒的原因可能是道路问题，也可能是车况问题、驾驶技术问题、个人健康问题等因素所致，亦或是多种因素的结合，仅以路面存在坑洼及薛某某三轮车翻倒两个客观事实，尚不能就此认定两者之间必然存在直接的因果关系。综上，薛某甲、杨某某、薛某乙、薛某丙未能举证证明薛某某因路面坑洼而摔倒死亡，其主张道路管理人下原镇政府承担赔偿责任无事实依据，不予支持。原审判决认定事实清楚，适用法律正确，应予维持。据此，南通市中级人民法院判决：

驳回上诉，维持原判。

【法官后语】

本案的审理重点在于死者薛某某所受损害与下原镇政府的道路管理瑕疵之间是否存在因果关系，在审查过程中，自然就涉及对因果关系的举证责任分配。根据民事诉讼的证据规则，“谁主张”由“谁举证”，《最高人民法院关于适用〈中华人民共和国民事诉讼法〉的解释》第九十条规定，当事人对自己提出的诉讼请求所依据的事实或者反驳对方诉讼请求所依据的事实有责任提供证据加以证明，但法律另有规定的除外。在作出判决前，当事人未能提供证据或者证据不足以证明其事实主张的，由负有举证责任的当事人承担不利的后果。

在对因果关系进行认定时，不但要根据原告所举的证据判断是否成立因果关系，还要全面分析原告提供的证据是否必然导致损害结果的发生。如认定被告的行为与原告所受损害存在事实上的因果关系，则认定二者之间因果关系成立；如客观事实上，被告的行为并非原告所受损失的原因，则二者之间不存在因果关系，侵权责任的认定到此即可，除非法律另有特殊规定。法官审查时应把重点放在对原告主张导致损害事实发生的被告行为进行符合证据规则的判断，从而判断因果关系是否成立。具体到本案，受害人薛某某的亲属薛某甲等人认为下原镇政府作为道路管理人，应承担相应的民事赔偿责任，除了要举证证明下原镇政府在道路的维护、管理上存在瑕疵外，还要举证证明该瑕疵行为与薛某某摔倒死亡之间存在因果关系。审理中，薛某甲等人只是举证证明了第一层面，也就是只是证明了下原镇政府的管理瑕疵，未能举证证明第二层面，即薛某某车辆翻倒确系路面坑洼所致，单纯是基于路面存在坑洼就直接推断薛某某的摔倒死亡为路面坑洼所致，显然在因果关系的举证方面未能到位。另外，对于本案事发时的情形也要进行深入分析，因当时天气晴好、视线较佳，并且事故现场路面坑洼处与薛某某摔倒的位置之间存在一定的距离，故综合判断，薛某某车辆翻倒至其死亡不能排除下列原因所致，如车况问题、驾驶技术问题、个人健康问题等，亦或是多种因素的结合。因此，路面存在坑洼与薛某某三轮车翻倒两个客观事实之间并非具有必然的因果关系，故依据证据规则不能认定下原镇政府的道路管理瑕疵与薛某某所受损害与之间存在因果关系。

编写人：江苏省如皋市人民法院　张蓉蓉

35

《最高人民法院关于人身损害案件适用法律若干问题的解释》第三十二条的性质及适用

——王某诉向某等身体权案

【案件基本信息】

1. 裁判书字号

重庆市云阳县人民法院（2016）渝0235民初字第323号民事判决书

2. 案由：身体权纠纷

3. 当事人

原告：王某

被告：向某、陈某、楚某某、周某某、张某

【基本案情】

1994年5月31日晚，王某一家三口在云阳县云阳镇广场乘坐向某的出租三轮车回家，行至省养路段前，向某不愿开车去环城路，让王某一家人下车，并称不要车费，二人为此发生争执，王某抓扭向某并掀车，被其妻子胡某某和案外人杨某某拉开。向某驾车返回广场，向另一位三轮车司机方某讲述了此事，二人找到王某理论，胡某某为平息矛盾，提出补缴车费，被王某拒绝，并抓扭向某，被在场群众劝解。当晚向某找到楚某某诉说此事，请其帮忙报复，后其二人找到杨某某，打听到王某的姓名和单位，楚某某又邀约周某某、张某、陈某。次日上午9时许，楚某某、周某某、张某、陈某来到王某工作单位，将其从办公室喊出，对其拳打脚踢。经万县市法医学会鉴定：王某损伤程度系重伤，伤残程度一级。1995年4月12日，云阳县人民法院作出（1995）云刑初字第51号刑事判决书：被告人楚某某犯故意伤害罪，判处有期徒刑四年；被告人向某犯故意伤害罪，判处有期徒刑三年，缓刑四年。王某同时提起民事诉讼，云阳县人民法院于同日作出（1995）云民初字第131号民事判决书：楚某某自愿赔偿王某20000元（已付清）；向某自愿赔偿王某35888.67元（已付清）；陈某赔偿王某经济损失5500元；周某某赔偿王某经济损失5500元；张某赔偿王某经济损失5500元。王某于2015年4月29日向法院起诉，经法院委托，渝东司法鉴定中心对王某的伤残等级及护理依赖进行鉴定，渝东司法鉴定中心作出渝东司鉴中心（2015）临鉴字第1196号鉴定意见书，被鉴定人王某的伤残等级系二级伤残；被鉴定人王某因胸4平面非横贯性脊髓损伤致双下肢截瘫，其大部分日常生活不能自理，需依赖护理。王某于2015年12月2日以需要收集证据为由向法院申请撤诉，获法院准许。后王某于2016年1月13日再次向法院起诉，要求判决向某、陈某、楚某某、周某某、张某（以下简称向某等5人）连带赔偿护理费、辅助器具费、残疾赔偿金、鉴定费、交通费、生活费等共计520393元，庭审中王某向法院书面提出放弃残疾赔偿金226323元的诉讼请求。

【案件焦点】

1. 本案是否适用《最高人民法院关于审理人身损害赔偿案件适用法律若干问题的解释》（以下简称《人身损害赔偿解释》）第三十二条的规定；2. 王某主张的护理费、残疾辅助器具费、鉴定费、交通费、伙食费是否合法，向某等5人应如何承担责任。

【法院裁判要旨】

重庆市云阳县人民法院经审理认为：《人身损害赔偿解释》第三十二条的规定，

属于因受害人原来获得的残疾赔偿金、护理费等确定的二十年赔偿期限已满，现受害人继续生存的，为维持其生存和生活，可能还要继续发生相关费用而提起的诉讼，该诉讼属于法律法规赋予的权利人新的诉权，属于一个新的诉讼。我国现行法律对人身损害赔偿采取的是定型化赔偿模式，此种模式在具体操作中可能会因为个体差异而具有不确定性，故赋予差异个体再次起诉的权利，有利于消除此种定型化赔偿模式带来的不利因素，更加全面、合理、公正地保护当事人的权利。因此，赔偿权利人向法院主张超过判决书、调解书确定期限后的残疾赔偿金、护理费、残疾辅助器具费用时，即具备了起诉的要素，同时也具备了请求人民法院行使审判权以保护其权利的诉权，只要该起诉符合《中华人民共和国民事诉讼法》第一百一十九条之规定，人民法院应予受理，并依法予以审查、作出裁判。本案原告虽然在1995年获得了民事赔偿，但当时是参照《道路交通事故处理办法》的规定对其损失作出的判决，仅对已实际发生或法定期限内可能发生的残疾赔偿金、护理费、残疾辅助器具费等费用进行了处理，而未对赔偿期限届满后继续产生的相关赔偿费用进行处理，故王某向法院提起诉讼符合法律规定，应当适用《人身损害赔偿解释》第三十二条的规定作出裁判。

护理费根据护理人员的收入状况和护理人数、护理期限确定。护理期限应计算至受害人恢复生活自理能力时止。经鉴定，王某大部分日常生活不能自理，需依赖护理。主张护理费按100元/天计算符合本地实际，予以认可；根据《人身损害赔偿解释》第三十二条“赔偿权利人确需继续护理、配置辅助器具，或者没有劳动能力和生活来源的，人民法院应当判令赔偿义务人继续给付相关费用五至十年”的规定及王某的伤残等级，结合其身体状况，酌定王某的护理期限为8年，即其护理费为233600元（100元/天×365天×8年×80%）。

残疾辅助器具费按照普通适用器具的合理费用标准计算。王某因胸4平面非横贯性脊髓损伤致双下肢截瘫系二级伤残，其主张需要借助轮椅行走符合客观实际，其主张配备普通轮椅800元/台符合实际，予以支持；其主张十年配备五台轮椅共计4000元偏高，根据其实际情况，酌情确认其残疾辅助器具费为2400元（800元/台×3台）。

王某主张的鉴定费、交通费、伙食费不属于《人身损害赔偿解释》第三十二条规定的赔偿范围，且该费用系王某重新鉴定产生的相关费用，根据《中华人民共和国民事诉讼法》第六十四条第一款，“当事人对自己提出的主张，有责任提供证据”，因该费用系王某为证明其主张的举证责任所支出，故对其因鉴定产生的鉴定费、交通费、伙食费，不予支持。综上，确认王某的损失为：护理费 233600 元、残疾辅助器具费 2400 元，共计 236000 元。

综上所述，公民生命权、健康权受法律保护，任何人不得侵犯。公民因生命、健康、身体遭受侵害，可以请求赔偿义务人赔偿损失。向某等 5 人共同致伤王某，使其构成二级伤残，下肢瘫痪，其工作、生活均受到严重影响，应当赔偿王某的损失。根据《中华人民共和国侵权责任法》第八条“二人以上共同实施侵权行为，造成他人损害的，应当承担连带责任”的规定，向某等 5 人系共同致伤王某，应当承担连带责任。

重庆市云阳县人民法院依照《中华人民共和国侵权责任法》第六条、第八条，《人身损害赔偿解释》第二十一条、第二十六条、第三十二条，《中华人民共和国民事诉讼法》第六十四条第一款、第一百四十四条之规定，作出如下判决：

一、向某、陈某、楚某某、周某某、张某在本判决生效后十日内连带赔偿王某护理费、残疾辅助器具费共计 236000 元；

二、驳回王某的其他诉讼请求。

【法官后语】

本案的处理涉及以下三方面的问题：

第一，《人身损害赔偿解释》有无溯及力。原则上法不溯及既往，该解释也明确规定只适用于 2004 年 5 月 1 日后新受理的一审人身损害赔偿案件，因此，该解释不具有溯及既往的效力，故对于 2004 年 5 月 1 日前受理的案件不适用该解释。

第二，《人身损害赔偿解释》第三十二条是否赋予权利人新的诉权。侵权的赔偿原则为实际损失原则，即让受害者受到的实际损失得到充分的赔偿。在该解释出台之前，人民法院在审理人身损害赔偿案件时，对于损害赔偿的范围及标准一般参照 1991 年 9 月 22 日施行的《道路交通事故处理办法》认定。但该办法规定的标准偏低，显然难以弥补受害者的实际损失。为弥补定型化赔偿模式之不足，《人身损害赔偿解释》通过第三十二条的规定确立了一次损害多次请求的原则。权利人在超过确定的赔偿期限之后，其受损状态持续存在，针对超过确定赔偿期限之后的损失，权利人可请求法院判决给付，实际上是赋予了权利人新的诉权，属于一个新的诉讼。故本案不违反一事不再理原则，亦符合受理条件。

第三，关于权利人的赔偿范围和标准。《人身损害赔偿解释》严格限定了继续赔偿的范围，即只能赔偿残疾赔偿金、护理费及配制辅助器具的费用；限定了赔偿的年限，即五年至十年；同时限定了赔偿条件，法院需要审查权利人的生存状态，确需继续赔偿或者没有劳动能力和生活来源的才能获得赔偿。当然，对于具体项目的赔偿标准法院可以根据权利人的生活状况、当地的生活水平、侵权人的经济状况等实际情况予以调整。

综上，本案从《人身损害赔偿解释》第三十二条的性质及立法原意分析，结合王某因受到伤害导致严重残疾、生活不便的现实情况，基于法律保护弱者和公平合理的原则，判决支持了王某关于赔偿期届满后为维持生存和生活所需的护理费、残疾辅助器具费等赔偿请求。

编写人：重庆市云阳县人民法院 陈茂 覃辉

36

未婚先孕引发侵权女方应否承担相应责任

——韦某君诉苏某康健康权案

【案件基本信息】

1. 裁判书字号

广西壮族自治区南宁市江南区人民法院（2016）桂0105民初字第2386号民事判决书

2. 案由：健康权纠纷

3. 当事人

原告：韦某君

被告：苏某康

【基本案情】

2013 年 4 月，韦某君（女）与苏某康（男）相识，并于次月确立恋爱关系。2015 年 7 月，双方开始同居，同年 12 月韦某君怀孕。

韦某君怀孕后，苏某康及其家人于2016 年2 月4 日至韦某君家中提亲，2 月 14 日双方家人商谈结婚事宜，次日下午2 时 20 分，苏某康向韦某君发送微信："这个婚我不结了。"自 2016 年 2 月 16 日零时三十分时起，苏某康开始拒收韦某君发送的微信消息，韦某君自此便联系不上苏某康，苏某康家人对其也拒之不理，韦某君因心理压力过大，于 2 月 16 日至医院要求终止妊娠，并于 2 月 18 日住院，2 月 21 日自然娩出一死婴，次日出院。2016 年 6 月，韦某君以苏某康侵犯其性权利为由起诉至法院，要求苏某康赔偿医疗损失及支付精神损害赔偿。苏某康认为，在恋爱中双方作为完全民事行为能力人，对各自行为以及后果有着清楚的判断辨别能力，应当为自己的行为承担相应责任。

【案件焦点】

苏某康对韦某君未婚先孕并最终终止妊娠是否应承担部分责任。

【法院裁判要旨】

广西壮族自治区南宁市江南区人民法院经审理认为：自然人依法享有的健康权受法律保护，对健康权的侵害构成民事侵权，侵权责任人应当承担相应的民事责任。

本案中，韦某君、苏某康双方在自由恋爱期间同居，并致韦某君婚前受孕，此系双方自由意志下的自我选择，但韦某君婚前受孕系以双方婚姻之缔结为重要的考量基础。在韦某君、苏某康双方及其家人商谈确定婚约的过程中，对于发生的一些争议，应以加强沟通或其他方式妥善处理和化解。而苏某康在明知韦某君怀孕的情况下，径直拒绝缔结婚姻并隔绝沟通渠道，且无任何善后措施和积极行动。诚然，婚姻自由是自然人的一项基本权利，但婚姻自由是相对的，不是绝对的，婚姻自由须以遵守法律、符合社会道德和公序良俗为条件，以承担和履行一定的义务与责任为前提。苏某康决定与韦某君不予缔结婚姻关系的行为本身，并非法律所需强制干涉的内容，苏某康所应受以苛责的，是其以自身行为导致韦某君受孕且决定不予结婚后，未能承担其应承担之责任，履行其应履行之义务。苏某康以作为方式致韦某君受孕在前，又以不作为方式未履行其义务在后，苏某康之种种作为与不作为，对韦某君最终选择终止妊娠及由此引发的对健康的伤害具有过错及相当因果关系，根据《中华人民共和国侵权责任法》第六条第一款“行为人因过错侵害他人民事权益，应当承担侵权责任”之规定，苏某康应当承担相应的民事责任。

就韦某君来说，虽然其基于缔结婚姻之考量而与苏某康同居并受孕，且因苏某康之种种作为与不作为受有伤害，但其作为完全民事行为能力人，亦应就其自由意志支配下的行为选择承担相应责任。韦某君在婚前自愿与苏某康同居并自愿受孕，虽亦受苏某康行为之影响，但同时亦未慎重考虑未婚先孕所可能带来之不利后果。此后，在苏某康作出不同意缔结婚姻关系的决定后，韦某君作为享有生育权的一方主体，既享有决定生育的权利，亦享有决定不生育的权利。虽然，韦某君基于苏某康不同意缔结婚姻关系的决定作出不生育的选择，符合一般社会民众在此情况下的基本观念，但对于终止妊娠，毕竟是韦某君的决定和自我选择。根据《中华人民共和国侵权责任法》第二十六条“被侵权人对损害的发生也有过错的，可以减轻侵权人的责任”之规定，并结合韦某君、苏某康的过错程度，双方过失与损害结果的因果关系、原因力和参与度的种种情形，对韦某君损失，应减轻侵权人30%的赔偿责任。

对于韦某君诉请的精神损害抚慰金，法院认为，对健康权的侵害，不仅包括生理健康，还包括心理健康。基于上文所述，苏某康的过错及其行为，不仅对韦某君的身体造成了一定的伤害，同时也使得韦某君的精神遭受了巨大的痛苦，韦某君请求精神损害抚慰金，应予支持。但应根据本案具体情节、给韦某君造成的伤害后果以及韦某君和苏某康对该伤害后果存在的过错等情况，结合法院所在城市的平均生活水平，酌情减轻苏某康的责任比例。

广西壮族自治区南宁市江南区人民法院依照《中华人民共和国侵权责任法》第二条、第六条、第二十六条，《最高人民法院关于审理人身损害赔偿案件适用法律若干问题的解释》第十九条、第二十条、第二十二条，《最高人民法院关于确定民事侵权精神损害赔偿责任若干问题的解释》第十条第一款，《中华人民共和国民事诉讼法》第六十四条之规定，作出如下判决：

一、苏某康向韦某君赔偿医疗费3147.55元；

二、苏某康向韦某君赔偿交通费106.4元；

三、苏某康向韦某君赔偿误工费1750元；

四、苏某康向韦某君赔偿精神损害抚慰金12000元；

五、驳回韦某君的其他诉讼请求。

【法官后语】

本案处理重点主要在于对侵权责任的划分，其依据是《中华人民共和国侵权责任法》第二十六条“被侵权人对损害的发生也有过错的，可以减轻侵权人的责任”的规定。

本案的特殊意义，在于其审理方式和此类纠纷的起因给社会和个人的启示。

1. 本案的审理采取了“1名法官+4名人民陪审员”的“大合议庭”，此举在南宁市法院系统中尚属首次，在广西壮族自治区内民商事案件审判中亦无先例。此次采用“大合议庭”的模式，主要考虑以下几个方面因素。首先，本案是一起典型的因未婚先孕而引发的侵权案件，当今社会未婚先孕的现象越来越普遍，但因侵权走到诉讼阶段的案例却并不多见，考虑到该案的典型意义，对日后该类案件判决的参考意义及该案的社会导向性等，决定采用“大合议庭”模式；其次，在庭前阅卷阶段，承办法官发现该案较为疑难复杂，在咨询其他法官和陪审员意见时，发现大家对于该案的意见分歧较大，基于审慎的考虑，采用“大合议庭”模式，可以更为广泛地听取不同角度的意见；最后，由于担心女方心理波动造成其他影响，本案两名陪审员都具有专业的心理咨询师资格，由其对女方进行封闭心理辅导，并经征求其意见后才决定宣判。

2. 妇女作为完全民事行为能力人，对自身行为都有独立判断的能力，对于在有意或无意间所放弃的自身权利，与其所引发的结果，具有过错及相当因果关系的，其也应承担相应的民事责任。针对该案来说，其一，男方和女方间产生了婚前性行为，该行为系基于其双方自我意志决定的选择，属于当事人个人私生活范畴，并非法律调整的对象，本案是由于婚前性行为而产生了后续的人身、财产纠纷，男女双方都应为其自己的行为承担相应的民事责任。故对于婚前性行为，男女双方特别是女方应进行慎重考虑，要权衡自身行为给家庭、个人乃至子女可能带来的后果。其二，对于终止妊娠来说，主要还是由女性自身意志所决定的，女性在决定该行为时应综合考虑自身身体状况、医生意见、家人建议等因素再行决定，而不能如本案女方在心情低落时冲动作出相关决定。故女性应提升对于自身权利的认识，提高自我保护的意识。

编写人：广西壮族自治区南宁市江南区人民法院　吴赟炜

37

侵权案件中如何运用过失相抵原则

——梅某诉薛某某健康权案

【案件基本信息】

1. 裁判书字号

新疆生产建设兵团第八师中级人民法院（2016）兵08民终字第585号民事判决书

2. 案由：健康权纠纷

3. 当事人

原告（被上诉人）：梅某

被告（上诉人）：薛某某

【基本案情】

2013年10月31日15时许，在通往一四一团十三连居民区的小路上（南北走向），梅某与同事受电信公司的指派，在路西侧架设伸缩梯抢修被刮断的悬空电缆线（东西走向）。为了锻炼作为新手的梅某，由梅某爬梯子进行施工作业，代某某、任某在下边两侧扶梯子。其间，薛某某驾驶大运牌二轮电动车由南向北行驶回连队，在经过梅某作业的梯子时，电动车不慎挂住了梯子上的白色尼龙绳，车子失去平衡摇摆不定，代某某松开扶梯子的一只手去扶电动车，还没扶到电动车便倒了，梯子顺势被拉倒。在梯子上作业的梅某掉落在路边的林带受伤，代某某等人立即将梅某送往一四一团医院进行抢救，薛某某垫付了抢救费2000元。当天，梅某转至石河子大学第一附属医院住院治疗，主要诊断为腰1椎体爆裂骨折，于11月21日出院。梅某此次住院治疗支出医疗费35014.45元。

2015年4月20日至27日，梅某到石河子大学第一附属医院第二次住院治疗，住院7天，支出医疗费8562.36元。2015年9月8日，梅某委托新疆中信司法鉴定中心对其伤情进行鉴定，该鉴定中心鉴定意见：伤残程度为九级，误工期240日，护理期120日，营养期120日。梅某支出鉴定费2400元。梅某作业时未取得特种作业操作证，未采取安全防护措施，未设置安全警示标志。梅某两次住院的医疗费已由工伤保险机构进行赔偿。

【案件焦点】

1. 本案的责任比例如何划分；2. 本案中误工期、住宿费、残疾赔偿金标准、精神抚慰金如何确定。

【法院裁判要旨】

新疆生产建设兵团下野地垦区人民法院经审理认为：薛某某驾驶电动车在途经梅某作业现场时，未尽到谨慎的安全行驶义务，不慎挂到作业梯子上的绳子，继而将梯子拉倒致伤梅某。梅某的损害后果和薛某某的行为存在因果关系，且薛某某存在过错，故薛某某行为构成侵权，应承担侵权责任。薛某某以电动车未碰到梯子为由进行抗辩，认为梅某受伤与其无关，该抗辩与薛某某在北野地派出所作的笔录相互矛盾，故不予采纳。根据安全生产法的规定，梅某作为从业人员，在作业过程中，应严格遵守本单位的安全生产规章制度和操作规程，服从管理，正确佩戴和使用劳动防护用品。但其作业时未取得特种作业操作证、未采取安全保障措施、未设置安全警示标志，即梅某未尽到安全注意义务，对于损害的发生也有一定的过错，故应当减轻侵权人的责任。综合各方面因素分析事故发生的原因力，认定薛某某没有谨慎驾驶的行为是事故发生的主要原因，其过错较大，应承担主要侵权责任。梅某防护措施不到位的行为是事故发生的次要原因，应承担事故次要责任。根据双方的过程程度及原因力的大小，薛某某应承担60%的责任，梅某应自担40%责任。

新疆生产建设兵团下野地垦区人民法院依照《中华人民共和国侵权责任法》第六条、第二十六条，《中华人民共和国安全生产法》第五十四条，《中华人民共和国劳动法》第五十五条、第五十六条，《最高人民法院关于审理人身损害赔偿案件适用法律若干问题的解释》第二十条、第二十一条、第二十二条、第二十三条、

第二十四条、第二十五条，《最高人民法院关于确定民事侵权精神损害赔偿责任若干问题的解释》第十条之规定，作出如下判决：

一、薛某某赔偿梅某残疾赔偿金、误工费、护理费、营养费、住院伙食补助费、交通费、鉴定费、住宿费等各项损失共计96532元，于本判决生效后十日内付清；

二、薛某某赔偿梅某精神抚慰金5000元，于本判决生效后十日内付清；

三、驳回梅某的其他诉讼请求。

薛某某提起上诉。新疆生产建设兵团第八师中级人民法院经审理认为：关于本案的责任比例如何划分的问题。薛某某认为其只应当承担本案30%的赔偿责任。法院认为，电动车驾驶人应当尽到安全行驶义务，薛某某在驾驶电动车通行过程中，未尽谨慎驾驶注意义务，作为驾驶人的薛某某导致电动车挂到梅某作业梯子上的绳子，从而引发梯子倾倒使梅某受伤的法律后果，薛某某存在过错，应当承担相应民事责任。梅某在进行高空作业时未采取安全防护措施，未设置安全警示标志，存在过错，应当减轻薛某某的责任。但梅某一方的过错尚不足以单独引发本案事故，引发本案事故的直接原因是薛某某的侵权行为，即没有薛某某未尽谨慎驾驶注意义务的外力作用，本案事故不会必然发生，薛某某过错较大，原判决关于双方当事人责任比例的认定符合本案的客观事实和法律规定，并无不当。关于本案中误工期、住宿费、残疾赔偿金标准、精神抚慰金如何确定的问题。误工期的认定在实践中可以区分为手术治疗与非手术治疗，梅某腰椎受伤两次住院手术治疗，第二次住院治疗是取出骨折术后内固定装置，鉴定意见书认定误工期240日，原判决调整为200日并无不当。关于住宿费，薛某某未提供证据反驳，其应当承担相应费用。关于残疾赔偿金标准，梅某住所地位于石河子市北泉镇，其为电信公司石河子市分公司员工，适用城镇居民标准确定残疾赔偿金数额符合法律规定。根据赔偿精神损害抚慰金需考虑的因素，原判决确定薛某某赔偿梅某精神损害抚慰金5000元与本案的客观事实较为符合。

新疆生产建设兵团第八师中级人民法院依照《中华人民共和国民事诉讼法》第一百七十条第一款第（一）项，《最高人民法院关于适用〈中华人民共和国民事诉讼法〉的解释》第三百三十四条之规定，作出如下判决：

驳回上诉，维持原判。

【法官后语】

我国《民法通则》第一百三十一条规定，受害人对损害的发生也有过错的，可以减轻侵害人的民事责任。该条款首次提出了我国的过失相抵原则。《最高人民法院关于审理人身损害赔偿案件适用法律若干问题的解释》第二条对过失相抵原则的适用范围、标准等进行了解释，初步完成了我国过失相抵原则的构建。《中华人民共和国侵权责任法》第二十六条则延续了上述法律与司法解释的规定，明确“被侵权人对损害的发生也有过错的，可以减轻侵权人的责任”。

需要明确的一点是，“过失相抵”只是一种形象的说法，并非指将受害人和加害人的过失相互抵消，而是指比较受害人与加害人的过失程度大小，从而确定民事责任的范围。各国侵权法普遍将过失相抵原则作为减轻或者免除责任的法定事由，只是在称谓上有所不同。

过失相抵原则的法理基础源自责任自负原则和公平理念。行为人不能将由于自己故意或者过失而导致的损害转嫁给别人承担。行为人应当对自己的行为负责，如果行为人要为他人的过错而承担责任，明显违背最基本的公平理念。

根据过失相抵原则，行为人因过错损害他人合法权益的，应当承担侵权责任；受害人对损害的发生也存在过错的，可以减轻侵权人的责任。在受害人也存在过错的侵权案件中，对于双方承担责任的比例如何认定，是审判实践中的一个难点。笔者认为，应综合考虑双方的主观过错与客观行为原因力以确定责任的分担。即在考虑损害发生原因的同时，亦考虑双方过错的大小。本案中，事故的发生主要是由薛某某引起的，但梅某也存在过失，因此，薛某某应承担主要责任，梅某负次要责任。

编写人：新疆生产建设兵团下野地垦区人民法院　张伟伟

38

因果关系及过错的举证责任分配

——董某诉某某大学生命权、健康权、身体权案

【案件基本信息】

1. 裁判书字号

北京市第一中级人民法院（2016）京01民终字第6862号民事判决书

2. 案由：生命权、健康权、身体权纠纷

3. 当事人

原告（上诉人）：董某

被告（被上诉人）：某某大学

【基本案情】

董某系某某大学2012级的学生，于2012年9月入学，居住在527宿舍的一张高低床的上铺。2013年1月1日11时许，董某从上铺下床时，不慎从竖梯跌落至地面摔伤。当日，董某前往北京大学第三医院进行检查，影像诊断为“T12椎体压缩骨折”。董某于2013年1月6日至11日在北京大学第三医院第一次住院治疗行切开复位内固定术，于2014年7月15日至22日第二次住院治疗行内固定物取出术。

董某于2015年7月17日与某某大学的老师及相关人员对此事进行协商时，某某大学表示董某及其家长分别于2013年2月26日、2015年5月21日提交过请求处理伤害的申请。2015年12月22日，董某向法院提起诉讼。

案件审理过程中，法院组织双方当事人到事发时董某的宿舍及校内其他宿舍进行现场勘验。事发后，董某所用的床铺安装了拱形扶手，并用铆钉加固。其他宿舍内同类型的部分床铺存有扶手，部分床铺的扶手已在使用过程中被拔出，亦未安装新的扶手。

【案件焦点】

某某大学提供的床铺上未安装拱形扶手，是否应对董某所受伤害承担侵权责任。

【法院裁判要旨】

北京市昌平区人民法院经审理认为：身体受到伤害要求赔偿的诉讼时效为一年。诉讼时效期间从知道或者应当知道权利被侵害时起计算。诉讼时效因提起诉讼、当事人一方提出要求或者同意履行义务而中断。从中断时起，诉讼时效期间重新计算。本案中，董某自2013年1月1日至2014年7月22日均在接受治疗，直至2014年7月22日病情稳定出院，此时董某因受伤而发生的损失才处于较为确定的状态，故诉讼时效期间应从2014年7月22日起算。根据董某提交的录音证据，某某大学的相关人员认可董某分别于2013年2月26日、2015年5月21日提交过请求处理伤害的申请，故诉讼时效在2015年5月21日中断，并应从此时重新计算。董某于2015年12月22日起诉并未超过诉讼时效，故某某大学主张董某主张权利已超过诉讼时效，依据不足，不予采信。

本案的争议焦点为某某大学提供的床铺上未安装拱形扶手，某某大学是否应对董某本次所受伤害承担侵权责任。一般侵权责任包括以下构成要件：加害行为、损害后果、因果关系、过错。首先，关于某某大学是否实施了加害行为一节，董某居住的床铺为高低床，《GB/T3328－1997家具床类主要尺寸》中规定，高低床的安全护栏高度要大于等于20厘米，护栏和床头之前的缺口应在50～60厘米，而对于高低床是否应安装拱形扶手没有相关的国家标准和行业标准；在实际生活当中，未安装拱形扶手的高低床在各高校亦较为普遍，仅以高低床未安装拱形扶手的情况难以认定某某大学提供的床具存在安全隐患。其次，董某于2012年9月入学，入学时其所住的床铺就没有拱形扶手，而事发时董某已在宿舍居住四个月之久，在此期间董某均能安全地上下床，并未因没有拱形扶手这一事实而发生任何危险。对于此次事故的发生与没有拱形扶手之间是否存在因果关系，董某未能提供相应证据予以证明，亦未提出充分合理的逻辑推断，故因果关系亦无法推定成立。综上，因不符合一般侵权责任的构成要件，故某某大学不应对董某所受伤害承担侵权赔偿责任。董某基于要求某某大学承担侵权赔偿责任而提出的伤残等级、护理及营养期限鉴定申请，亦不予准许。

北京市昌平区人民法院依照《中华人民共和国民法通则》第一百三十六条、第一百三十七条、第一百四十条，《中华人民共和国侵权责任法》第六条，《中华人民共和国民事诉讼法》第六十四条之规定，作出如下判决：

驳回董某的诉讼请求。

董某持原审起诉意见提起上诉。北京市第一中级人民法院经审理认为：本案为一般侵权类案件。《最高人民法院关于民事诉讼证据的若干规定》第二条规定，当事人对自己提出的诉讼请求所依据的事实或者反驳对方诉讼请求所依据的事实有责任提供证据加以证明。没有证据或证据不足以证明当事人的事实主张的，由负有举证责任的当事人承担不利后果。董某要求某某大学对其摔伤的损害后果承担责任，应提供相应的证据予以证明。根据一般侵权责任的构成要件，虽然本案存在损害后果，但董某未提供证据证明其损害后果与某某大学具有因果关系及某某大学具有何种过错。董某系自己从上铺下来时摔伤，某某大学未实施侵害行为，而现行法律法规对于董某所住类型床铺是否必须安装拱形扶手未作强制性规定，因而某某大学不具有主观过错。董某系成年人，且使用此床铺已有数月，其自身应尽到谨慎的注意义务，对于此摔伤事件，应自行承担责任。据此，对董某的上诉理由，不予采信。

北京市第一中级人民法院依照《中华人民共和国民事诉讼法》第一百七十条第一款第（一）项之规定，判决如下：

驳回上诉，维持原判。

【法官后语】

本案涉及侵权责任的举证责任分配问题。一般侵权责任包括以下构成要件，即加害行为、损害后果、因果关系、过错。对于行为人实施的行为是否构成一般侵权行为，应由主张一方举证证明符合上述构成要件，方可认定行为人应承担侵权责任。

对于上述构成要件中的因果关系，应依据一般的社会经验和认知水平的标准，行为人的行为存在导致损害后果发生的可能性，并实际引起了损害后果的发生，即认为行为与结果之间具有因果关系。对于过错，包括故意和过失，是行为人通过实施了违反法律的行为所表现出来的主观状态。因果关系及过错作为一般侵权的构成要件，应由主张的一方举证予以证明。

本案中，董某从宿舍的床上摔下，由此发生了损害后果，但对于某某大学实施了侵害行为、侵害行为与损害后果之间存在因果关系以及某某大学具有过错方面均未提供任何证据予以证明。因董某未能举证证明某某大学提供床铺的行为符合一般侵权的构成要件，故判决驳回了董某的诉讼请求。

关于因果关系及过错举证责任负担问题，根据“谁主张，谁举证”的证据规则，应由主张一方承担举证责任。但对于举证的程度，从侵权责任法的立法导向以及民事诉讼法的相关规定综合考量，对于主张一方的举证责任不宜过重。笔者认为，作为原告应从主观状态及客观行为上举证证明以下四点：行为人具有相应的行为能力、行为人实施了加害行为、法律对行为的客观行为具有否定评价、行为人的行为存在导致损害后果发生的可能性。原告出示初步证据证明存在上述情形后，即应认为原告完成了举证责任，之后举证责任则转移至被告，被告应证明存在相应的抗辩情形。合理分配双方之间的举证责任，可以充分保护受害人的合法权益，实现双方之间的利益平衡，维护公平正义。

编写人：北京市昌平区人民法院　曹元元

39

已超过最长诉讼时效期间，当事人主张存在延长诉讼时效特殊情况的应当严格把握

——黄某诉北京铁路局铁路运输人身损害责任案

【案件基本信息】

1. 裁判书字号

北京市第四中级人民法院（2016）京04民终字第64号民事判决书

2. 案由：铁路运输人身损害责任纠纷

3. 当事人

原告（上诉人）：黄某

被告（被上诉人）：北京铁路局

【基本案情】

1995年9月6日，黄某在北京铁路局所属唐山南站交大道口与运行至此的作业车相剐撞，黄某因此受伤，后被送至医院救治，自1995年9月至1997年4月共住院589天。

路外伤亡事故的处理决定记载：责任者黄某应承担被撞伤的全部经济费用。唐山南站为体现党对伤者黄某的关心，在处理决定之日起至黄某到法院起诉期间担负其月基本生活费500元，如其对处理决定不服或有异议，可依法向法院起诉。黄某在该决定上签字并写下“责任者不是我，怪南站，每月伍佰元生活费，我不同意”字样。

关于黄某问题的非责任路外伤害事故终极处理决定记载：2000年5月11日，唐山南站安全室、唐山南站公安派出所与伤者黄某共同商定，由车站给予黄某一次性生活救助费共计7000元，作为诉讼费，由当事人黄某在2000年5月11日至2001年5月11日一年内就路外伤害一事到法院起诉。2001年5月11日以后，唐山南站不再承担除法院判决外的伤者黄某的任何费用。唐山南站在已为黄某提供7000元诉讼费的情况下，为在诉讼时效内彻底了结这一长达7年的路外伤害事故的纠缠，由唐山南站公安派出所协调有关单位与其协商，终结性暂借给黄某残后生活救助费等项共计15000元，但其必须履行以下保证：1. 如黄某对铁路唐山南站事故处理委员会决定不服或者有异议，可依法向有关法院提起诉讼，不得再与唐山南站纠缠。该决定落款处有黄某签字并捺印。黄某于2002年8月15日出具了《收条》。2013年7月，黄某强行入住唐山南站运转车间。

释放证明书记载：黄某因强奸（未遂）、故意伤害罪于2004年2月25日经河北省唐山市南区人民法院判处有期徒刑8年6个月。服刑期间，减刑1次，减刑6个月，实际执行刑期8年。现因刑满予以释放。落款日期为2011年5月29日。

对于诉讼时效问题，黄某表示，其曾在监狱服刑，且身有残疾，应属于特殊情况。黄某就本案诉讼时效期间问题未提交任何证据。经法庭询问，黄某表示其第一次来法院就本案所涉纠纷申请立案的时间为2015年11月。

【案件焦点】

黄某是否符合法律规定的延长时效的特殊情况。

【法院裁判要旨】

北京铁路运输法院经审理认为：本案诉讼时效应从1995年9月6日开始起算，黄某在法院立案时间为2016年1月26日，其陈述第一次来法院申请立案日期为2015年11月，上述日期均已超过二十年最长诉讼时效期间，且该期间不适用中止、中断的规定。黄某尽管在监狱服刑8年，但其已于2011年5月出狱，可在出狱后向法院主张权利，但其未举证证明截至2015年9月5日前就本案所涉事故曾向法院起诉，不属于延长最长保护期间的情形。黄某的诉讼请求已经超过了法律规定的诉讼时效，人民法院不予保护。

北京铁路运输法院依照《中华人民共和国民法通则》第一百三十七条，《最高人民法院关于贯彻执行〈中华人民共和国民法通则〉若干问题的意见（试行）》（以下简称《意见》）第一百六十九条、第一百七十五条，《中华人民共和国民事诉讼法》第六十四条第一款及《最高人民法院关于民事诉讼证据的若干规定》第二条之规定，作出如下判决：

驳回黄某全部诉讼请求。

黄某持原审起诉意见提起上诉。北京市第四中级人民法院经审理认为：黄某于1995年9月受伤，直至2016年1月才在法院起诉请求赔偿损失，此时距离其受伤时间已超过了法律规定的20年最长诉讼时效期间。对此，黄某既不能举证证明其在最长诉讼时效期间内曾就本案事故损害向法院起诉，亦不能证明其符合法律规定的可以延长诉讼时效期间的特殊情况。一审法院关于其诉讼请求已经超过法律规定的诉讼时效不予保护的认定和处理，并无不当。

北京市第四中级人民法院依照《中华人民共和国民事诉讼法》第一百七十条第一款第（一）项之规定，作出如下判决：

驳回上诉，维持原判。

【法官后语】

在司法实践中，对于超过最长诉讼时效期间的延长时效特殊情况的认定，应严格把握，不能失之宽松，更不能随意自由裁量。虽然《意见》未以列举方式对“特殊情况”明确加以规定，但从立法目的出发，这一救济必须严格限定在确实存在不依人的意志为转移的“客观障碍”上，超出这一范围的情形，其权利自不在救济范围之列。本案中，黄某于1995年9月受伤，直至2016年1月才在法院起诉请求赔偿因受伤致残的各项损失，此时距离其受伤时间已经超过20年最长诉讼时效期间，其权利依法不能得到保护。黄某主张其曾入狱8年，且身体残疾，属于《意见》规定的“特殊情况”，法院认为该主张不能成立。首先，在1995年事故发生后至其2004年2月入狱前长达8年多的时间里，且在北京铁路局考虑其生活困难，已给付其7000元作为诉讼费和15000元生活救助费，并告知其如不服事故处理委员会处理决定可依法向法院起诉的情况下，黄某仍未提起损害赔偿之诉；其次，尽管黄某在监狱服刑8年，但也并不必然妨碍其依法行使诉权，虽然其人身自由依法受到限制，但其起诉维护自身合法民事权益的权利并未被剥夺，其可以委托近亲属等依法提起赔偿之诉；最后，黄某于2011年5月出狱后至2015年9月最长诉讼时效期间届满的长达4年多时间里，仍然有充分时间可以行使诉权，但黄某不仅没有依法提起诉讼，反而违法强行入住唐山南站运转车间，扰乱正常生产生活秩序，其主观上怠于依法行使诉权的故意是显而易见的。综上可以看出，黄某未在法定最长诉讼时效期间内起诉，并非存在客观上难以逾越的障碍，即不存在《意见》所规定的特殊情况，其未行使诉权完全是怠于行使权利所致，故不符合延长时效的法定条件，法院因此驳回其全部诉求。

编写人：北京市第四中级人民法院　李军

二、名誉权纠纷

40

新闻报道内容失实的程度和侵权认定

——黄某某诉中国中央电视台等名誉权、肖像权案

【案件基本信息】

1. 裁判书字号

北京市第一中级人民法院（2016）京01民终字第3512号民事判决书

2. 案由：名誉权、肖像权纠纷

3. 当事人

原告（上诉人）：黄某某

被告（被上诉人）：中国中央电视台（以下简称中央电视台）、武威市公安局、凉州区公安局

【基本案情】

1. 涉案刑事案件情况。黄某某原系武威市疾病预防控制中心工作人员，2014年7月3日因涉嫌非法组织卖血罪被凉州区公安局刑事拘留，同月11日被逮捕。2014年9月5日，武威市凉州区人民检察院在起诉书中，就案件涉及的强迫卖血罪提出如下指控：2013年9月，武威武南兰生单采血浆有限责任公司工作人员黄某某为完成公司下达的血浆采集任务，以介绍初次献浆者每人次50元的介绍费为诱惑，授意被告人张某某寻找献浆者。2013年10月至2014年5月，被告人齐某某受张某某指使，给张某某提供成年人身份证件，黄某某为被迫献浆的未成年人冒用成年人

身份证件登记、体检提供便利条件。武威市凉州区人民法院于2014年10月21日就上述刑事案件作出（2014）凉刑初字第432号一审刑事判决，其中判决主文第二项为："被告人黄某某犯强迫卖血罪，判处有期徒刑七年，并处罚金1万元。"一审判决作出后，被告人张某某、黄某某等人不服，提出上诉。经武威市中级人民法院审理查明：黄某某作为一名血站工作人员和职业医师，在明知法律禁止非法组织卖血和禁止未成年人献血的情况下，先指使、利诱未成年被告人张某某为血站寻找献浆者，直接导致张某某犯意的产生和犯罪的实施，后其在明知张某某找来的献浆者为未成年人时，不仅未加制止，反而利用工作和职务之便为未成年人献浆提供便利条件，使被告人张某某强迫卖血犯罪得以完成。黄某某的教唆行为不仅直接引起未成年被告人张某某的犯罪故意，而且与张某某之间形成犯意联络，并在实施犯罪过程中相互配合、相互补充，其行为不仅是整个犯罪行为不可缺少的组成部分，而且与危害结果的发生具有法律上的直接因果关系。同时，黄某某教唆被告人张某某实施犯罪，从现有证据来看，其教唆的内容为非法组织他人卖血，而非强迫他人卖血，且未对未成年献浆者直接实施暴力、威胁手段，对被告人张某某的强迫卖血行为既不知情，亦不在场。故其行为符合非法组织卖血罪的构成要件。原判认定黄某某犯强迫卖血罪不当，应予纠正，应以非法组织卖血罪定罪处罚。武威市中级人民法院于2015年5月23日对该案作出终审判决，判决主文第二项为，"撤销武威市凉州区人民法院（2014）凉刑初字第432号刑事判决主文第二项，即对上诉人黄某某的定罪、处刑部分"，判决主文第三项为："上诉人黄某某犯非法组织卖血罪，判处有期徒刑四年，并处罚金10000元。"

2. 新闻节目采访、制作及播出情况。2014年8月18日，中央电视台《新闻1+1》栏目就甘肃省武威市发生的强迫未成年人卖血案进行了报道。节目在6分53秒至7分59秒，播放了栏目组制作的采集血浆流程漫画图板，用以向观众说明违反相关规定的血浆采集过程是如何完成的。结合该图板，节目提到血浆站副站长黄某某在整个过程中的三个关键环节发挥作用。就上述相关内容，为呈现信息来源的多样性，节目在11分49秒至12分01秒，以电话采访方式播放了中央人民广播电台《中国之声》栏目记者庄某某所作的情况介绍，该情况介绍中描述的营养费分配情况与上述漫画图板显示内容一致。节目在18分21秒至18分39秒，为表明献浆站的上级单位对有关违规献浆行为开展内部彻查，播放了中生股份公司官方网站刊登的彻查情况网页，在浏览网页文字过程中，对于网页原文中的“员工黄某某”未作遮蔽处理，镜头停留时间约2秒至3秒，与此同时画外音中记者对网页内容的概括复述中，仍旧使用“员工黄某某”表述。

2014年9月5日，凉州区检察院依法将黄某某等犯罪嫌疑人提起公诉，中央电视台《新闻30分》栏目播出了相应信息，在6分钟的节目播出过程中，几次简短播放了黄某某在看守所内接受讯问的影像资料。在节目第8分钟至9分钟时，播出了当地警方就侦查过程接受采访的情况，警官在谈话中，也使用“黄某某”的称呼方式，但有一两次的谈话中使用的是黄某某的真实姓名。

【案件焦点】

中央电视台在犯罪侦查阶段对新闻的报道内容是否失实以及相应的侵权认定。

【法院裁判要旨】

北京市海淀区人民法院经审理认为：黄某某在本案中起诉主张中央电视台、武威市公安局、凉州区公安局实施了侵犯其名誉权、肖像权的行为，给其造成了社会评价降低的损害后果，由此要求中央电视台、武威市公安局、凉州区公安局共同承担侵权损害赔偿责任。

首先就侵犯名誉权。根据法律规定，公民享有名誉权，公民的人格尊严受法律保护，禁止用侮辱、诽谤等方式损害公民的名誉。就中央电视台、武威市公安局、凉州区公安局存在共同侵犯黄某某原告名誉权的行为，黄某某在起诉书中主要依据如下几点：1. 黄某某此前在工作中作出过突出贡献并获得过多项奖励，曾经在所在地区享有良好的社会评价及声望。2. 在法院生效判决作出之前，中央电视台在《新闻1+1》节目中多次提到犯罪嫌疑人黄某某侵吞了本应由献浆者领取的营养费。3. 在法院生效判决作出之前，中央电视台在《新闻1+1》节目图像资料中将拍摄到的网页内容中黄某某的全名未加处理予以播出。4. 在法院生效判决作出之前，中央电视台《新闻30分》节目播出的采访片段中，对被采访警官陈述中提到黄某某的姓名未经处理播出。

所谓名誉，应系特定主体因其能力、才干、品德、形象等而享有的社会性评价。本案中，黄某某以其过往工作业绩和经历证明其曾享有较高社会声望和良好社会评价。但法院注意到，上述情况即便曾经实际存在，亦不能作为本案据以参照的黄某某社会评价的基本情况。不能作为本案参照基准的原因在于，根据刑事判决显示，黄某某在2014年7月3日即因涉嫌非法组织卖血罪被公安机关刑事拘留，同月11日被逮捕。在刑事终审判决中，法院也明确提到，黄某某作为一名血站工作人员和职业医师，在明知法律禁止的情况下，指使、利诱未成年人为血站寻找献浆者，并且为不符合法律规定的未成年人献浆者成功献浆提供便利条件。上述行为和做法，对黄某某而言，已经严重违背了其作为职业医师的职业道德和职业纪律，并且在事发当地引起了广泛的社会关注。因此，在武威市公安局召开新闻发布会以及中央电视台的相关节目播出之前，黄某某因自身的违法犯罪行为，应已经不再具备其在本案中所主张的良好社会声望和社会评价。

根据相关生活常识和节目内容，本案涉诉的中央电视台《新闻1+1》节目以及《新闻30分》节目均属于新闻报道性节目。根据法律规定，新闻报道严重失实，致他人名誉受到损害的，应按照侵害他人名誉权处理。但根据举证质证事实可以发现，上述新闻节目中，核心报道内容分别为血浆采集监管缺失以及武威市发生涉及多名未成年人的非法组织卖血案。而且在节目中，中央电视台援引了大量武威市公安局新闻通稿内容以及当地报纸、广播以及相关人员对事件的报道和陈述。根据刑事终审判决情况，上述主要事实和核心内容并未严重失实。虽然《新闻1+1》节目中通过漫画图板以及记者陈述，确曾表述犯罪嫌疑人黄某某侵吞献浆者营养费，但考虑到新闻报道当时，黄某某与其他犯罪嫌疑人系因共同犯罪被提起公诉，而同案的其他犯罪嫌疑人确实存在抢劫、截留献浆者领取的营养费情况。同时侵吞献浆者营养费，也仅作为黄某某涉嫌犯强迫卖血罪而实施的诸多犯罪行为表现之一被提及，且在节目中，记者同时也表述：公安机关对黄某某获利情况未予确认。故可以认定上述表述系基于新闻报道者当时的认知和信息来源所做报道，并非报道者恶意侮辱或诽谤，亦未达到严重失实的程度。节目中几次简短出现的黄某某真实姓名的情况，显然系节目制作过程中对有关素材筛选、修改、加工不细致而造成的疏漏，相关节目制作者应在日后的类似情况中予以修改和避免，但不构成对黄某某名誉权的侵害。故黄某某主张中央电视台、武威市公安局以及凉州区公安局侵害其名誉权，并要求中央电视台、武威市公安局、凉州区公安局承担连带责任的诉讼请求，因缺乏事实和法律依据，不予支持。

其次就侵犯肖像权。就中央电视台、武威市公安局、凉州区公安局存在共同侵犯黄某某肖像权的行为，黄某某在起诉书中主要依据如下几项事实：1. 中央电视台在《新闻 30 分》节目中，播出了未经黄某某同意，在看守所内拍摄的黄某某影像，但同时未播出对黄某某的采访，特别是黄某某陈述的内容。2. 武威市公安局、凉州区公安局允许中央电视台记者进入看守所拍摄黄某某。根据法律规定，公民享有肖像权，未经本人同意，不得以营利为目的使用公民的肖像。前文已经确认，本案涉及的中央电视台《新闻 1 +1》节目以及《新闻 30 分》节目均属新闻报道性节目，在新闻报道节目中使用黄某某肖像，是为了提高新闻报道的现场效果、时效感以及丰富新闻报道的形式，并非以营利为目的。中央电视台作为节目制作方，有权根据节目时长和节目内容在不影响事情真相的情况下，对采编素材进行加工、剪辑。故黄某某以此主张中央电视台、武威市公安局、凉州区公安局侵犯其肖像权并要求中央电视台、武威市公安局、凉州区公安局承担连带赔偿责任的诉讼请求，因缺乏事实和法律依据，亦不予支持。

最终，一审法院判决驳回黄某某的全部诉讼请求。

黄某某不服一审判决，提起上诉。北京市第一中级人民法院经审理后判决驳回上诉，维持原判。

【法官后语】

本案的重点在于新闻媒体进行新闻监督时的何种报道行为会构成侵犯被报道人的名誉权和肖像权。根据《最高人民法院关于审理名誉权案件若干问题的解答》规定，新闻报道严重失实，致他人名誉受到损害的，应按照侵害他人名誉权处理。《中华人民共和国民法通则》第一百条规定，公民享有肖像权，未经本人同意，不得以营利为目的使用公民的肖像。可见新闻报道内容失实与否以及是否致他人名誉权受损是认定新闻报道侵害名誉权的主要构成要件；是否经本人同意、是否以营利为目的，是认定侵害肖像权的主要构成要件。本案中，中央电视台的核心报道内容分别为血浆采集监管缺失以及武威市发生涉及多名未成年人的非法组织卖血案。在节目中，中央电视台援引了大量武威市公安局新闻通稿内容以及当地报纸、广播以及相关人员对事件的报道和陈述。对黄某某涉嫌刑事犯罪内容的报道也与武威市中级人民法院在刑事终审判决中的认定基本一致。不存在报道严重失实的情况。虽然节目播出过程中几次提到黄某某的名字，但是显然只是节目后期制作人对节目加工制作的不细致导致的，并无恶意损害黄某某名誉的故意。黄某某作为重大刑事案件的犯罪嫌疑人，其肖像权应受到一定的限制，媒体合理使用肖像应予免责，且使用黄某某肖像，是为了提高新闻报道的现场效果以及丰富新闻报道的形式，并非以营利为目的。综上所述，中央电视台对黄某某刑事案件的报道没有侵犯其名誉权和肖像权的故意，也没有对其人格进行贬损，并因此产生负面社会评价。但是不可否认的是，中央电视台作为节目制作方确实存在疏漏，其作为国家级媒体应在日后的新闻报道中尽到更为谨慎的审查和注意义务。

新闻监督是维护社会公平正义的利器，新闻报道则具有社会公共利益属性。通过报道有新闻价值的事件，让公众了解新闻事件的基本情况，是保障公民对具有公共利益因素事件的知情权的有效途径，亦是舆论监督的重要形式。因此，在对违法犯罪分子或者犯罪嫌疑人的报道中对其肖像、个人信息进行合理的披露应该在法律容忍范围内，这是对新闻自由的保护，也是对言论自由和公众知情权的保护。面对新闻自由与新闻人物个人权利的冲突，应以新闻公共利益属性为价值选择，优先保护新闻自由，同时，通过不断完善新闻行业的自律规范，进一步健全新闻领域立法等措施来平衡两者之间的冲突。

编写人：北京市海淀区人民法院　曲婧

41

英雄人物人格权益的法律保护

——葛某生、宋某保分别诉洪某某名誉权、荣誉权案

【案件基本信息】

1. 裁判书字号

北京市第二中级人民法院（2016）京02民终字第6272号民事判决书

2. 案由：名誉权、荣誉权纠纷

3. 当事人

原告（被上诉人）：葛某生、宋某保

被告（上诉人）：洪某某

【基本案情】

1941年9月25日，在易县狼牙山发生了著名的狼牙山战斗。在这场战斗中，狼牙山五壮士英勇抗敌的基本事实和舍生取义的伟大精神，赢得了全中国人民的高度认同和广泛赞扬。新中国成立后，五壮士的事迹被编入义务教育教科书，五壮士被人民视为当代中华民族抗击外敌入侵的民族英雄。

2013年9月9日，时任《炎黄春秋》杂志社执行主编的洪某某在财经网发表了《小学课本〈狼牙山五壮士〉有多处不实》（以下简称《不实》）一文。文中写道：据《南方都市报》2013年8月31日报道，广州越秀警方于8月29日晚间将一位在新浪微博上“污蔑狼牙山五壮士”的网民抓获，以虚构信息、散布谣言的罪名予以行政拘留7日。所谓“污蔑狼牙山五壮士”的“谣言”其来有自。据媒体报道，该网友实际上是传播了2011年12月14日百度贴吧里一篇名为《狼牙山五壮士真相原来是这样!》的帖子的内容，该帖子说五壮士“5个人中有3个是当场被打死的，后来清理战场把尸体丢下悬崖。另两个当场被活捉，只是后来不知道什么原因又从日本人手上逃了出来”。

2013年第11期《炎黄春秋》杂志刊发洪某某撰写的《“狼牙山五壮士”的细节分歧》（以下简称《细节》）一文，该文亦发表于《炎黄春秋》杂志网站。该文分为“在何处跳崖”“跳崖是怎么跳的”“敌我双方战斗伤亡”“‘五壮士’是否拔了群众的萝卜”等部分。文章通过援引不同来源、不同内容、不同时期的报刊资料等，对狼牙山五壮士事迹中的细节提出质疑。

2015年8月，“狼牙山五壮士”中的葛振林之子葛某生、宋学义之子宋某保分别提起诉讼，认为《不实》《细节》以历史细节考据、学术研究为幌子，以细节否定英雄，企图达到抹黑“狼牙山五壮士”英雄形象和名誉的目的，请求判令洪某某停止侵权、公开道歉、消除影响。

洪某某则认为，案涉文章是学术文章，没有侮辱性的言辞，关于事实的表述有相应的根据，不是凭空捏造或者歪曲，不构成侮辱和诽谤，不构成名誉权的侵害。进行历史研究的目的是探求历史真相，行使的是宪法赋予公民的思想自由、学术自由、言论自由权利。

【案件焦点】

案涉文章是否侵犯了葛某生之父葛振林、宋某保之父宋学义的名誉、荣誉权益。

【法院裁判要旨】

北京市西城区人民法院经审理认为：学术自由、言论自由以不侵害他人合法权益、社会公共利益和国家利益为前提。这是我国宪法所确立的关于自由的一般原则，是为言论自由和学术自由所划定的边界。任何公民在行使言论自由、学术自由及其他自由时，都负有不得超过自由界限的法定义务，这是法治国家和法治社会对公民的基本要求，也是任何一个公民应当承担的社会责任。本案中，“狼牙山五壮士”及其事迹所凝聚的民族感情和历史记忆以及所展现的民族精神，是当代中国社会主义核心价值观的重要来源和组成部分，具有巨大的精神价值，也是我国作为一个民族国家所不可或缺的精神内核。对“狼牙山五壮士”名誉的损害，既是对葛某生之父葛振林和宋某保之父宋学义的名誉、荣誉的损害，也是对中华民族的精神价值的损害。洪某某完全可以在不损害五壮士名誉、荣誉和社会公共利益的前提下，自由地进行学术研究和自由发表言论，包括对狼牙山战斗的某些细节进行研究，但洪某某却未采用这种方式，而是通过所谓的细节研究，甚至与网民张某红对狼牙山五壮士的污蔑性谣言相呼应，质疑五壮士英勇抗敌、舍生取义的基本事实，颠覆五壮士的英勇形象，贬损、降低五壮士的人格评价。这种“学术研究”“言论自由”不可避免地会侵害五壮士的名誉、荣誉以及融入了这种名誉、荣誉的社会公共利益。因此，洪某某以侵害他人合法权益和社会公共利益的言论自由，作为其不承担侵权责任的抗辩理由，不予支持。

由于洪某某的行为侵害了葛某生之父葛振林和宋某保之父宋学义的名誉和荣誉，应当承担相应的侵权责任。现葛某生、宋某保分别要求洪某某立即停止侵犯葛振林、宋学义等狼牙山五壮士的民族英雄名誉，要求洪某某在网站、媒体公开向葛某生、宋学义赔礼道歉、消除影响等诉讼请求于法有据，根据《中华人民共和国侵权责任法》第十五条的规定，应予支持。关于赔礼道歉及消除影响的范围和持续时间，由法院根据侵权言论造成不良影响的范围予以认定，据此判决：

一、洪某某立即停止侵害葛振林、宋学义名誉、荣誉的行为；

二、判决生效后三日内，洪某某公开发布赔礼道歉公告，向葛某生、宋某保赔礼道歉，消除影响。该公告须连续刊登五日，公告刊登媒体及内容需经法院审核，逾期不执行，法院将在相关媒体上刊登判决书的主要内容，所需费用由洪某某承担。

洪某某对两案一审判决不服，提起上诉。北京市第二中级人民法院经审理认为："狼牙山五壮士"等英雄人物及其精神，已经获得全民族的广泛认同，是中华民族共同记忆的一部分，是中华民族精神的内核之一，也是社会主义核心价值观的重要内容，是社会公共利益的一部分。

在无充分证据的情况下，案涉文章多处作出似是而非的推测、质疑乃至评价。尽管案涉文章无明显侮辱性的语言，但通过强调与基本事实无关或者关联不大的细节，引导读者对"狼牙山五壮士"这一英雄人物群体英勇抗敌事迹和舍生取义精神产生质疑，从而否定基本事实的真实性，进而降低他们的英勇形象和精神价值。洪某某的行为方式符合以贬损、丑化的方式损害他人名誉和荣誉权益的特征。

案涉文章通过刊物发行和网络传播，在全国范围内产生了重大影响，不仅损害了葛振林和宋学义的个人名誉和荣誉，损害了葛某生和宋某保的个人感情，在一定范围和程度上伤害了社会公众的民族和历史情感，也损害了社会公共利益。

行使言论自由和学术自由的权利，需要在法律范围内进行，洪某某应当采取适当的方式从事研究及发表言论，同时应当充分考虑可能造成的社会影响。洪某某撰写的案涉文章侵害了葛振林、宋学义的名誉和荣誉，侵害了社会公共利益，违反了法律规定，该行为已经超出了法律允许的范围，不受法律保护。洪某某以言论自由、学术自由作为其不承担侵权责任的抗辩理由，不能成立。据此判决：

驳回上诉，维持原判。

【法官后语】

1. 本案的典型意义①

近年来，社会上通过各种形式诋毁、侮辱、诽谤英雄人物，丑化英雄人物形象，贬损英雄人物名誉，削弱其精神价值的现象时有发生，葛某生、宋某保分别诉

① 参见《人民法院依法保护"狼牙山五壮士"等英雄人物人格权益典型案例》，载最高人民法院网。

洪某某名誉权、荣誉权侵权纠纷两个案件是这种现象的集中反映。

两案审理中存在三大难点：(1) 此类侵权行为所侵害法益的复杂性，英雄人物的个人名誉、荣誉，往往与一定的英雄事件、历史背景、社会共识以及主流价值观相关，并由此与公共利益发生关联。需要法院从更为广阔的视野出发，更为全面、准确地把握社会公共利益及其表现形态；(2) 此类侵权行为的表现形态更为多样化，经常表现为学术文章、观点争论等，需要法院依据现行法更为实质性地把握名誉权侵权行为的表现方式；(3) 此类案件涉及的利益类型更为复杂，涉及言论自由、学术自由和个人权益的关系，需要法院在个案中审慎把握，既要保护个人权益，也要防止司法对学术问题、言论自由作出不当干预，要在多个利益之间合理界分。

该两案妥当处理了上述三个问题：(1) 在侵权行为侵害的法益识别上，分析了“狼牙山五壮士”获得个人名誉及荣誉的历史事实，并以这一英雄群体在我国当代史上发挥的作用为依据，将其精神归纳为民族的共同记忆、民族精神和社会主义价值观的一部分，因而构成了社会公共利益的一部分，法益识别准确；(2) 在侵权责任的构成上，分析了文章的写作方法、资料运用、主观目的以及所形成的损害后果，准确运用了侵权责任的构成要件；(3) 在利益衡量上，结合个案分析了学术自由、言论自由与权益保护的关系，利益平衡得当。两案的判决保护了英雄人物的名誉和荣誉，维护了社会公共利益。

2. 本案对处理类似案件的启示

第一，侵害名誉的行为类型不以法律规定为限。侵权法律规范的目的是保护民事主体的合法权益，所有侵犯民事主体合法权益的行为都属于侵权法规制的范畴。社会处于不断发展和变化之中，立法者受制于当时的客观条件，难以穷尽所有的侵权行为类型，且从立法可行性角度考虑，也无法在法律条文中列举所有的侵权行为类型。法律关于行为类型的规定，是列举式的而非穷尽式的。从司法解释看，侵害名誉或者名誉权的行为不以侮辱、诽谤为限，还包括“贬损、丑化或者违反社会公共利益、社会公德的方式”以及其他行为类型。这些司法解释所规定的行为类型的具体表现形态，就是根据侵权行为方式的变化而不断丰富和完善的。只有这样，才能让法律更好地保护民事主体的人格权益不受非法侵害。

第二，英雄人物的人格权益有可能构成社会公共利益的组成部分。根据英雄人物获得个人名誉及荣誉的历史事实，及其在历史上发挥的重要作用，可以认定其精神已经归纳为民族的共同记忆、民族精神和社会主义价值观的一部分，因而构成了社会公共利益的一部分。侮辱、诽谤英雄人物，丑化英雄人物形象，贬损英雄人物名誉，削弱其精神价值，侵害的不仅是英雄人物的名誉及荣誉，也损害了社会公共利益。英雄人物与社会公共利益之间的这种可能的关联，在2017年3月15日颁布的《中华人民共和国民法总则》中也有体现，该法第一百八十五条规定，侵害英雄烈士等的姓名、肖像、名誉、荣誉，损害社会公共利益的，应当承担民事责任。

第三，行为人以侵害他人合法权益和社会公共利益的言论自由作为其不承担侵权责任之抗辩理由，人民法院不予支持。人格权益与言论自由之间的平衡保护，是人格权纠纷案件中常见的问题，也是本案的一个焦点问题。首先，我国现行法律保护公民言论的自由和进行科学研究的自由，同样也保护公民的人格尊严不受侵犯，保护公民享有的名誉、荣誉等权益。在言论自由与人格权益保护上，并不存在哪种自由或者权益优先保护的问题，既不能以牺牲言论自由为代价去保护人格权益，也不能以牺牲人格权益为代价去保护言论自由。其次，公民享有法律规定的权利，同时也必须履行法律规定的义务，包括公民在行使自由和权利的时候，不得损害国家的、社会的、集体的利益和其他公民的合法的自由和权利。因此，自由和权利的行使，并非没有边界，这个边界就是法律。保护人格权益，需要在法律范围内进行，行使言论自由的权利，同样需要在法律范围内进行。行为人以侵害他人合法权益和社会公共利益的言论自由作为其不承担侵权责任之抗辩理由，法院不予支持。

编写人：北京市第二中级人民法院　何江恒

42

名誉侵权案件中对过错及容忍义务之认定及审理思路

——黄某、洪某某诉郭某某名誉权案

【案件基本信息】

1. 裁判书字号

北京市第一中级人民法院（2016）京01民终字第1563号民事判决书

2. 案由：名誉权纠纷

3. 当事人

原告（上诉人）：黄某、洪某某

被告（被上诉人）：郭某某

【基本案情】

2013年第11期《炎黄春秋》杂志刊载《“狼牙山五壮士”的细节分歧》（以下简称《细节》）一文。洪某某系该文作者，黄某系该文责任编辑。2013年11月，郭某某转发网友鲍某某和梅某某的微博同时撰写微博：“反对历史虚无主义，不动这帮狗娘养的就是笑话！”

洪某某认为郭某某在其经认证的新浪微博上对黄某、洪某某公然辱骂，严重侵犯了黄某、洪某某的人格尊严和名誉权利，遂诉至法院请求判令郭某某停止侵权，赔礼道歉并赔偿相应损失。

【案件焦点】

郭某某是否侵犯了黄某、洪某某的名誉权。

【法院裁判要旨】

北京市海淀区人民法院经审理认为：抗日战争是中国共产党领导中国各族人民推翻帝国主义统治并取得新民主主义革命伟大胜利的重要组成部分，中国共产党在抗日战争中发挥了中流砥柱的作用。《细节》一文，从“狼牙山五壮士”从何处跳崖、是怎么跳的等细节入手，通过强调不同史料之间的差别甚至是细微差别，试图质疑甚至颠覆“狼牙山五壮士”的英雄形象。应该说，该文在一定范围内和一定程度上伤害了社会公众的民族和历史情感。在此意义上，黄某、洪某某作为该文的作者和编辑，应当预见到该文所可能产生的评价、回应、批评乃至公众的反应，并因此对后者负有较高的容忍义务。在上述背景下，郭某某发表的涉诉微博，批评了以《细节》一文为代表的历史虚无主义，既是出于维护“狼牙山五壮士”英雄形象的主观目的，也是对前述社会共识、民族情感的表达，郭某某的这一言论所代表的思想，符合我国社会的主流价值观，并未超出批评的必要限度。

关于涉诉微博所针对的对象问题。从其本身内容审核，涉诉微博中确未提及黄某、洪某某姓名，亦未通过对职业、身份等条件的限定或描述，表明评价系针对黄某、洪某某。

关于损害后果问题。考虑到微博这一社交工具和网络媒体的技术特征及习惯做法，这些转发与评论行为更多的是多数网民自身对涉诉文章的认知、评论和价值判断，而非由涉诉微博所引导或决定的。故涉诉微博被大量转发或评论这一事实本身，不足以证明涉诉微博造成了损害后果。

必须指出的是，尽管郭某某的言论不构成侵权，但仍有不妥之处。网络作为一种社交平台，已经被广为接受和使用。保持和维护网络空间的秩序与文明，日益成为每一名网络用户的责任和义务。郭某某作为一名实名认证微博的博主，微博言论长期被公众所关注，网络言论具有更为广泛的影响，其在法律上应负有较高的注意义务，坚持并善于使用文明语言，通过说理方式表达自己的看法和意见，为优化、净化网络环境作出更多努力。

综上，北京市海淀区人民法院依法判决：

驳回黄某、洪某某的全部诉讼请求。

黄某、洪某某提出上诉。北京市第一中级人民法院经审理认为：本案二审的争议焦点在于：一是郭某某发表的涉诉微博是否构成侵权。二是郭某某原审代理人王某某的代理资格是否构成严重违反法定程序的情形。

关于争议焦点一，首先，中国人民抗日战争胜利，是近代以来中国抗击外敌入侵的第一次全面胜利。中国共产党的中流砥柱作用是中国人民抗日战争胜利的关键。八路军“狼牙山五壮士”是抗日战争中产生的英雄团体，是中国人民不畏强暴，以身殉国的杰出代表之一。《细节》一文以不同史料之间的差别甚至是细微差别，来质疑、矮化“狼牙山五壮士”的英雄形象，挑战社会公众的传统观念和主流价值观，伤害社会公众的民族情感和历史情感。黄某、洪某某作为《细节》一文的编辑和作者，对于行为的后果应当具有一定的认知，其二人对于由此而引发公众的广泛批评甚至是激烈反应，应当负有更高的容忍义务。其次，从涉诉微博内容来看，是郭某某针对历史虚无主义这一社会思潮一贯否定性评价的表达，并未指名道姓，也不存在以影射方式暗指黄某、洪某某的情形，就一般公众的理解，涉诉微博内容并未确定指向黄某和洪某某。最后，就黄某、洪某某所主张的损害后果而言，网民对微博的转发与评论更多的是基于自身对涉诉文章的认知所进行的价值判断和情感表达，并非是由郭某某的微博言论所引导或决定。郭某某的微博言论虽个别用语有不妥之处，但并不构成侵权。

关于争议焦点二，原审中出具推荐函的单位并未对郭某某、王某某与其存在工作关系提出异议；原审审理中郭某某本人到庭参加了诉讼，对于王某某的发言予以认可。黄某、洪某某所提代理人资格问题亦不属于严重违反法定程序发回重审的情形。综上，判决：

驳回上诉，维持原判。

【法官后语】

本案系涉及“狼牙山五壮士”等英雄人物的人格权益保护系列案件之一，案件本身涉及意识形态问题，公众关注度高，社会影响面广。针对涉诉文章，首先要指出的是，历史不是事实的堆砌，并非某个事件、某个人物的简单相加，而是包含了主流价值判断在其中，用客观的史料体现主流的价值观和情感态度。涉诉文章通过细枝末节和碎片化的细节研究，肢解历史人物和英雄事迹，实质上就违背了历史价值观和公众的民族情感。因此，学术自由虽为宪法和法律所保护，也应在宪法和法律的框架内行使，在不侵害他人权益和危害公共利益的范围内行使。法院在审理该案时着重把握了如下几点：

1. 涉诉言论是否具有侵犯他人名誉权的主观过错

主观过错作为行为人被法律责难的一种心理状态，应主要依据行为人的外在表现进行推定。本案中，郭某某发布的微博内容，并未指名道姓，也不存在以影射方式暗指黄某、洪某某的情形，虽然黄某、洪某某在诉讼中多次强调涉诉微博就是指向其二人，但认定言论是否指向特定人应以一般公众的认知为标准。同时，网络用语率性随意，公众宽容度高，在判断行为人是否具有主观故意时应适当降低标准。涉诉言论系郭某某发表在其个人微博上，虽有用语不当之处，但不足以认定其存在主观恶意。此外，涉诉言论是郭某某针对历史虚无主义这一社会思潮一贯否定性的评价，结合此背景以及涉诉言论内容，法院认定其并不具有侮辱、诽谤他人的主观故意。

2. 本案当事人容忍义务之法理基础和事实依据

我们认为，容忍义务就其本源来说是对权利人合法权利的一种限制和拘束，当然这种限制所造成的损害应当控制在合理范围之内。因此，不能要求权利主体无限制地容忍，此种损害属于一个合理范围内的损害。权利主体对于合理的损害具有容忍义务，而损害是否合理，则应根据损害的原因、程度等因素综合考量。本案中，《细节》一文以不同史料之间的差别甚至是细微差别，来质疑、矮化“狼牙山五壮士”的英雄形象，挑战社会公众的传统观念和主流价值观，无疑会伤害社会公众的民族情感和历史情感，在自媒体跨越式发展、公民言论自由得到极大程度释放的前提下，该文公开发表后，黄某、洪某某受到舆论的负面评价是可以预期的。在此背景下，涉诉微博的内容即便有不妥之处，但其言论给黄某、洪某某造成的“损害”是可以被理解的，亦是在合理范围内的。因此，法院认为黄某、洪某某对于公众的批评和负面评价具有相应的容忍义务。

3. 社会评价是否降低之认定

法院在判断是否造成权利人社会评价降低时，不单要考查他人对其评价是否属于负面评价，同时还要判断他人的负面评价是否归因于行为人。具体到本案，通过黄某、洪某某提交的公证书等证据可以看出，网民对微博的转发与评论更多是基于自身对涉诉文章的认知所进行的价值判断和情感表达，并非是由郭某某的微博言论所引导或决定，所以不能认定郭某某的微博内容导致黄某、洪某某社会评价降低的损害后果。

编写人：北京市第一中级人民法院　刘雅璠

43

新闻报道是否失实的认定

——邵某诉某某报社名誉权案

【案件基本信息】

1. 裁判书字号

北京市第一中级人民法院（2016）京01民终字第6225号民事判决书

2. 案由：名誉权纠纷

3. 当事人

原告（被上诉人）：邵某

被告（上诉人）：某某报社

【基本案情】

2013年10月25日，某某报社在《某某报》A20整版刊登题为《中疾控首席专家邵某被指盗用数据》，副标题为《在权威杂志〈柳叶刀〉发表防艾论文，擅自使用中疾控其他研究团队大量数据，被通报批评》一文，内容为："本周二，中国疾控中心性病艾滋病防控中心发出通报，称去年12月1日，以该中心研究员邵某为通讯作者，发表在《柳叶刀》杂志（在线版）上的一篇学术文章，存在擅自使用其他科研人员研究数据的问题。作为主要责任人，邵某受到通报批评。……论文作者被指盗用科研数据：被认定为擅自用他人科研数据的文章，名为《2003年—2011年中国抗病毒治疗预防艾滋病单阳家庭夫妻间传播的全国性观察队列研究》……《柳叶刀》增补作者署名、登更正：……《柳叶刀》杂志纸刊，以增补19位作者署名的方式，正式发表了上述争议文章……【双方争议】数据是否为公共数据……【调查意见】中疾控性艾中心协调小组：利用下载信息便利，抢发表论文……【专家观点】中疾控性艾中心伦理审查委员会主任王某某；使用数据未经审批，违反规定……"该篇新闻报道刊登后，性艾中心及中疾控中心均发布声明，内容为，涉案论文符合杂志的相关要求，不存在剽窃和盗用数据的情况。

2013 年 10 月 19 日，性艾中心发布通报，内容为涉案论文“擅自使用数据库数据进行研究和发表论文，未对形成相关数据做了大量工作科研人员的贡献予以体现，也未按照中心的有关规定审批发表论文……我中心对造成上述问题的主要责任人邵某研究员提出批评……采取增加有关科研人员作为论文作者的方式，以完整体现对该论文的贡献……”某某报社提交性艾中心协调小组的《协调处理建议》及上述通报，证明其写作背景及写作的正当性。

【案件焦点】

涉案新闻报道对邵某是否构成名誉侵权，如构成名誉侵权，应如何承担侵权责任。

【法院裁判要旨】

北京市海淀区人民法院经审理认为：根据性艾中心 2013 年 10 月 19 日的通报及相关规定，可以认定邵某发表的论文存在擅自使用全国艾滋病防治数据库数据的问题，亦存在未按照中心的有关规定经过审批发表论文的问题。但是，某某报社并未对此予以全面、客观的报道。首先，邵某发表的论文使用了全国艾滋病防治数据库的数据，而不是非法使用他人的文字和资料。杂志版论文较网络版论文增加 19 名作者意在体现性艾中心相关科室科研人员对该工作的创造性劳动，而非邵某实施了盗用的行为。其次，某某报社并未采访过邵某本人，未充分听取双方当事人的意见，且某某报社以性艾中心正式发布通报之前的内部建议，即《协调处理意见》作为其报道支撑亦缺乏全面性、客观性。最后，涉案文章“专家观点”处采用的分标题极易误导读者得出性艾中心伦理审查委员会主任王某某提出了“使用数据未经审批，违反规定”的观点。因此，某某报社的报道缺乏真实性、准确性，其行为已构成侵犯名誉权。

北京市海淀区人民法院依照《中华人民共和国民事诉讼法》第六十四条之规定，作出如下判决：

一、某某报社在某某报网、丁香园网、生物 360 网公开致歉声明，向邵某赔礼道歉；

二、某某报社在其公开发行的《某某报》A20 版公开发表致歉声明，向邵某赔礼道歉；

三、某某报社赔偿邵某精神损害抚慰金1万元；

四、驳回邵某的其他诉讼请求。

某某报社提起上诉。北京市第一中级人民法院经审理认为：首先，从《某某报》刊登的涉案文章的标题看，标题中使用“擅自使用中疾控其他研究团队大量数据”的表述，与邵某“未经审批擅自使用国家数据库数据”的事实不符。其次，涉案报道将“中疾控性艾中心伦理审查委员会主任王某某”和“使用数据未经审批，违反规定”的表述放在同一个子标题中，会使一般人认为该表述出自王某某之口。再次，涉案文章的内容中“擅自使用其他科研人员数据”的表述同样与“未经审批擅自使用国家数据库数据”的事实不符。“调查意见”的表述与“协调处理建议”的事实不符，“调查结论”的表述也与“调查建议”的事实不符，涉案文章的关键内容欠缺事实依据。最后，从涉案报道的内容来看，其主要篇幅都在有倾向性地针对邵某进行负面评价。而邵某方意见的信息内容却只占很小部分，双方的信息量严重不平衡。因此，《某某报》的报道偏离了全面、客观、公正的原则，极易对公众形成误导。此外，丁香园网和生物360网属于医疗卫生领域的专业网站，为了更好地消除侵权影响，一审法院判决应该在二网站进行赔礼道歉并无不当。

北京市第一中级人民法院依据《中华人民共和国民事诉讼法》第一百七十条第一款第（一）项之规定，作出如下判决：

驳回上诉，维持原判。

【法官后语】

《最高人民法院关于审理名誉权案件若干问题的解答》第七条规定：因新闻报道严重失实，致他人名誉受到损害的，应按照侵害他人名誉权处理。虽然该条规定明确了新闻报道构成名誉权侵权的标准，但从其表述来看，新闻报道的“失实”需达到“严重”程度才可认定为侵权，至于何为“严重”，并未详述。因此在审判实践中还需就此进行具体认定。

新闻出版总署《关于严防虚假新闻报道的若干规定》第一条第（二）项为认定新闻报道是否构成“严重失实”提供了思路。该项规定：新闻记者从事新闻采访报道必须坚持真实、准确、全面、客观、公正的原则，深入新闻现场调查研究，充分了解事实真相，全面听取新闻当事人各方意见，客观反映事件各相关方的事实与陈述，避免只采用新闻当事人中某一方的陈述或者单一的事实证据。据此，就“严重失实”的审查标准而言，可以“全面”“客观”“公正”三个方面为切入点；同时，根据新闻报道标题与内容的不同特点，对两个部分的审查重点作出区分。

就标题而言，无论是主副标题还是文章中的子标题，均是报道内容的浓缩，也是文章中最为醒目的部分，故而需要予以重点关注。但是，标题具有用语凝练、言简意赅的特点，故而宜侧重审查其客观性，即是否有事实依据。本案中，涉案报道副标题中“擅自使用中疾控其他研究团队大量数据”的表述带有可能构成学术不端行为的意味，但邵某的行为实际系违反单位内部管理规定，二者不具有同一性。报道子标题将“中疾控性艾中心伦理审查委员会主任王某某”和“使用数据未经审批，违反规定”编排在一起，会使一般人误认为后一表述出自前者之口，亦有违客观性标准。

就内容而言，可具体从三个方面进行分析。“全面”，是指听取各方意见，即需进行平衡报道；“客观”，是要求新闻报道信息应有基本的证据支撑或来自权威渠道，在关键细节上做到足够严谨；“公正”，是指新闻报道不得带有主观倾向。涉案报道中对双方报道的信息量严重不平衡，不具有全面性；从撰写依据来看，作为报道支撑之一的《协调处理建议》并非最终的调查结果，某某报社以此为据撰写报道，有违新闻报道的客观性；从细节用语来看，某某报社将“协调处理建议”记载为“调查意见”、将“事件分析”与“调查结论”混为一谈，导致报道带有一定的主观倾向，有失公正。

以百分之百的真实客观为标准来审查新闻报道名誉权侵权案件既不合理也不现实，更会阻碍新闻报道功能的发挥及言论自由权的行使。在适用《最高人民法院关于审理名誉权案件若干问题的解答》第七条时，宜综合新闻报道的标题与内容，审查报道的全面性、客观性、公正性，综合得出新闻报道是否“严重失实”的认定，以期实现对言论自由与名誉权的平衡保护。

编写人：北京市第一中级人民法院　黄慧婧

44

细节失实但基本内容属实的新闻报道一般不应认定侵犯他人名誉权

——李某德诉北京电视台名誉权案

【案件基本信息】

1. 裁判书字号

北京市第三中级人民法院（2016）京03民终字第4131号民事判决书

2. 案由：名誉权纠纷

3. 当事人

原告（被上诉人）：李某德

被告（上诉人）：北京电视台

【基本案情】

2015年2月27日，北京电视台《法治进行时》栏目根据北京市公安局公共交通安全保卫分局（以下简称公交分局）提供的线索，以“男子乔装打扮，乞讨月入过万”为题，报道了同月16日李某德与一名女子在地铁5号线列车车厢内乞讨卖艺，被公交分局大屯派出所传唤的情况。

李某德认为该节目有以下四点报道不实之处，据此主张北京电视台侵犯其名誉权，要求北京电视台承担侵权损害赔偿责任：第一，节目中说李某德双腿残疾、装瘸不属实，李某德是盲人，卖艺的时候拄着盲杖在车厢里走不方便，因此都是盘着腿坐在地上，一手拿纸盒，一手扶着地往前挪；第二，节目中说李某德月收入过万元不属实，李某德是干三天休息一天，每月平均收入5000元；第三，节目中说李某德靠讨饭演瘸子这一招数，已经在北京买下两套住房不属实，李某德在北京没有买过房，是租房居住，2009年7月在通州宋庄居住，2012年6月搬到刘家窑居住；

第四，节目中说李某德是乞讨不属实，李某德是卖艺。

李某德曾因伙同王某霞在地铁5号线列车车厢内乞讨卖艺，影响乘客正常乘车，扰乱公共秩序，被处以行政拘留五日。公交分局在办案过程中，没有查实李某德名下在北京有两套房子，仅了解到当时李某德在北京有两处居住地。经查，李某德在北京没有房屋登记信息。

【案件焦点】

北京电视台的涉案新闻报道基本内容属实，但关于李某德房产和收入等情况的细节报道失实，是否构成媒体侵犯他人名誉权。

【法院裁判要旨】

北京市朝阳区人民法院经审理认为：针对李某德提出涉案新闻报道中的四处不实之处，其中李某德“装瘸、乞讨”是公安机关认定其系化妆乞讨、扰乱公共交通工具上的秩序而受到行政处罚的表述，“月收入过万”系根据李某德自述的收入情况计算得出，应认定为新闻真实。李某德“现在已在北京买下两套住房”和“双腿残疾”的表述，经查，李某德并没有在北京购房的记录，也并非肢体残疾人，这些报道表述与事实不符，属于新闻基本内容失实。北京电视台对李某德的财产情况进行捏造和散布，对此存在主观过错，构成诽谤。李某德作为乞讨人员，乞讨的地点相对固定，虽涉案节目对李某德的面部进行了模糊处理，但仍能让乘坐地铁5号线的观众认出李某德，并对李某德产生不真实、不合理的评价，导致李某德的社会评价降低。

北京市朝阳区人民法院依据《中华人民共和国侵权责任法》第二条、第六条第一款、第十五条，《中华人民共和国民法通则》第一百零一条之规定，判决：

一、北京电视台于判决生效后七日内在《法治进行时》栏目中发布向李某德的致歉声明并澄清事实；

二、北京电视台于判决生效后七日内给付李某德精神损害抚慰金5000元；

三、驳回李某德的其他诉讼请求。

北京电视台不服一审判决，提起上诉。北京市第三中级人民法院经审理认为：本案中，从北京电视台进行报道的背景、题目和整个内容来看，该新闻报道的基本内容应当是“男子乔装打扮，乞讨月入过万”。因此，判断北京电视台的该次新闻报道是否侵权，主要在于判断其中的基本内容“男子乔装打扮，乞讨月入过万”是否失实。从新闻报道拍摄的情况看，李某德步行进入地铁站，换装后坐在地铁车厢内挪动前行，据此可以认定李某德有“乔装打扮”行为。该新闻报道的解说部分描述“一名双腿残疾，衣着破旧的中年男子盘坐在地上”，该部分的描述是对李某德当时行为的一种形象表述，并非是说李某德本人真的属于双腿残疾，且在该新闻报道的后半部分也有解说“这名刚才还双腿残疾的乞讨者站了起来”“李某德承认，他只不过是视力残疾，腿脚并没有毛病”。观看该新闻报道的公众，可以清楚地认识到李某德事实上双腿并非残疾，关于此项事实，北京电视台不存在诽谤。对于李某德行为的定性，公安机关的行政处罚决定书上载明“李某德伙同王某霞在地铁5号线天坛东门站开往和平西桥站方向的列车车厢内乞讨卖艺”。需要说明的是，乞讨与卖艺并非有十分清楚、明确的界限区分，北京电视台报道李某德“乞讨”，不属于报道失实。关于李某德“月入过万”的问题，根据李某德自己的陈述，其每天收入300元，北京电视台据此进行了估算，表述“月入过万”虽然存在夸大的成分，但该表述有一定的基础依据，不属于严重失实。据此，北京电视台关于“男子乔装打扮，乞讨月入过万”新闻报道的基本内容属实。新闻报道中“李某现在已经在北京买下了两套住房”的表述失实，但该句报道在整个新闻报道中并不属于基本内容，而属于细节事项，该句报道失实不影响新闻报道的整体效果，不构成侵权法上的诽谤。一审法院关于此项的认定不当，应予纠正。

北京市第三中级人民法院依据《中华人民共和国民事诉讼法》第一百七十条第一款第（二）项之规定，判决：

一、撤销北京市朝阳区人民法院（2015）朝民初字第16153号民事判决；

二、驳回李某德的诉讼请求。

【法官后语】

根据《最高人民法院关于审理名誉权案件若干问题的解答》第七条规定，判断新闻报道是否侵害他人名誉权，应根据新闻报道严重失实、受害人名誉权受到损害、严重失实报道与损害结果之间有因果关系、行为人主观上有过错来认定。

新闻报道在陈述事实的同时往往具有舆论批评和监督的作用，因而在判断报道是否严重失实时，可参考该解答第八条的规定，重点区分新闻报道的基本内容与细节事项。如果新闻报道反映的问题基本真实，没有侮辱他人人格内容的，不应认定为新闻报道严重失实，故而不能认定该报道侵害他人名誉权；如果新闻报道的基本内容失实，则应认定为新闻报道严重失实，如该报道使他人名誉受到损害的，应认定该报道侵害他人名誉权。

新闻报道的基本内容也可理解为主要内容，是对被报道的新闻事件的定性和对其中的新闻人物的社会评价将产生直接而重要影响的客观事实。新闻报道的细节事项是由前述主要事实自然延伸并与之相关联的其他事实，包括新闻事件的背景、结果等，缺失该等客观事实和情节并不影响新闻事件的成立、性质的确定和结论的得出。对于基本内容与细节事项的区分，不能根据报道的只言片语、部分语句进行判断，而应当结合整个新闻内容进行整体判断。

本案中，从北京电视台进行报道的背景、题目和整个内容来看，该新闻报道的基本内容应当是“男子乔装打扮，乞讨月入过万”，该基本内容属实。新闻报道中“李某德现在已经在北京买下了两套住房”的表述失实，但该句报道在整个新闻报道中并不属于基本内容，而属于细节事项，该句报道失实不影响新闻报道的整体效果，不构成侵权法上的诽谤。换言之，涉案新闻报道所陈述的整体性的基本事实不是李某德在北京有无房产以及有几套房产，而是其在地铁上有无借乔装打扮进行乞讨，至于未经媒体核实的李某德的居所或者房产的状况不是该新闻报道的基本事实，而是细节事项。

因此，媒体新闻报道的基本内容失实导致他人社会评价降低、名誉受到损害的，应认定为媒体侵害他人名誉权；细节事项虽有瑕疵或者失实，但只要并未因此而使他人名誉受损的，不构成媒体侵害他人名誉权。

编写人：北京市第三中级人民法院　齐晓丹　张钰鑫

45

自媒体环境下名誉侵权的认定标准

——汪某诉韩某江名誉权案

【案件基本信息】

1. 裁判书字号

北京市第三中级人民法院（2016）京03民终字第2764号民事判决书

2. 案由：名誉权

3. 当事人

原告（上诉人）：汪某

被告（被上诉人）：韩某江

【基本案情】

汪某系国内知名音乐人。韩某江系新闻从业人员，于2006年创办风行工作室，主要运用偷拍、跟踪方式拍摄明星，报道娱乐新闻。韩某江在新浪微博注册用户名为“中国第一狗仔卓伟”的个人微博账号，微博认证信息为：南都娱乐周刊主笔、风行工作室创始人。

2015年4月20日，韩某江在上述个人新浪微博上分享了微博用户“全民星探”发布的标题为《章某怡汪某领证　蜜月会友妇唱夫随》的文章，并自配文字“赌坛先锋我无罪　影坛后妈君有情”。一审庭审中，韩某江认可该微博中“赌坛先锋”即指汪某。经查，用户名为“全民星探”微博认证信息为北京大风行锐角度文化传播有限公司，韩某江现为该公司的股东及执行董事，在2014年4月28日前系该公司法定代表人。

截至2015年4月21日，韩某江微博账号粉丝数为1388782人，微博转发量为54，评论量为207，点赞量为1714。2015年4月28日，汪某提起本案诉讼。截至2015年5月14日，韩某江微博账号粉丝数为1494111人，涉案微博转发量为63，评论量为307，点赞量为2063。

经查，2014年至2015年，互联网上有多次汪某在世界各地赌场赌博的新闻报道，汪某在庭审中对于该事实亦未否认或提交证明上述报道为虚假的证据。另查，汪某在2015年4月参与的中国江苏德州扑克锦标赛后被公安部门以涉嫌赌博叫停。

二审期间，汪某提供了以下证据：1. 2015年12月25日的（2015）京长安内民证字第17546号公证书，主要内容为微博名为“中国第一狗仔卓伟”的微博在原审法院判决后，将判决书全文在其微博中公布，网友对微博内容进行了评论，截至公证时，该微博转发量1748，评论量1702、点赞量13276。2. 2015年11月23日新浪微博，内容为韩某江转发全民星探发布的关于“独家：章某怡洛杉矶待产陪汪某低调逛赌城”的微博。汪某欲通过以上两份证据证明韩某江亦属于公众人物，其应对自己的言行负有更高的注意义务，其称自己为“赌坛先锋”具有明显贬低意味，具有主观恶意，给自己造成了巨大的名誉损害。韩某江一方对于两份证据的质证意见为：1. 对于证据的真实性、合法性认可，但不认可其与待证事实之间的关联性；2. “赌坛先锋”是中性词，并无指责汪某有违法犯罪活动的意思。

汪某认为，韩某江未经调查、核实，随意在其个人微博上以“赌坛先锋”对汪某进行侮辱诽谤，公然损害汪某的人格和形象，误导社会公众对汪某的评价，已经严重侵犯了汪某的名誉权，并给汪某的身心和声誉造成了极大的伤害。故要求：1. 韩某江立即停止侵权行为，删除涉诉微博。2. 韩某江在个人新浪微博上发表致歉声明，置顶至少保留90天以上；在相关网站（网易、凤凰、新浪、腾讯）显著位置上连续15天公开发表致歉声明；公开向汪某赔礼道歉、消除影响、恢复名誉。3. 韩某江赔偿汪某个人精神损害抚慰金200万元。

【案件焦点】

韩某江所发布的微博中“赌坛先锋”一词是否对汪某构成名誉侵权。

【法院裁判要旨】

北京市朝阳区人民法院经审理认为：本案双方当事人争议的焦点问题是韩某江使用的“赌坛先锋”一词是否构成对汪某名誉权的侵犯。名誉侵权的构成要件要求，行为人公开作出关涉被侵权人的具有名誉毁损性质的陈述并存在过错。因此，本案中，认定韩某江的行为是否构成侵权的关键在于，韩某江关于“赌坛先锋”的陈述是否构成对汪某的侮辱或诽谤。

根据查明的事实，汪某曾多次在境外赌场活动并经多家媒体报道，其于2015年4月参加的德州扑克大赛也因涉赌被相关职权部门叫停，故评论者将其与赌博相联系，并非无中生有，结合汪某的行为表现，此种联系具有一定事实和逻辑上的合理性。至于韩某江对“赌坛”一词的运用，该词语意指从事特定社会行为的社会群体，因此，该“赌”字更应理解为对特定社会行为的客观描述，而不应理解为对该行为的法律性质作出判断，因此，韩某江使用“赌坛”一词并不意味着给予汪某法律意义上的否定评价。而韩某江所使用的“先锋”一词更近于一种修辞上的表达，该表达虽有一定夸大的成分，但本身并无侮辱或诽谤的内容。综上，韩某江所使用的“赌坛先锋”一词难以认定构成对汪某的侮辱或诽谤。另从韩某江是否存在主观过错分析，虽然韩某江创办的风行工作室主要运用偷拍、跟踪方式拍摄明星，韩某江本人亦长期从事娱乐新闻报道，但仅仅以韩某江此种身份并不能推断出其在主观上具有侵犯汪某名誉权的故意。况且，由于对汪某有过多次涉赌报道，影响了社会对其在该问题上的一般评价，韩某江的言论内容并未超出该社会一般评价的范围，故从韩某江言论造成的后果分析，亦难以认定其造成了汪某社会评价的降低。

由于汪某系具有一定社会知名度的音乐人，属于公众人物的范畴。汪某的此种身份容易成为大众关注的焦点，具有吸引舆论的特质，使得社会对其评论具有全方位、多角度、纵深性、持久性的特点，其亦有更多的机会通过媒体对相关报道或评论加以澄清，因此，其理应对社会评论具有更大的容忍义务。本案中，韩某江所作的“赌坛先锋”的评论虽然有些尖锐，但由于该评论并非无中生有，且未达到损害汪某人格尊严的必要限度，因此，法律不宜对此类评论加以苛刻的限制，而汪某作为公众人物应对上述评论予以容忍和理解。

综上，汪某认为韩某江侵犯其名誉权，缺乏事实及法律依据，对其诉讼请求均不予支持。

需要指出的是，本案的发生，也进一步提醒社会：公众人物应充分顾及其个人品行和道德情操对社会大众的影响和示范效应，时刻注意自己在公开场合的言行举止，努力为社会公众树立良好榜样；而自媒体时代下的公民个人在享受言论自由的同时，也要注意用语的规范、文明、理性，切忌为追求所谓的轰动效应忽略语言选择、随意发表言论，甚至不惜损害他人合法权益。

北京市朝阳区人民法院依据《中华人民共和国民法通则》第五条、第一百零一条之规定，判决：

驳回汪某的全部诉讼请求。

汪某不服一审判决，提出上诉。北京市第三中级人民法院经审理认为：本案中汪某、韩某江对于“赌”字的理解存在差异。汪某认为“赌”字对应的是“赌博”，而赌博行为在中国大陆属于违法犯罪行为，韩某江将汪某称之为“赌坛先锋”会使普通公众产生汪某参与了与赌博相关的违法犯罪活动的认知；而韩某江答辩认为“赌”字是中性词，不能说凡是与赌字相关就意味着违法犯罪。经查证，“赌”字在新华字典中的词义是用财物作注来争输赢，是对于某种行为的描述。应将本案审查的重点放在“赌坛先锋”是否会使不特定的公众产生负面理解并进一步降低对汪某的社会评价上，而作出这一判断不仅仅应从词义上考察，还应结合其他事实综合认定。

《中华人民共和国民法通则》第一百零一条规定：“公民、法人享有名誉权，公民的人格尊严受法律保护，禁止用侮辱、诽谤等方式损害公民、法人的名誉。”可以看出，侮辱和诽谤是侵犯名誉权的两种主要表现形式。所谓诽谤是指捏造并散布某些虚假事实来破坏他人的名誉。汪某上诉称根据现有证据，中国大陆境内并无任何机关认定自己参与了赌博活动，韩某江称汪某为“赌坛先锋”是没有事实依据的诽谤。根据韩某江一方在一审中提交的《公证书》等文件，可以看出在涉案微博发布之前，关于汪某在中国大陆境外赌场出现的消息被不少新闻媒体报道，经法院询问，汪某未否认这些新闻报道；而关于汪某参加江苏省德州扑克大赛的报道，其表示亦属实，但是强调自己只参加了开幕式和慈善赛，并未参加带有赌博性质的其他比赛。汪某在本案中将自己的行为依据地域的不同进行了区分，但从公众的角度而言，对个体行为的认知是整体性的而不能人为将个体行为及因此产生的后果割裂开来，汪某虽辩称其在中国大陆境内并未参加过任何能够认定为赌博的活动，但并不否认在中国大陆境外参加过赌博娱乐活动，韩某江依靠公共媒体报道获取的信息，将其主观对汪某行为的认知通过微博的形式发布，应认定该行为并非毫无事实依据的诽谤，而是个人根据其所知的事实发表的主观评论。虽然该主观评论的用词较为尖锐且带有夸张的成分，但所依据的基础事实是真实的。此外，“赌坛先锋”仅系涉案微博中的标题，标题所展示、传达给公众的内容相对有限，而涉案微博的内容及相关链接页面中并未有与“赌坛先锋”相关的论述，仅仅依标题中的词语难以认定构成诽谤。

所谓侮辱，一般是指用语言或行为损害、丑化、贬低他人人格。汪某上诉称韩某江利用其名人身份，在其个人微博中发布有损于其名誉的微博带有主观恶意，“赌坛先锋”系对其个人的侮辱。客观而言，“赌坛先锋”一词通常应视为对人的非正面评价，但在认定某行为是否构成侮辱问题上不能简单地将侮辱等同于适用贬低性词汇，而应区分公众可接受范围内的评论与恶意侮辱的合理界限。韩某江关于“赌坛先锋”的措辞虽然尖锐，但仍在个人主观感受范围内而非带有明显恶意的侮辱。

综合以上分析，对汪某关于“赌坛先锋”一词系韩某江对其个人的侮辱和诽谤的上诉理由，不予采信。

汪某上诉认为截至一审法院审结本案时，涉案微博的点赞量和阅读量很高，由此可以看出因涉案微博的不良影响造成了自己的社会评价降低。结合上文中的分析，韩某江所发布的微博中称汪某为“赌坛先锋”虽有言语不当之处，但并不构成侮辱及诽谤，且根据微博发布人的身份、微博标题与内容，作为理性的社会人也难以仅凭涉案微博即对汪某作出否定性评价。值得注意的是，本案系因微博而引发的纠纷，作为具有“自媒体”特性的微博，其特点在于寥言片语、即时表达对人对事所感所想，是分享自我的感性平台，与正式媒体相比，微博上的言论随意性更强、主观色彩更加浓厚，而微博的评论功能中所发表的内容同样具有以上的特点，在判断某言论是否会造成某人社会评价降低时不能单纯以此作为依据，还应结合其他证据综合判断，而在本案中尚无其他证据能够证明汪某因涉案微博造成其社会评价有所降低，故对其该项上诉理由，亦不予采信。

北京市第三中级人民法院依照《中华人民共和国民事诉讼法》第一百七十条第一款第（一）项之规定，判决如下：

驳回上诉，维持原判。

【法官后语】

普通大众用以发布自己亲眼所见、亲耳所闻、亲身所感的载体被称为自媒体，如博客、微博、微信、论坛/BBS等网络社区都属于自媒体范畴，自媒体环境下新闻的自由度显著提高，相较于以往报纸、电视等传统媒体时代消息的传播渠道被少数专业人士掌握的情况，自媒体时代人人都如同拥有了一把麦克风，人人都可能成为新闻传播者，可以随意通过网络发表自己的意见和看法且会呈几何式增长的方式传播，在短时间内造成极大的影响。以本案为例，双方诉争的内容发表于韩某江的个人微博，短时间内的点赞量和阅读量都很高，汪某据此认为该微博内容降低了社会公众对自己的评价，侵犯了自己的名誉权。显然，自媒体的特点在改变传媒生态的同时，使法院在认定自媒体环境下的名誉侵权案件时既要把握侵权案件的一般要件又要考虑到自媒体特性对案件的影响。

1. 自媒体环境下对于名誉侵权案件的判定应遵循认定侵权行为的一般标准。受德国法影响，我国采纳的是侵权行为四要件说，以自媒体为媒介的名誉侵权案件应首先按照侵权的要件进行审查，其中审查的重点是行为人的行为及因此带来的后果。根据《中华人民共和国民法通则》第一百零一条的规定，侮辱和诽谤是我国法律规定的侵害名誉权的主要形式，法官在认定自媒体内容是否侵犯名誉权时应考察该内容（行为）是否构成了对他人的侮辱或诽谤。以本案而言，汪某认为韩某江称自己为“赌坛先锋”是对自己的诽谤，微博传播的内容具有“诽谤性”，即违法性。法院分析认为，由于汪某并不否认在中国大陆境外参加过赌博娱乐活动，韩某江依靠公共媒体报道获取到信息，并将其主观对汪某行为的认知通过微博的形式发布应属于个人根据其所知的事实发表的主观评论，虽然该主观评论的用词较为尖锐且带有夸张的成分，但该主观评论所依据的基础事实是真实的，因此汪某诉称诽谤的基础并不成立。

侵害名誉权的另一个主要表现形式是侮辱他人，但如何认定某种行为是否构成侮辱，现有的法律条文并未给出更多的衡量标准，法官在认定时会试图以一个普通的诚实善良人的视角来判断，同时强调认定某行为是否构成侮辱不能简单地将侮辱等同于适用贬低性词汇，而应区分公众可接受范围内的评论与恶意侮辱的合理界限。本案中的“赌坛先锋”一词并非正面评价，但仅凭涉案微博的标题很难让一个拥有正常判断能力的社会人就将汪某看作赌徒、赌棍、犯罪分子，且从韩某江的个人身份、发布途径、微博标题与内容、语境等因素都可以判断出，韩某江对汪某的评论虽然不易接受但尚不足以构成对他人的侮辱。

2. 认定侵权后果时应考虑自媒体特殊性。法官对于侵权后果的认定既是判定是否构成侵害名誉权的要件之一，又是判定侵害造成损失范围的考量因素。但是在涉及自媒体的名誉侵权案件中，自媒体的特性决定了法官不能仅凭网络评论即认定某一行为造成严重后果。以本案而言，汪某诉称由于韩某江的微博被大量转载、点赞，评论区的评论也多为负面，应认定涉案微博使自己的社会评价降低。从双方提交的涉案微博的评论区截图看，有些评论确有负面内容，但有的评论与微博内容无关或只有一个字。笔者认为，正如微博具有强烈的“自媒体”特性一样，微博的评论功能中所发表的内容同样具有言论随意性强、主观色彩浓厚的特点，在判断某言论是否造成某人社会评价降低时不能单纯以此作为依据，还应结合其他证据综合判断，在没有其他证据时，不宜仅凭网络评论认定某评论对特定人造成社会评价降低的严重后果。

撰写人：北京市第三中级人民法院　周易

46

利用微信侵犯他人名誉权的认定

——王某诉何某名誉权案

【案件基本信息】

1. 裁判书字号

北京市密云区人民法院（2016）京0118民初字第4884号民事判决书

2. 案由：名誉权纠纷

3. 当事人

原告：王某

被告：何某

【基本案情】

王某、何某均系二手房中介人员。2016年7月初，双方因客户买卖房屋问题产生矛盾，何某到王某处理论，王某通过两次报警，在民警调解下何某离开。当日，王某在微信朋友圈、密云区房产友好合作群、二手房中介合作群、密云二手房买卖群内发现微信名Cc和124发表针对其的侮辱性言论，并且还附上了王某的微信资料及头像。王某为此诉至法院，要求何某赔偿其经济损失及精神损失共计5万元。

【案件焦点】

1. 在微信朋友圈和微信群发布侮辱性言论，是否构成名誉权的侵犯；2. 侵权主体如何认定。

【法院裁判要旨】

北京市密云区人民法院经审理认为：名誉系他人就其品性、德行、名声、信誉的社会评价。公民、法人享有名誉权，公民的人格尊严受法律保护，禁止用侮辱、诽谤等方式损害公民、法人的名誉。公民的姓名权、肖像权、名誉权、荣誉权受到侵害的，有权要求停止侵害，恢复名誉，消除影响，赔礼道歉，并可以要求赔偿损失。本案中，虽然何某不承认微信号Cc所发布的信息系其所为，但通过微信名由Cc变更为“124”的情况、Cc及“124”发布信息所留电话号码与何某所使用电话号码一致的事实，双方又曾因客户产生矛盾纠纷，且经双方确认的双方发生正面冲突的时间与微信用户Cc发布涉案信息时间相近，王某所提供的证据形成了证据链，能够证明Cc所发布的信息系何某所为。微信平台系好友沟通交流的公众平台，用户应使用文明语言进行沟通交流，但何某在朋友圈及微信群内发布涉及对王某人格评价的信息，特别是使用“人渣”这样的词汇，致使原告的社会评价遭受一定影响，精神上遭受一定的压力及损害，故王某要求何某赔偿精神损害抚慰金之诉讼请求，予以支持，具体金额由法院酌定。对于王某要求何某赔偿收入下降的损失，因王某未提供充分证据证明该损失确实存在且与何某的行为之间存在必然的因果关系，故不予支持。综上所述，依照《中华人民共和国民法通则》第一百零一条、第一百二十条，《中华人民共和国民事诉讼法》第六十四条之规定，判决如下：

一、何某于本判决生效之日起七日内赔偿王某精神损害抚慰金1000元。

二、驳回王某的其他诉讼请求。

【法官后语】

《最高人民法院关于审理名誉权案件若干问题的解答》第七条明确指出，是否构成侵害名誉权的责任，应当根据受害人确有名誉被损害的事实、行为人行为违法、违法行为与损害后果之间有因果关系、行为人主观上有过错来认定。利用微信散布侮辱性言论是否侵犯名誉权，亦应以此为依据进行审查。

1. 受害人名誉是否受到损害

侵害名誉权的损害事实主要包括因为侵权行为造成受害人名誉损毁、精神或财产上受到损害。基于微信“熟人圈”特质，即使在微信中使用网名，个人身份信息指向也比较明确。在熟人圈内散布侮辱性言论，经熟人间口耳相传，更容易造成受害人社会评价的降低。在本案中，不仅在朋友圈里发布侮辱性言论，而且在共同从业的多个房地产微信群内多次散布侮辱性言论，属于对王某的职业形象、职业道德的贬低以及人格丑化，使得关注其朋友圈和微信群中的人群能够确定所指向的对象就是王某，直接造成对王某的社会评价降低，使王某在精神上遭受一定的压力，客观上造成了损害的事实。

2. 行为人行为是否违法

行为人实施损害他人名誉的行为主要有三种：暴力侮辱，对受害人使用暴力或用暴力相威胁而使他人的名誉受到侵害；语言侮辱，用侮辱性的言词对被害人进行嘲笑、侮辱使被害人当众出丑；文字侮辱，即通过文字、图形等对他人进行侮辱用以降低他人的人格。本案中，何某采取在微信朋友圈和多个微信群中发布文字的方式，散布侮辱性言论，已经构成对王某名誉权的积极侵害，其行为已经违法。

3. 违法行为与损害后果之间是否具有因果关系

根据前述分析，正是何某发表了侮辱性言论，才使得王某遭受精神上的痛苦。何某的违法行为直接导致王某的精神痛苦。显而易见，二者之间具有直接的因果关系。

4. 行为人主观上是否有过错

本案中，何某在发表相应言论、公布相关身份信息前，明知微信的信息传播和交流方面具有快捷便利、覆盖面广的特点，极易造成贬损他人名誉的社会评价，却希望或放任该结果的发生，表明其具有主观上的故意。

综合上述分析，可以认定何某的行为符合侵犯名誉权的构成要件，其行为构成对王某名誉权的侵犯，应追究其侵权责任。

编写人：北京市密云区人民法院　陈琼

47

在微信朋友圈散布虚假信息是否侵犯名誉权

——赣榆区沙河镇某某饭店诉徐某某名誉权案

【案件基本信息】

1. 裁判书字号

江苏省连云港市赣榆区人民法院（2016）07 民初字第 7344 号民事判决书

2. 案由：名誉权纠纷

3. 当事人

原告：赣榆区沙河镇某某饭店（以下简称某某饭店）

被告：徐某某

【基本案情】

2016 年 7 月 24 日中午，案外人唐某磊在某某饭店办喜宴，当日下午参加喜宴的人员出现拉肚子症状，后陆续有十余人出现上述症状并到村医务室就诊。唐某磊找到某某饭店经营者贺某荣，贺某荣赔付 1000 余元的医疗费，双方调解解决了此事。2016 年 8 月 3 日，徐某某在大岭家家乐奶粉群微信平台发帖，全文如下：朱屯的唐某磊喜得贵子，于 7 月 24 日在某某饭店摆设八桌的喜宴庆祝！当日晚所有参加喜宴的亲戚朋友全部食物中毒！经过几天的住院治疗至今还有十三位患者仍在住院！说到这小编都觉得后怕！此饭店打着老旗号、老口碑一直在用地沟油，买廉价的菜欺骗消费者！真是可恨！现在饭店老板还没有给中毒者相应赔偿！就连花掉近万元的医疗费都不肯出！说到这朋友们想必都会气愤！这么多年赚着黑心钱！没有对老百姓的生命负一点点的责任！这样的饭店谁还敢去吃啊！希望饭店的同行也有所警惕，不要拿老百姓的生命开玩笑！更希望某某饭店老板能给朱屯中毒的患者一个说法！最后提醒广大群众需要摆设喜宴一定要擦亮眼睛，选一家质量靠谱的饭店!!! 不求点赞只求转发。徐某某认可该帖文是从其微信号 ×××213－715 发出的，否认是其本人所发，但对于是谁使用其手机及其微信号发布上述帖文未举证证明。某某饭店认为，此微信一出，给其名誉造成损害，当时正值学生升学宴高峰，有25桌喜宴退订，并出示多张自行书写的简易便条，证明有退订的事实，根据上一年度喜宴订桌情况及收益，主张徐某某赔偿经济损失30000元。

【案件焦点】

徐某某是否散布了某某饭店实物中毒的谣言，是否对某某饭店的名誉权造成侵害。

【法院裁判要旨】

江苏省连云港市赣榆区人民法院经审理认为：微信作为自媒体的一种载体，具有即写即发的快捷和便利，一经发出，其圈内的朋友无论身处何处，只要有互联网可触及的地方，几乎都能看到及转发，帖文的效应便会不断放大。徐某某在其微信群聊中发帖，虽然否认是其本人所发，但对是谁使用其手机发帖并未举证证明，应承担举证不能的法律后果。帖文中扩大事实真相、散布如使用地沟油、买廉价菜等虚假信息，对某某饭店进行贬损，使得公众对某某饭店的社会评价降低、对某某饭店业内声誉等造成负面影响。徐某某的行为已侵犯了某某饭店的名誉权，应当立即停止侵害并向某某饭店赔礼道歉、为某某饭店消除影响、恢复名誉。但徐某某在其微信群聊的发帖也不是完全凭空捏造，某某饭店确实发生了多名食客食物中毒的事实，只是没有微信帖文所述的严重而已。基于此，对某某饭店主张精神抚慰金及损害赔偿的诉讼请求，不予支持。

江苏省连云港市赣榆区人民法院依照《中华人民共和国侵权责任法》第二条，第三条，第六条，第十五条第一款第（一）项、第（七）项、第（八）项之规定，作出如下判决：

一、徐某某应于本判决生效之日起五日内删除其在大岭家家乐奶粉群微信群聊发布的侵权内容，并在该群聊中公开向某某饭店赔礼道歉、为其消除影响、恢复名誉；

二、驳回某某饭店的其他诉讼请求。

【法官后语】

名誉权是指自然人、法人和非法人组织所享有的保护自己名誉不受他人侵害的权利。名誉作为一种社会评价，应是社会上不特定的多数人对特定主体的一种评价，此种评价不是一个人对另一人的评价，也不是一种自我评价，而是公众的评价。

微信作为一种社交工具，已进入人们的日常生活，在我国微信的用户已达数亿。微信群也为人们提供了一种信息交流的场所，在某种程度上成为人们生活的一个圈子，但微信群的性质却并不相同，有些微信群如工作群、家庭群、朋友群等，这类微信群中的人员相互熟悉、人员固定，在该类微信群中发布消息是小范围的发布，不能认定为对社会公众发布。但有些微信群，如微商所建的群、实体商家所建的群、某一公众活动所建的群等，这类微信群中的人员并不固定，相互并不熟识，其他人员随时可以加入、退出，在该类群聊中发布的消息应认定为对社会公众发布，且该类群聊中发布的消息一般要求他人转发，更体现了对社会公布的特点。

本案中，徐某某在名为“大岭家家乐奶粉群”中发布消息对某某饭店进行贬损，而该群为一个奶粉店的商家所建，其人员不特定，该群聊中的消息能够迅速通过转发、分享的功能传播扩散，并被不特定的社会公众知悉，且帖文最后要求大家予以转发，可以确认徐某某是故意向社会公众发布消息对某某饭店的名誉进行贬损，其行为具有违法性，造成社会公众对某某饭店的评价降低，以致出现退订酒宴的损害后果，徐某某的行为与某某饭店社会评价降低、被退订酒宴的损害后果之间具有因果关系，故徐侵害了某某饭店的名誉权，应当承担侵权责任。

编写人：江苏省连云港市赣榆区人民法院　李陆军

48

网络侵权中转载者责任的认定

——孙某诉北京某某互联网信息服务有限公司名誉权案

【案件基本信息】

1. 裁判书字号

北京市第一中级人民法院（2016）京01民终字第6047号民事判决书

2. 案由：名誉权纠纷

3. 当事人

原告（被上诉人）：孙某

被告（上诉人）：北京某某互联网信息服务有限公司（以下简称某某公司）

【基本案情】

2014年4月16日20时10分，某某网刊登了标题为《孙某状告中国石化侵权案在美一审败诉》的文章。该文章标注来源为“中国新闻网”。文章主要内容为：中新网4月16日电2014年4月15日，美国联邦加州中心区法院法官就孙某在美起诉中石化要求赔偿51.7亿美元作出裁定：驳回孙某的全部诉讼请求，中国石化取得一审全面胜诉。在之前的业务往来中，中国石化发现孙某存在诸多不法行为，为防止国有资产遭受巨额损失，2005年7月，中国石化向上级部门上报了案件情况。同年9月，孙某因涉嫌刑事犯罪，经长春市人民检察院批准，被吉林省公安厅执行逮捕。2007年12月，孙某被移送起诉。

2014年4月17日10时24分，某某公司经营的某某网刊登了标题为《中石化在美被告索赔51亿美元一审全面胜诉》的文章。该文章标注来源为“中国经济网”。文章内容主要有：2005年因涉嫌刑事犯罪，某某能源有限责任公司总经理孙某被逮捕。昨日中石化官微发布微博称孙某状告中国石化侵权案在美国一审败诉，加州中心区法院法官就孙某起诉中国石化要求赔偿51.7亿美元作出裁定，驳回原告孙某的全部诉讼请求。

事实上，孙某在美国提起的诉讼，结果是美国的法院从程序上驳回了孙某的起诉，并非驳回其全部诉讼请求。关于孙某被提起公诉的后续情况是：吉林省长春市人民检察院以事实、证据发生变化为由，决定撤回起诉。后法院准许吉林省长春市人民检察院撤回起诉。某某公司在收到法院送达的诉讼材料后删除了涉诉文章。

【案件焦点】

1. 某某公司是否系利用网络实施涉嫌侵害孙某人格权益的直接行为人；2. 作为转载者，某某公司是否侵犯了孙某的名誉权；3. 如果构成侵权，某某公司应如何承担侵权责任。

【法院裁判要旨】

北京市海淀区人民法院经审理认为：首先，某某公司系利用网络实施涉嫌侵害孙某人格权益的直接行为人，其应当承担“发布者”责任。某某公司虽然为转载者，但转载内容失实，且不完整。其次，某某公司的涉诉行为构成对孙某名誉权的侵犯。某某公司经营的某某网站作为综合性信息发布的大型门户网站，应承担与其性质、影响范围相适应的注意义务，而在本案中，某某公司显然没有尽到相应的义务。最后，某某公司应当承担赔礼道歉、消除影响的侵权责任。虽然某某公司业已删除了侵权文章，但其在应诉后删除侵权文章仅表明其停止了侵权行为，并不因通知后删除而免责。北京市海淀区人民法院依据《中华人民共和国侵权责任法》第二条、第六条第一款、第十五条、第三十六条第一款，《最高人民法院关于审理名誉权案件若干问题的解答》第七条，《最高人民法院关于审理利用信息网络侵害人身权益民事纠纷案件适用法律若干问题的规定》第十条之规定，作出如下判决：

某某公司于本判决生效后十日内分别在其经营的某某网站某某新闻频道和某某财经频道首页明显位置上持续登载致歉声明七日，向孙某赔礼道歉、恢复名誉、消除影响，致歉内容需经法院审查许可；如不执行上述内容，则由法院选择一家全国发行的报刊，刊登判决主要内容，刊登费用由某某公司承担。

某某公司提起上诉。北京市第一中级人民法院经审理认为：第一，关于某某公司是否可以成为侵权行为主体的问题。某某公司的行为属于该公司提供的一种内容发布服务，系该公司利用网络实施的自己行为，某某公司为利用网络实施涉嫌侵犯孙某人格权益的直接行为人。第二，涉案文章是否构成对孙某名誉权侵犯的问题。《孙某状告中国石化侵权案在美一审败诉》一文中报道失实，足以让不特定第三人形成孙某处于追究刑事责任中，还因此到国外无理诉讼并败诉的负面理解，构成对孙某名誉权的侵害。涉案文章《中石化在美被告索赔51亿美元一审全面胜诉》虽表明是“昨日中石化官微发布微博称”“中石化官方微博石化实说发布微博称”，但是由于该报道的片面性，加之亦存在孙某在美国的诉讼被驳回全部诉讼请求的不当报道及对孙某被刑事追诉的不完整报道等内容，构成对孙某名誉权的侵害。第三，从本文转载主体的性质与影响范围来看，某某公司经营的某某网站是发布综合性信息的大型门户网站，对其转载的信息应当进行严格的审查，本案中涉案文章的信息侵权特征较为明显，某某公司不能证明其尽到了审查注意义务，应当承担相应的责任。

北京市第一中级人民法院依据《中华人民共和国民事诉讼法》第一百七十条第一款第（一）项之规定，作出如下判决：

驳回上诉，维持原判。

【法官后语】

从转载行为的特点来看，转载行为加入了转载者的主观意志，因此，转载行为应当包括在法律规定的“利用”网络的行为之中，转载者可以作为责任承担的主体。对裁判结果的报道应当坚持两个原则：一是准确，二是完整。裁判结果的不准确或不完整报道可能导致名誉侵权。对转载者是否承担侵权责任，主要考察三点：一是转载主体的性质及影响范围，二是转载内容是否具有显著的侵权特征，三是转载者是否对转载内容进行了实质性的足以误导公众的修改。

首先，转载者是否因转载行为而成为侵权主体的问题。转载是将他人创作的智力成果通过自己的筛选公之于众的行为，其与原创行为的区别仅为发布内容来源于他人，但转载也是行为人通过主观筛选产生的客观行为，此行为包含了行为人一定的主观意志。因此，转载行为应当包括在法律规定的“利用”网络的行为之中，转载者的转载行为如果存在过错，可以认定为侵犯名誉权的直接行为人。

其次，关于不当传播诉讼结果是否侵犯名誉权的问题。对诉讼结果的报道应当准确并完整。本案中，对于传播者对诉讼结果的不当传播包含了两个方面：一是将

“法院因管辖权问题驳回起诉”这一程序性处理行为曲解为“法院驳回诉讼请求”这一实体性处理行为，此种报道有失妥当，会给不知情的第三人造成孙某到国外无理诉讼并败诉的负面理解。二是关于孙某被提起公诉一事，在诉讼过程中，检察机关撤回起诉，并获得法院准许，但相关报道并不完整。本案中这种不恰当或不完整的报道会导致社会公众对相关人员的社会评价的降低，属于对名誉权的侵犯。

最后，关于转载者过错的认定。认定网络用户或者网络服务提供者转载网络信息行为的过错及其程度，应当综合转载主体的性质、影响范围、所转载信息侵害他人人身权益的明显程度以及对所转载信息是否作出实质性修改等因素。本案中，某某公司虽然未作出实质性修改行为，但对转载者过错的判断应当结合转载者的性质及影响范围及转载内容是否具有显著的侵权特征来认定。某某公司作为全国知名的门户网站，信息影响力大、传播范围广。同时作为大型互联网企业，也具备对其转载的信息进行严格审查的能力。某某公司作为转载者，未尽到应有的审查义务，存在过错，应当承担侵权责任。

编写人：北京市第一中级人民法院　赵小军

49

网络平台发表文章构成名誉侵权的认定

——南阳玉石王朝玉器有限公司、王某某诉镇平县牧之堂玉业有限公司、孙某某名誉权案

【案件基本信息】

1. 裁判书字号

河南省南阳市镇平县人民法院（2017）豫1324民初字第236号民事判决书

2. 案由：名誉权纠纷

3. 当事人

原告：南阳玉石王朝玉器有限公司（以下简称玉石王朝公司）、王某某

被告：镇平县牧之堂玉业有限公司（以下简称牧之堂玉业公司）、孙某某

【基本案情】

“牧之堂玉业有限公司 muzhitang999”是牧之堂玉业公司的微信号，2016 年 11 月，该公司法定代表人孙某某在公司微信上发表了“鸡鸣狗盗之徒，你能走多久?”的文章。该文章内容中显示有：“这个世界上，总有一些跳梁小丑，它本该待在马戏团里，却被一不小心放到了大街上”“冒出一个叫做玉石王朝的，仿佛看到了紫绿玛瑙的商机，大肆剽窃孙堂主的文章文字，抄袭牧之堂作品创意，以垃圾做工、虚假报价和盗图、造谣的手段剽窃网络流量，骗取顾客群体”“玉石王朝注册了一个公众号，鼓吹是紫绿玛瑙大户，虽然行内人都知道，王某某到山上收料连精品料的毛都见不到，一年当中去三两次，收几十斤料也都是别人家筛拣剩下的。玉石王朝大部分的产品都是从地摊上赊账倒卖，再租个几十平米场地，养几个工人，专门搞抄袭。这样一个皮包公司，玉石王朝王某某硬是腆着脸四处见人，神也是服了”“王某某仿佛一下子又找到了 G 点”“更不会是无聊到跟小丑论道、对癞牛弹琴，而是作为业界良心、作为知识分子，对种种刁痴丑态的嫌恶，对社会良知的担忧，对跳梁小丑的哀怜”等语言文字。该文章在百度网页的“紫绿玛瑙吧”“镇平玉雕吧”以及在“淘宝群（102）”“玉美函一群紫绿俄料（465）”“玉美函六群紫绿和玉（459）”“AA 陕西紫绿玛瑙交流群（127）”等微信号中转发。

【案件焦点】

孙某某在公司微信上发表的文章内容是否构成名誉侵权。

【法院裁判要旨】

河南省镇平县人民法院经审理认为：公民享有的名誉权受法律保护，禁止用侮辱、诽谤等方式损害公民的名誉。法人名誉权的核心是商业信誉，外在表现为企业的名称、品牌、产品和服务所获得的社会评价，禁止用侮辱、诽谤等方式予以损害。公民在社交媒体发表文章交流个人观点，本是行使言论自由权利的一种体现，但不能以损害他人合法权益为前提。孙某某在其担任法定代表人的牧之堂玉业公司微信平台上发表的“鸡鸣狗盗之徒，你能走多久?”的文章中，多次出现具有主观贬损、丑化玉石王朝公司法人人格的攻击性语言，并对王某某个人进行不当评论，

且在多个社交媒体转载，这种攻击性语言和不当评论在一定的网络媒体范围内必然会对玉石王朝公司、王某某的名誉造成损害，牧之堂玉业公司、孙某某的行为对玉石王朝公司、王某某的名誉显然构成了侵害。因此，玉石王朝公司、王某某要求牧之堂玉业公司、孙某某赔礼道歉、消除影响、恢复名誉的诉讼请求成立，予以支持。但牧之堂玉业公司、孙某某的文章并未在《大河报》刊登和转载，故玉石王朝公司、王某某要求在该报上刊登道歉声明的诉讼请求不予支持。牧之堂玉业公司、孙某某的侵权行为，客观上对王某某精神上造成了一定损害，但无证据证明造成严重后果，且玉石王朝公司、王某某亦未能提供有效证据证实牧之堂玉业公司、孙某某的名誉侵权行为造成的其他损失，故玉石王朝公司、王某某请求牧之堂玉业公司、孙某某支付精神损失费 100000 元的诉讼请求不能成立，不予支持。牧之堂玉业公司、孙某某虽称已撤回了孙某某发布的文章，但在一定范围已对玉石王朝公司、王某某造成了名誉损害，其仍应当在造成损害范围内对玉石王朝公司、王某某赔礼道歉、消除影响，牧之堂玉业公司、孙某某亦未能提供有效证据证实玉石王朝公司、王某某盗用了其文章和图片，故牧之堂玉业公司、孙某某辩称不构成侵权、不应承担侵权责任的理由不能成立，不予采纳。玉石王朝公司、王某某为确定牧之堂玉业公司、孙某某侵权的基本事实所支出的公证费用，应当由牧之堂玉业公司、孙某某负担。

湖南省南阳市镇平县人民法院依照《中华人民共和国民法通则》第一百零一条、第一百二十条第一款，《中华人民共和国侵权责任法》第二条、第三条、第十五条，《最高人民法院关于确定民事侵权精神损害赔偿责任若干问题的解释》第八条第一款之规定，作出判决如下：

一、限牧之堂玉业公司、孙某某于判决生效后二十日内在百度网页的“紫绿玛瑙吧”“玉雕吧”“镇平玉雕吧”及微信号“牧之堂玉业有限公司 muzhitang999”上刊登对其侵犯玉石王朝公司、王某某名誉权行为的致歉声明，恢复名誉、消除影响（该书面声明内容须经法院审查）；

二、牧之堂玉业公司、孙某某于判决生效后二十日内支付玉石王朝公司、王某某公证费用 1800 元；

三、驳回玉石王朝公司、王某某的其他诉讼请求。

【法官后语】

本案争议的焦点问题是对公民、法人名誉权的侵害的构成要件。所谓名誉权，是指公民或法人保持并维持自己名誉的权利。公民享有的名誉权受法律保护，禁止用侮辱、诽谤等方式损害公民的名誉。法人名誉权的核心是商业信誉，外在表现为企业的名称、品牌、产品和服务所获得的社会评价，禁止用侮辱、诽谤等方式予以损害。侵犯名誉权，首先，主观上必须具有过错，包括故意和过失；其次，客观上必须实施了足以使他人名誉受损的行为，这些行为不仅包括引起他人精神痛苦和屈辱的言辞和行为，还包括以捏造、夸大和歪曲事实的行为来降低对公民、法人的社会评价；最后，这些行为还须具有公然性和针对性。孙某某在其担任法定代表人的牧之堂玉业公司微信平台上发表的"鸡鸣狗盗之徒，你能走多久?"的文章中，多次出现具有主观贬损、丑化玉石王朝公司法人人格的攻击性语言，并对王某某个人进行不当评论，且在多个社交媒体转载，这种攻击性语言和不当评论在一定的网络媒体范围内必然会对二原告的名誉造成损害，二被告的行为对二原告的名誉显然构成了侵害。因此，对于二原告要求二被告赔礼道歉、消除影响、恢复名誉的诉讼请求成立，法院应当予以支持。

在当前网络发达的自媒体时代，网络平台为普通民众提供了发表意见、交流、学习的机会，人人都是发布者和传播者，这是宪法赋予公民言论自由权利的正常行使。然而，这种权利的行使必须在法律、法规规定的范围内，不能侵害他人的合法权益，也不能违反公序良俗的基本原则，要倡导和维护合法、文明、健康的网络秩序，这样才能真正起到交流、学习的目的。

编写人：河南省南阳市镇平县人民法院　赵军

50

消费者合理批评不构成对经营者名誉权的侵犯

——港闸区某某女子美容会所诉蔡某某名誉权案

【案件基本信息】

1. 裁判书字号

江苏省南通市港匣区人民法院（2016）苏0611民初字第243号民事判决书

2. 案由：名誉权纠纷

3. 当事人

原告：港闸区某某女子美容会所（以下简称某某美容会所）

被告：蔡某某

【基本案情】

2015年12月21日，案外人吴某某在某某美容会所接受面部护理服务，办理了2100元的特价会员卡，出具收条一张，收条上注明“不退不换”，吴某某的朋友蔡某某也进行了美容体验。2015年12月23日，吴某某与蔡某某共同到某某美容会所，以吴某某脸部皮肤过敏为由，要求某某美容会所退款，因某某美容会所不同意退款，双方发生口角，后某某美容会所要求吴某某提供医院出具的因美容产品原因导致皮肤过敏的证明，才可以办理退款。次日，吴某某与蔡某某携带南通大学附属医院出具的记载了“额头、双颊见红；注意保湿”的病历，又要求某某美容会所退款，在协商过程中某某美容会所与蔡某某发生冲突。

2015年12月24日11点35分，蔡某某在新浪微博平台中以“SidneyCc希”的账号发帖，微博内容为：“@王思聪@王思聪 南通万达广场二楼柔之蔓美容场所，朋友做脸过敏霸王条款不给退款，还大吵，态度强硬，后来开了医院证明，才同意，该场所美容师侮辱人，说我鼻子玻尿酸打多了，眼瞎啊我这是真的！最后出手打人！你们怎么能允许这种店入驻万达!!!”随后，蔡某某在微博内容下的评论中又@南通万达广场、@南通电视台、@南通的吃货等南通本地博主。2015 年 12 月 24 日 17 点 08 分蔡某某转发该帖称："打电话威胁是吗？我不介意把事情搞大，今天来就是来解决事情的，可是你们美容师是怎么做的，谁没受伤，你问问围观顾客，谁动手更厉害。要点脸，也不是吓大的。"

2015 年 12 月 28 日，某某美容会所通过银行转账形式，向吴某某的银行卡中退还了会员卡费 2100 元。次日，某某美容会所委托北京市亿嘉（南通）律师事务所陈某龙律师，向蔡某某发送律师函，要求与蔡某某协商解决本次事件，停止侵权、恢复名誉。12 月 31 日，蔡某某已将相关微博内容予以删除。

【案件焦点】

蔡某某在微博中发帖的行为是否侵犯了某某美容会所的名誉权。

【法院裁判要旨】

江苏省南通市港匣区人民法院经审理认为：根据法律规定，是否构成侵犯名誉权的责任，应当根据受害人确有名誉被损害的事实、行为人行为违法、违法行为与损害后果之间有因果关系、行为人主观上有过错来认定。因此，判断蔡某某在微博中发帖的行为是否构成侵犯某某美容会所名誉权的责任，首先应当认定某某美容会所是否存在名誉被侵害的事实以及蔡某某是否存在违法行为。关于名誉利益损害事实是否存在，应当以诽谤、侮辱等行为是否为第三人知悉，造成受害人的社会评价降低为认定标准。某某美容会所虽然最终同意退款，但还是设置了一定的条件，而且满足该条件对普通消费者来说比较困难，需花费一定成本，因此蔡某某据此认为是拒绝退款，并将该收条上的规定定性为"霸王条款"属于一般消费者的正常认识，并不构成侮辱、诽谤。关于皮肤过敏的问题，蔡某某朋友到医院就诊后确实被诊断为存在皮肤过敏的问题，蔡某某并没有捏造事实，而且因每个人体质不同，对化妆美容产品存在过敏情况也比较常见，消费者一般不会以他人皮肤对美容产品过敏就认为产品必然存在质量问题，进而导致某某美容会所的社会评价降低。蔡某某对某某美容会所所提供的经营服务通过微博的形式进行披露、评价，是在阐述个人对本次事件的看法，必然带有一定的主观情绪色彩，即便处理该起事件的方式或者言辞存在过激之处，但尚不构成法律规定的诽谤、侮辱行为。

综上，蔡某某并不存在侮辱、诽谤某某美容会所的违法行为，因此蔡某某在微博中发帖的行为并不构成侵犯某某美容会所的名誉权，对于某某美容会所的各项诉讼请求，不予支持。

【法官后语】

消费者对产品、服务存在的问题享有批评权。批评权的行使并不能给消费者带来直接的经济利益，但能够对生产者、经营者造成舆论压力，促使生产者、经营者提高产品质量，提高服务水平，一定程度上具有公益性，更应受到保护。批评如果超过合理的限度，就可能侵犯生产者、经营者的名誉权。在预付式消费中，对消费者来说，在消费行为尚未开始时能无条件退款是其对经营者诚信经营的合理期待，经营者无正当理由拒绝退款，即可以认定服务存在瑕疵，消费者可以对其进行合理批评。本案中，某某美容会所虽然最终同意退款，但因此设置的条件，使蔡某某为取得退款还需花费一定成本，可以认为某某美容会所有拒绝退款的意思，蔡某某据此认为某某美容会所拒绝退款，并将某某美容会所的规定定性为“霸王条款”属于一般消费者的正常认识，并不构成侮辱、诽谤。消费者既然对经营者有进行批评的权利，而评价必然带有一定的主观感受，故只要不存在故意侮辱、诽谤等违法行为，即便表达方式或者言辞存在过激之处，也不构成侵犯经营者的名誉权。本案并不是消费者向经营者主张权利，而是通过驳回经营者的诉讼请求，从相反的方面维护了消费者的合法权益。

编写人：江苏省南通市港闸区人民法院　邓述勇

51

职业打假人侵犯名誉权的认定

——青海某某药用资源科技利用有限公司诉王某等名誉权案

【案件基本信息】

1. 裁判书字号

青海省高级人民法院（2016）青民终字第153号民事判决书

2. 案由：名誉权纠纷

3. 当事人

原告（被上诉人）：青海某某药用资源科技利用有限公司（以下简称某某药用公司）

被告（上诉人）：王某

被告：北京微梦创科网络技术有限公司（以下简称微梦网络公司）、北京市理化分析测试中心（以下简称测试中心）

【基本案情】

某某药用公司是极草5X冬虫夏草系列产品的研发生产企业。自2014年10月27日起，王某通过“新浪博客认证打假第一人王某”“新浪微博认证打假第一人王某”的新浪博客和微博，发表了一系列针对某某药用公司极草产品的言论，主要有1.《极草骗局报告——虫草并非中医传统药材》（链接《科技生活周刊》2014年10月24日《中医不疼、西医不爱的虫草》）；2.《极草骗局冬虫夏草：没有独特功效成分的“神草”》；3.《极草骗局报告——冬虫夏草中没有“虫草素”!》（2、3链接《科技生活周刊》2014年10月24日《冬虫夏草：没有独特功效成分的“神草”》）；4.《极草骗局——南方周末揭露极草骗局，青海食药监局涉嫌渎职》（链接《南方周末》2014年10月24日《“既不是食品，也不是保健品，也不是药品”极草“护身符”》）；5.《极草骗局——极草5X借“药效”牟取暴利》（链接《北京商报》2014年9月2日《极草5X借“药效”牟取暴利》）；6.《忠告——当心极草骗局》（为涉及冬虫夏草、极草产品的上述微博链接）；7.《极草骗局——假新闻真广告，覆盖忽悠一举两得》（反映部分极草新闻内容不具有新闻要素，是假新闻真广告，欺诈消费者等内容，无链接）。王某承认文章是转载的，但“极草骗局”四字系其添加后发布的。2014年11月7日，测试中心接受北京某某商务顾问有限责任公司（王某系其股东）的委托，出具《检验报告》，检验结果显示：未检出虫草素含量。之后在王某的微博等网络媒体以及《新京报》《京华时报》《东南早报》《东方早报》《南国早报》《钱江晚报》《城报》等纸媒体、地方电视台的相关报道中，出现大量“极草产品不含虫草素”“极草虫草素含量为零”的报道。某某药用公司就此向新浪博客、新浪微博网络运营主体微梦网络公司发出通知，要求其采取措施，微梦网络公司接到通知后，仅对新浪博客上的涉案博文进行了处理，但新浪微博上的王某的言论持续刊载，王某继续在新浪博客上发布新的文章。某某药用公司为维权支出律师费95000元，公证费14000元。另查明，虫草素的检测目前没有国家标准和法定标准。

【案件焦点】

王某的行为是否符合侵犯法人名誉权的构成要件。

【法院裁判要旨】

青海省西宁市中级人民法院经审理认为：

（一）王某是否侵犯某某药用公司的名誉权。公民有言论自由，但应当在法律允许的范围内合法理性地行使权利。王某是国内“打假”名人，其关于企业、产品所作出的评论、言论，在社会公众中享有较高的关注度，故其发表言论评价时，较之一般消费者更应尽到审慎注意义务。《最高人民法院关于审理名誉权案件若干问题的解答》规定：因撰写、发表批评文章引起的名誉权纠纷，人民法院应根据不同情况处理：文章反映的问题基本真实，没有侮辱他人人格的内容的，不应认定为侵害他人名誉权；文章反映的问题虽基本属实，但有侮辱他人人格的内容，使他人名誉受到侵害的，应认定为侵害他人名誉权；文章的基本内容失实，使他人名誉受到损害的，应认定为侵害他人名誉权。《最高人民法院关于审理名誉权案件若干问题的解释》规定：消费者对生产者、经营者、销售者的产品质量或者服务质量进行批评、评论，不应当认定为侵害他人名誉权。但借机诽谤、诋毁，损害其名誉的，应当认定为侵害名誉权。新闻单位对生产者、经营者、销售者的产品质量或者服务质量进行批评、评论，内容基本属实，没有侮辱内容的，不应当认定为侵害其名誉权；主要内容失实，损害其名誉的，应当认定为侵害名誉权。《最高人民法院关于审理利用信息网络侵害人身权益民事纠纷案件适用法律若干问题的规定》第十一条规定：网络用户或者网络服务提供者采取诽谤、诋毁等手段，损害公众对经营主体的信赖，降低其产品或者服务的社会评价，经营主体请求网络用户或者网络服务提供者承担侵权责任的，人民法院应依法予以支持。据此，王某所称涉案产品系“极草骗局”是否有充分依据，是判断其言论是否失实，是否属于诽谤诋毁的关键。王某认定极草系骗局的主要理由有三点：1. 极草非食品、保健食品、药品，是无证生产的三无产品；2. 冬虫夏草不是中药材，没有功效；3. 极草不含“虫草素”。

对于第1点，关于极草产品的身份类别问题。产品的类别、身份系由国家行政机关界定，非食品、非保健食品、非药品的产品并非一定就是违法或骗局，关键在于国家行政机关是否准许其生产销售。根据某某药用公司提交的第六组证据可以看出，国家行政机关即青海省食品药品监督管理局将极草产品定性为“冬虫夏草纯粉片是青海省出产的冬虫夏草经加工制成的产品，作为青海省综合开发利用优势资源的试点产品”。其生产执行的质量标准，参照《药品生产质量管理规范》；其销售参照国食药监市〔2006〕78号文进行。由此可见，极草产品是在行政机关允许的范围内生产销售，某某药用公司也有相应的资质证书，不是王某所认为的无证生产非法销售。王某所举各证据，仅为王某个人单方质疑，并没有任何行政机关认定极草系违法产品，禁止其生产销售。王某以极草系无证生产的三无产品，认为极草系骗局的理由不成立。至于王某质疑青海省食品药品监督管理局是否有权为极草产品设定身份类别，中华人民共和国国家食品药品监督管理总局是否批准的问题，系另一行政法律关系，王某可通过其他合法途径主张。

对于第2点，关于冬虫夏草是不是中药材，有无功效的问题。根据《中华人民共和国药品管理法》第三十二条之规定：“药品必须符合国家药品标准。中药饮片依照本法第十条第二款的规定执行。国务院药品监督管理部门颁布的《中华人民共和国药典》和药品标准为国家药品标准。国务院药品监督管理部门组织药典委员会，负责国家药品标准的制定和修订。国务院药品监督管理部门的药品检验机构负责标定国家药品标准品、对照品。”从双方的举证情况来看，某某药用公司提交的第五组证据《中华人民共和国药典》被《中华人民共和国药品管理法》认可，具有法律效力；同时，庭审中各方也一致认可《中华人民共和国药典》是目前冬虫夏草方面最权威的标准。尽管从学术争议的角度，对于冬虫夏草是否属于中药材、有无功效的问题，公民均有权发表自己的观点甚至挑战权威，但王某据此直接断定极草牌冬虫夏草纯粉片系骗局的言论，大大超出学术争议的合理范畴。王某本身并非医药学方面的专业人士，对于冬虫夏草是不是中药材，有无功效，不能以王某或者其转载的有关媒体发表的对冬虫夏草质疑的文章作为判断标准，进而认定极草系骗局。

对于第3点，极草是否含“虫草素”的问题。第一，《中华人民共和国药典》

规定冬虫夏草的检测标准是“腺苷”而非“虫草素”，则冬虫夏草中是否含有虫草素的问题仅仅是学术争议。第二，测试中心在庭审中明确其检测结论为“未检出虫草素”，并明确目前没有虫草素检测的国家法定标准，其依据的是行业标准和地方标准。“未检出虫草素”不能直接等同于“不含虫草素”“没有虫草素”或者“虫草素为零”，只能说明以测试中心的测试手段和方法，在将检测限设定为5.63ug/g的情况下，没有检测到虫草素。第三，王某发表“极草骗局”文章在先（2014年10月底），测试中心检测在后（2014年11月中旬），由此可见，王某发表极草骗局的言论时，对于虫草素的有无问题并无依据，测试中心的检测结果也不是“没有虫草素”，而是“未检出”。综合以上三点，虽然王某有权对学术争议问题发表自己的观点，但以不明确的学术结论，作为直接断定极草牌冬虫夏草纯粉片系骗局的理由不成立，超出了言论自由的合理范畴。

综上，王某认为极草系骗局的理由没有科学依据和法律依据，属于失实的诽谤诋毁言论。至于王某抗辩称，所发表文章系转载，不应当承担侵权责任的理由，根据《最高人民法院关于审理利用信息网络侵害人身权益民事纠纷案件适用法律若干问题的规定》第十条，人民法院认定网络用户或者网络服务提供者转载网络信息行为的过错及其程度，应当综合以下因素：（1）转载主体所承担的与其性质、影响范围相适应的注意义务；（2）所转载信息侵害他人人身权益的明显程度；（3）对所转载信息是否作出实质性修改，是否添加或者修改文章标题，导致其与内容严重不符以及误导公众的可能性。因为王某已经当庭承认“极草骗局”四字系其添加后发布，据此，王某的行为已经构成对所转载信息作出了实质性修改，添加修改了文章标题，导致其与内容严重不符，足以误导公众。王某的该抗辩理由不成立。王某在没有任何事实依据的情况下，仅凭有关媒体发表的对冬虫夏草质疑的文章，就直接将某某药用公司的产品定性为“极草骗局”，主观方面带有明显的选择性和针对性，存在过错；将“极草骗局”添加为文章标题，具有极强的贬损诋毁含义，侵犯了某某药用公司的名誉权。依照《中华人民共和国民法通则》第一百零一条“公民、法人享有名誉权，公民的人格尊严受法律保护，禁止用侮辱、诽谤等方式损害公民、法人的名誉”的规定，王某的言论基本失实，使用了诽谤、诋毁、贬损的言论，已经超出了法律允许的范围，构成对某某药用公司名誉权的侵害，王某应当对自己的行为承担法律责任。

由于王某对某某药用公司名誉权的侵害系通过互联网进行，其后又经多家纸媒、电视媒体转载追踪报道，恶性影响不断循环，传播范围较广，持续时间较长，给某某药用公司带来较大影响，王某应当立即停止侵害，删除其在新浪博客、新浪微博上的失实言论，在相关网站上赔礼道歉，并赔偿某某药用公司相关损失。

某某药用公司主张因王某侵害名誉权所发生的损失主要有两块，一是维权损失，即本案所产生的律师费95000元，公证费14000，合计109000元，某某药用公司仅主张71000元，有代理协议、收费发票证据证实，且金额合理，予以支持。二是销售收入损失，某某药用公司主张2014年11月的销售收入同比非正常猛降28%，同比减少5400多万元。王某2014年10月底发表“极草骗局”文章，对某某药用公司的经营产生了一定的影响，但市场变化复杂，导致销售额下降的因素诸多，某某药用公司不能证明导致其上述销售收入损失的原因主要系王某发表“极草骗局”文章所致，考虑到王某对某某药用公司名誉权的侵害，故酌定王某赔偿某某药用公司经济损失50000元。

（二）微梦网络公司是否承担侵权责任。《中华人民共和国侵权责任法》第三十六条规定：“网络用户、网络服务提供者利用网络侵害他人民事权益的，应当承担侵权责任。网络用户利用网络服务实施侵权行为的，被侵权人有权通知网络服务提供者采取删除、屏蔽、断开链接等必要措施。网络服务提供者接到通知后未及时采取必要措施的，对损害的扩大部分与该网络用户承担连带责任。网络服务提供者知道网络用户利用其网络服务侵害他人民事权益，未采取必要措施的，与该网络用户承担连带责任。”微梦网络公司作为网络服务提供者，在接到某某药用公司的律师函后，已经第一时间删除了王某的“极草骗局”系列文章。由此可见，对于王某发表的针对某某药用公司的言论可能构成侵权，微梦网络公司是知情的，其应主动通过采取删除、屏蔽、断开链接等措施，来避免王某进一步的侵权行为，故微梦网络公司应对王某侵权行为扩大的部分承担相应的法律责任。

（三）测试中心是否承担侵权责任。1. 结合测试中心的举证来看，其并未接受王某个人的委托，而是同北京某某商务顾问有限责任公司形成的委托关系，而且从时间上看，测试中心接受委托的时间也是在王某发表“极草骗局”言论一个月后，不能认定测试中心同王某有共同故意，测试中心出具《检测报告》的程序合法；2. 王某如何使用测试中心的检测报告，非测试中心所能控制，其并无法定澄清义务；3. 测试中心自身并未发表任何针对极草产品的诽谤诋毁言论。某某药用公司认为测试中心侵犯其名誉权的理由不能成立，对其要求测试中心承担侵权责任的诉讼请求不予支持。

综上，一审法院依照《中华人民共和国民事诉讼法》第六十四条第一款、第一百四十二条、第一百四十四条，《中华人民共和国民法通则》第五条、第一百零一条、第一百二十条、第一百三十四条，《中华人民共和国侵权责任法》第二十条、第三十六条，《最高人民法院关于审理利用信息网络侵害人身权益民事纠纷案件适用法律若干问题的规定》第十条、第十一条、第十六条、第十七条、第十八条之规定，判决如下：

一、王某在本判决生效之日起立即停止发表侵害某某药用公司名誉权的失实言论，并于本判决生效之日起三日内，删除其在“新浪博客认证打假第一人王某”的新浪博客、新浪微博上针对某某药用公司所发表的“骗局”“欺诈”“忽悠”等用语的全部失实言论。

二、王某在本判决生效之日起十日内在新浪新闻中心刊登声明，向某某药用公司赔礼道歉。逾期不执行的，法院将公布本判决书的主要内容，有关费用由王某承担。

三、王某在本判决生效之日起十日内向某某药用公司赔偿经济损失 121000 元。

四、微梦网络公司在本判决生效之日起立即采取删除、屏蔽、断开链接等必要措施，停止王某发表侵害某某药用公司名誉权的失实言论。

五、驳回某某药用公司的其他诉讼请求。

王某不服一审判决，提起上诉。

青海省高级人民法院经审理认为：法律保护法人的名誉权，亦保护公民行使舆论监督的权利，在行使舆论监督权时，应以事实为依据并在合法的范围内行使。本案焦点系王某的行为是否符合侵犯法人名誉权的构成要件，即行为是否违法；主观上有无过错；某某药用公司是否确有名誉被损害的事实；侵权行为与损害后果之间是否存在因果关系。根据最高人民法院关于审理名誉权案件、利用信息网络侵害人身权益民事纠纷案件的司法解释的规定，“极草骗局”是否事实，或可否从王某博文链接的相关文章中总结出“极草骗局”的事实，是判断王某的行为是否违法及其主观有无过错的核心。据已查明的事实，极草产品是在行政机关允许的范围内生产销售，某某药用公司具有相应资质证书，并非无证生产非法销售。王某认为其对“极草骗局”事实真实性已尽审核义务，但其审核实质即对极草产品身份的调查落实，从其提交的证据无法得出“极草骗局”为事实的结论。从王某博文链接的相关文章看，主要是对冬虫夏草药用功效、研究成果、极草功效、身份、销售商宣传及某某药用公司的发展历程等作出的质疑、探讨和评价，但这些文章本身并未直接使用“极草骗局”之词，亦不能从文章中总结出“极草骗局”的事实。王某在没有任何事实依据的情况下，仅凭有关媒体发表的对冬虫夏草等质疑的文章，就直接将某某药用公司的产品及销售活动定性为“极草骗局”，主观方面有选择、有针对，指向明确，存在过错。王某将“极草骗局”添加为文章标题，且在其博文中出现“欺诈”“忽悠”等用词，其实质与“极草骗局”含义相近，具有明显的诽谤、诋毁之义，超出对产品进行批评、评论的合理范围，其行为违法。

同时，从某某药用公司提交的2014年11月财务销售数据看，其销售收入同比非正常下降，王某作为国内“打假”名人，其关于企业、产品所作出的评论、言论，在社会公众中享有较高的关注度，其自2014年10月27日起发表的一系列“极草骗局”言论，导致某某药用公司名誉受到损害，降低了消费者、公众对该公司的社会评价，侵权行为与损害后果之间存在因果关系。王某的行为已构成侵权，依法应承担相应民事责任。一审法院确认王某赔偿某某药用公司经济损失121000元符合本案实际，应予维持。

综上，一审法院认定事实清楚，适用法律正确。青海省高级人民法院依照《中华人民共和国民事诉讼法》第一百七十条第一款第（一）项规定，判决如下：

驳回上诉，维持原判。

【法官后语】

本案是一起职业打假人利用博客、微博侵害法人名誉权的案件。此类案件因关涉多个法律问题而区别于一般名誉权侵权案件。结合本案，笔者在此就相关法律问题作一探讨，以统一执法理念，统一执法标准和尺度。

1. 关于侵犯名誉权认定的特殊问题

从本案中可以看出，目前消费领域、媒体和相关行业对冬虫夏草及其制品有诸多评论、讨论和质疑，因此一、二审法院在审理此案时未对某某药用公司的资质、冬虫夏草的身份、类别、功效以及极草是否含虫草素等相关问题作出评判，仅对王某的言论是否具有违法性（是否失实、是否具有诽谤、诋毁性质）、是否侵犯某某药用公司名誉权（某某药用公司的社会评价是否降低，是否因社会评价降低而受有经济损失）进行判断，这是司法对自身定位的清醒认识和对权力行使自觉限制的需要。

2. 关于职业打假人侵犯名誉权的认定问题

《最高人民法院关于审理名誉权案件若干问题的解释》第九条第一款规定："消费者对生产者、经营者、销售者的产品质量或者服务质量进行批评、评论，不应当认定为侵害他人名誉权，但借机诽谤、诋毁，损害其名誉的，应当认定为侵害名誉权。"本案中，王某是知名度较高的职业打假人，对于职业打假人侵犯名誉权的认定，审判实践中有不同的意见，有观点认为职业打假人因其追求经济利益的目的而使其言论的内容、目的具有一定的混合性，且其言论影响面广，一旦成立侵权则损害后果严重，所以应将其一概视为商业言论，适用更加严格的标准来认定侵权。笔者认为，我国法律面对消费者权益纠纷时采用的是优先保护消费者的态度和做法，选择这种制度架构的目的，不仅是因为消费者的弱势地位，同时也是为了促进生产者和经营者提高产品质量和服务水平，最终利于整体消费者并优化市场经济秩序。同理，在我国目前假冒伪劣充斥市场，损害消费者权益较为严重的现实情况下，虽然职业打假人不同于一般的消费者，但其也是以零售价格购买的商品或服务，本案中，王某就是以零售价购买的极草 5X 产品，理应享受到该商品应有的品质，其对生产者、销售者也享有监督、质疑和批评的权利。虽然职业打假人的身份决定了其有获取经济利益的目的，但其打假行为客观上也有利于消费者权益的保护，所以，一般情况下，法院不应对职业打假人的言论过于严苛，当然，在特殊情况下，法院也应当根据具体情况综合考察其言论的内容、目的来判断其言论的性质，例如本案，对于其言论确实失实、有诋毁性质的，应认定其具有违法性，构成侵权。

3. 网络名誉侵权的认定及公众人物的特殊义务

社会评价是否降低是判断相关言论是否造成损害后果的主要因素。社会评价属于综合性概念，具有宏观性和长期性的特征，利用网络平台实施涉嫌侵害名誉权行为的，应结合网络舆论平台中博客、微博之特性，涉诉言论的关注度、转发及评论量等要素，综合认定权利人的社会评价是否降低。本案中，王某作为公众人物，其言行具有强大的号召力和影响力，发表的不当言论会引发更严重的损害后果及不良影响。面对网络环境的现实情况，公众人物应当承担更高的注意义务，提升自身的言行标准，发表真实、客观、文明的言论。

编写人：青海省高级人民法院　韦莉

52

标题侵权的认定

——北京某科技发展有限公司诉北京某文化传媒有限公司名誉权案

【案件基本信息】

1. 裁判书字号

北京市朝阳区人民法院（2015）朝民初字第58913号民事判决书

2. 案由：名誉权纠纷

3. 当事人

原告：北京某科技发展有限公司（以下简称某科技公司）

被告：北京某文化传媒有限公司（以下简称某文化公司）

【基本案情】

某科技公司经营的人人网 www. renren. com 享有一定社会知名度。某文化公司系微信公众号芭莎娱乐（微信号 bazaarstar）的经营管理人。

2015年1月30日，某文化公司在微信公众号芭莎娱乐上发表《人人网十年落幕，又一段青春记忆终结》一文，包括“今天，人人网宣布，关闭站内系统，这个陪伴不少人走过青春岁月的社交网络，或许就此从行动上走上了最终的谢幕”“还记得你有多久没有登录人人网了吗？青春注定是要告别的，周杰伦结婚了，而我们这一代人最初的社交网络——人人网，也要关了”等此类语言和图片。某科技公司认为，该文章捏造人人网关停的虚假事实，导致某科技公司名誉贬损。某文化公司称文章只是对人人网未来状况的猜测，“或许”二字表达了这一评论的不确定性，标题系带有感情色彩的比喻，虽是整篇文章内容的凝练，但不可能完整表达全部意思，不能将标题和正文割裂开来，文章的主体是通过人人网过往历史和热门功能的梳理总结，结合良好的用户体验，因其读者的美好回忆，文末人人网标识，是编辑基于美学层面考虑作出的选择，是一种装饰性使用，并无不敬的特殊指向，且人人网自己也注册了四个黑白色商标标识，故某文化公司不构成侵权。某科技公司称，人人网虽注册有黑白标识，但同时也注册了彩色标识，某文化公司将彩色标识黑白化处理，属于侮辱行为。被告另提交（2015）京东方内民证字第19056号公证书，佐证此前已有人人网用户王某发表《人人网谢幕开始》一文，首次提到“站内信”功能下线，人人网开始谢幕的表述，王某发表的文章现已删除，但该文被大量转发，故人人网落幕的言论是业内普遍看法，这种共识是对某文化公司近年来经营情况的客观反映，某文化公司的猜测有现实依据。

另，某科技公司提交都市快报公众号《人人网下线“站内信”功能！我们这一代人最初的社交网络，就这样开始了最终谢幕》一文，文载来源“芭莎娱乐”，阅读20408，点赞数99，提交沈阳地铁第一时间公众号《人人网下线“站内信”功能！它曾陪我们走过青春》一文，阅读2040，点赞数19。某科技公司以此证明某文化公司文章被其他媒体转发、扩散，造成某科技公司名誉贬损。

【案件焦点】

1. 文章的标题《人人网十年落幕，又一段青春记忆终结》是否构成侵权；2. 文章的内容是否构成侵权。

【法院裁判要旨】

北京市朝阳区人民法院经审理认为：涉案文章是否侵害名誉权，应综合文章标题和内容综合考量。本案文章标题为《人人网十年落幕，又一段青春记忆终结》，采用了肯定的语气和感叹的形式，在人人网事实上并未关闭的情况下，“落幕”“终结”的表述方式足以使一般公众对人人网经营情况发生已终止的误认。标题是整篇文章内容的凝练，更应当谨慎对待，避免题目与内容不符，误导公众以此抓取读者注意的情况。就文章内容而言，某文化公司虽称整体内容系对人人网未来的猜测和怀旧，但也存在“我们这一代人最初的社交网络——人人网，也要关了”的表述，以及对人人网标识采取黑白处理使用的事实。故综合某文化公司文章标题、部分内容、图片使用，认定某文化公司发布诉争文章存在失实，易发生误导公众产生错误认识的后果。结合转发浏览情况，可以认为涉案文章对某科技公司名誉造成了一定程度贬损，构成侵权。某科技公司要求某文化公司删除文章并赔礼道歉的诉讼请求于法有据，具体由法院依法裁判。某科技公司主张的公证费、律师费、合理损失等，依法判决。

本案最终判决如下：

一、某文化公司于本判决生效后立即删除并停止传播《人人网十年落幕，又一段青春记忆终结》一文；

二、某文化公司于本判决生效后七日内在芭莎娱乐微信公众号（微信号bazaarstar）连续发布致歉声明三天，内容由法院审定，如某文化公司拒绝履行，法院将在网络媒体或全国发行的纸质媒体上刊登本判决书主要内容，费用由某文化公司负担；

三、某文化公司于本判决生效后七日内赔偿某科技公司公证费5030元、律师费10000元，经济损失8000元；

四、驳回某科技公司的其他诉讼请求。

【法官后语】

在媒体多样化的时代，夺人眼球的标题成为制造点击率的重要法宝，因此出现了所谓“标题党”，其主要行为即标题严重夸张，文章内容通常与标题完全无关或联系不大。一旦失实致使标题与内容严重不符、产生误导效果造成他人损害后果时，就演变为标题侵权。

标题侵权，亦称为标题失实，是指媒体在刊登、转载文章时，虽未对文章内容进行实质修改，但擅自添加、修改文章题目，题目与内容严重不符，发生了误导公众产生错误认识的后果。[①] 标题侵权为媒体侵权的类型之一，其构成要件可以从以下四方面进行分析。

---

① 中国媒体侵权责任案件法律适用指引课题组：《中国媒体侵权责任案件法律适用指引》第三十条。

1. 存在侵权行为

“标题”是“文章”的“眼睛”，有窥一斑而见全豹之效果。若要认定为标题侵权，则在转载、刊登文章时，需存在擅自添加、修改文章题目，如歪曲原意、以偏概全、故意夸大、恶俗等，使得标题与文章的内容严重不符的行为。

2. 存在过错

标题侵权，适用过错责任原则，有过错则有责任，无过错则无责任。过错包括故意或者过失，故意是指明知擅自添加、修改文章标题后会与文章内容不符、会出现不真实、误导他人、可能会发生侵害他人权益等情况，却仍然进行修改、添加，将其公之于众的希望或者放任的心理状态。过失是指应当预见到自己的行为将会发生媒体侵权的后果，却因疏忽或者懈怠未尽必要注意义务的心理状态。

3. 造成损害后果

侵权责任构成中的损害事实，是自然人、法人或者其他组织的民事权益受到侵害的客观事实。而标题失实的损害后果通常是指被侵权人的人格权或者人格利益受到损害。

4. 侵权行为与损害后果之间存在因果关系

即擅自修改、添加标题使得标题与文章内容不符的行为与损害事实之间所具有的引起与被引起的客观联系。

本案中，某文化公司的标题侵权行为在于仅因人人网关闭站内信功能、媒体又传言人人网经营不善的原因，便在其经营管理的微信公众号中发布《人人网十年落幕，又一段青春记忆终结》的文章，而其中的“落幕”“终结”的修饰，足以使一般公众对人人网经营情况发生已终止的误认，加之文章部分内容、图片的配合，更使得公众误认为人人网已经停止了经营，造成某科技公司的名誉权受损的后果。某文化公司应该知道标题中肯定性的描述会出现误导的后果，却仍将其公之于众，某文化公司对此存在过错。因此，在刊登、转载文章时，切莫为图吸引眼球、制造点击率等效果，充当“标题党”，擅自修改、添加足以使标题与实际情况不符的内容侵犯他人权益。

编写人：北京市朝阳区人民法院　李文丹

53

名誉权侵权行为及过错程度认定

——李某某诉北京某科技有限公司肖像权、名誉权案

【案件基本信息】

1. 裁判书字号

北京市第二中级人民法院（2016）京02民终字第8096号民事判决书

2. 案由：肖像权、名誉权

3. 当事人

原告（被上诉人）：李某某

被告（上诉人）：北京某科技有限公司（以下简称某科技公司）

【基本案情】

李某某是我国国内影视演员，某科技公司是依法成立的有限责任公司。2015年8月，李某某因某科技公司在其下辖网站擅自使用李某某肖像进行商业宣传和推广，诉至人民法院，该案在法院的主持下双方达成调解。但是案件结束不久后，某科技公司在其微信公众号（soyoung111）上又开始发布文章《百位明星整容前后对比，娱乐圈不能说的秘密》《整容界标杆李某某变脸史，辣妈减龄利器全靠整》《女星们都跟着某某纯天然时，柳某站出来说她整了!》等24篇，使用李某某肖像图片达二百多张。文章内容包括诸如李某某整容等。李某某认为其肖像已经具有一定的商业价值。某科技公司未经允许，擅自将李某某的肖像在旗下微信号上用作美容整形领域类的商业宣传，不但严重影响了李某某正常商业代言，造成一定程度的经济损失，而且还会使李某某的积极正面的健康形象受到公众质疑和误解，给李某某造成不可挽回的精神损害。某科技公司辩称其所发布的文章中，并没有恶意诋毁李某某的文字或者内容，仅仅是就事实进行陈述，而身为公众人物的李某某应当对社会上的一般性评价有比普通人更大的容忍度，况且身为公众人物，其一些基本的

个人信息或者隐私内容，原本就属于完全暴露在公众视野下、接受公众的讨论与评价，这些内容只要不涉及恶意诋毁编造的成分，就属于在合理的容忍范围之内。对于侵犯其肖像权、名誉权的赔偿主张数额，李某某并没有对其实际的损失进行举证说明，也没有对损失数额结论的得出做一详细说明。

【案件焦点】

1. 明星对于社会评价的容忍范围；2. 肖像侵权、名誉侵权的赔偿数额的认定。

【法院裁判要旨】

北京市丰台区人民法院经审理认为：公民依法享有肖像权、名誉权，公民的肖像权、名誉权受到侵害的，有权要求侵权人停止侵害、恢复名誉、消除影响、赔礼道歉，并可以要求赔偿损失。本案中，某科技公司在其以商业宣传和推广为目的的微信公众号上，未经李某某同意即在多篇文章中使用李某某的大量照片；且某科技公司在没有证据的情况下称李某某进行过整形，足以致李某某的社会评价受损，其行为已构成对李某某的肖像权和名誉权的侵犯，应向李某某赔礼道歉，并赔偿其经济损失和一定的精神损害抚慰金，具体形式及数额根据某科技公司的过错程度、侵权内容、侵权照片的大小、位置及李某某的知名度等因素依法予以确定。

北京市丰台区人民法院依照《中华人民共和国民法通则》第一百条、第一百零一条、第一百二十条第一款，《中华人民共和国侵权责任法》第二条、第十五条，《最高人民法院关于确定民事侵权精神损害赔偿责任若干问题的解释》第一条之规定，作出如下判决：

一、某科技公司于本判决生效后十日内在其微信公众号（soyoung111）上刊登致歉声明（刊登时间不得少于一个月，该致歉声明的内容及刊登位置须通过法院审查，如逾期未履行上述判决义务，将由法院选择一家全国发行的报刊登载本判决书主要内容，费用由某科技公司负担）；

二、某科技公司于本判决生效后十日内赔偿李某某经济损失 20 万元、精神损害抚慰金 3 万元、维权成本 3280 元；

三、驳回李某某的其他诉讼请求。

某科技公司不服一审判决提起上诉。北京市第二中级人民法院经审理认为：公民享有肖像权，未经本人同意，不得以营利为目的使用公民的肖像。公民享有名誉权，公民的人格尊严受法律保护，禁止用侮辱、诽谤等方式损害公民、法人的名誉。本案中，某科技公司未经李某某同意，在没有证据的情况下擅自在其微信公众号上发表文章指称李某某多部位进行过整容，并同时配有李某某不同时期的大量照片，以达到吸引读者、推销美容项目之目的，不仅侵害了李某某的肖像权，同时亦对李某某的名誉权构成侵害。公众人物虽然应对社会一般性评价具有一定的容忍度，但某科技公司发表的文章已经超过了正常报道评论的限度，且具有明显的商业意图，故理应承担相应的侵权责任。李某某要求某科技公司赔礼道歉，并赔偿其一定的经济损失、精神损害抚慰金及维权成本，于法有据，应予支持。关于赔偿数额，考虑到某科技公司并非第一次侵害李某某的名誉权、肖像权，在双方已经就类似情形进行过诉讼且达成共识后，某科技公司继续侵权具有明显恶意，且本案涉及的侵权文章数量众多，故一审法院酌定的赔偿数额并无不妥。

北京市第二中级人民法院依照《中华人民共和国民事诉讼法》第一百七十条第一款第（一）项之规定，判决如下：

驳回上诉，维持原判。

【法官后语】

本案处理重点主要在于对公众人物名誉权侵权行为的认定和过错程度的认定。其深层次问题涉及公众人物的名誉权与新闻自由的冲突与平衡。新闻媒体拥有舆论监督权，新闻媒体作为社会舆论监督的主力军，通过文字针砭时弊达到社会监督的效果。既是社会监督，自然允许评论具有针对性、尖锐性，以此惊醒民众，并且用语尖锐也是批评性文章的特点。我国宪法保护言论自由权，新闻自由属于言论自由，正常的报道评论是法律所允许的，法律应保障新闻媒体正当地行使监督权。作为公众人物而言，处于社会关注之下，对于新闻报道应该比普通人具有更高的容忍度。传统的公众人物理论也认为，公众人物的名誉权和隐私权都要受制于媒体的表达自由。但是新闻报道有时也会侵犯他人的名誉权。根据侵权法规定，一般侵权行为的认定标准有四要素：侵权行为、损害事实、因果关系和侵权人存在过错。就司法实践而言，认定新闻报道是否侵犯他人名誉权，首先，需要审查媒体报道的真实性，以认定是否存在侵权行为。“真实是新闻的第一生命”被奉为新闻从业者的职业信条。新闻报道的基本事情真实，即不侵犯他人名誉权。新闻真实的举证责任在于被告一方。本案中，某科技公司需要举证证明其报道的真实性，但其在未有证据证明李某某有过整形的情况下发表多篇文章报道李某某整形，不能证明其新闻报道客观真实，故其存在侵权行为。其次，需要审查是否存在损害事实。新闻侵权与一般侵权相比，对损害事实的认定有其特殊性，尤其是新闻报道侵犯名誉权的案件，因损害事实的认定涉及对被侵害人“社会评价”这一非客观因素的评估，所以除了事实认定之外，还要进行价值认定，甚至审美认定①。再次，需要审查侵权作品与名誉损失之间是否存在因果关系。本案中，某科技公司发表的多篇文章中使用李某某照片数百张并称其整容，足以认定其行为致李某某社会评价受损。最后，需要审查新闻媒体或新闻作者是否有过错。某科技公司在已被李某某以同样的案由诉至法院之后，再次发表有关李某某的不实报道，主观上过错明显。以上四个要件同时具备，才能确定新闻媒体或者新闻作者侵犯了他人的名誉权。

根据有关民事法律规定，侵权责任的承担方式包括赔偿损失，侵犯公众人物的名誉权或者肖像权，被侵权人多数情况下会要求赔偿损失，而数额的多少一般由法官综合考虑侵权行为的次数、影响范围、违法使用肖像的数量、侮辱以及诽谤所使用的言语、一般人的承受能力等因素后酌定。本案在对某科技公司赔偿数额的认定上，考虑到李某某的知名程度、照片使用多达两百多张、两次侵权等因素，特别是鉴于某科技公司不止一次侵权，可见其主观态度恶劣，故法院判决其赔偿李某某20万元。

编写人：北京市丰台区人民法院　刘畅

① 李葆童：《两大权利的冲突博弈和法益平衡——新闻侵害名誉权的适格主体及其抗辩争议》，载《新闻战线》2013年11期。

54

用人单位对劳动者调岗、举报是否侵犯劳动者名誉权

——王某某诉中国甲北京公司、北京乙公司名誉权案

【案件基本信息】

1. 裁判书字号

北京市第三中级人民法院（2016）京03民终字第2340号民事判决书

2. 案由：名誉权纠纷

3. 当事人

原告（上诉人）：王某某

被告（被上诉人）：中国甲北京公司（以下简称甲公司）、北京乙公司（以下简称乙公司）

【基本案情】

甲公司系全民所有制企业，乙公司系集体所有制企业，乙公司系甲公司的下属公司。

2008年1月，甲公司指派王某某担任乙公司经理。2012年，甲公司、乙公司以乙公司的账外资金去向不明为由，将王某某撤职，并由干部岗位降为工人岗位，安排王某某担任仓库保安员，此外，甲公司、乙公司向北京市丰台区人民检察院和北京市公安局丰台分局举报王某某职务侵占。后王某某与甲公司签订内退协议，回家休养。2014年11月5日，北京市公安局丰台分局向乙公司出具了京公丰经不立字（2014）000033号《不予立案通知书》，主要内容为："你（单位）于2014年9月18日提出控告/移送的王某某职务侵占案，我局经审查认为王某某的行为不构成犯罪，根据《中华人民共和国刑事诉讼法》第一百一十条之规定，决定不予立案。"

【案件焦点】

用人单位对劳动者作出的相关处理以及向相关机关进行举报的行为是否侵犯了劳动者的名誉权。

【法院裁判要旨】

北京市朝阳区人民法院经审理认为：甲公司、乙公司的行为是否构成侵害名誉权，应当根据王某某有无名誉被损害的事实、甲公司和乙公司的行为是否违法、违法行为与损害后果之间有无因果关系、行为人主观上有无过错来认定。

王某某认为甲公司、乙公司侵犯其名誉权的理由为：1. 公安机关经审查认为王某某的行为不构成犯罪，甲公司、乙公司对其进行虚假告发；2. 甲公司、乙公司在某集团纪委监察室、甲公司、乙公司的范围内散布不实消息，并通过员工之间口口相传，造成此事广为人知，另案中甲公司、乙公司还将口头谩骂上升成诉讼行为；3. 甲公司、乙公司在公司内部将王某某的职务从经理降为仓库保安，将对其的免职文件（京外运人（2013）33 号文件）下发到集团内部诬陷王某某，而且在工作会议的大会上，说乙公司存在小金库，隐瞒不上报。

虽王某某向法院提交了京外运人（2013）33 号文件、京外运党群字（2012）71 号文件、京外运人字（2013）文件、乙公司领导班子扩大会议（2013）002 号会议纪要、《不予立案通知书》等证据，但上述证据均不足以证明王某某的名誉权受损的事实，且王某某未能举证证明甲公司、乙公司存在对其名誉进行诋毁、贬低等违法行为，亦未能证明甲公司、乙公司向公安机关报案的行为属于捏造陷害、严重失实且被公众广为知晓，并造成王某某整体社会评价明显降低的损害结果；除此之外，即便存在王某某所主张的其名誉受到了损害，根据现有证据也不足以判定甲公司、乙公司对此结果存在过错。故对王某某所称甲公司、乙公司侵犯其名誉权的主张不予采纳。

北京市朝阳区人民法院依照《中华人民共和国民法通则》第一百零一条、第一百二十条，《中华人民共和国侵权责任法》第二条、第六条第一款，《中华人民共和国民事诉讼法》第六十四条，《最高人民法院关于适用〈中华人民共和国民事诉讼法〉的解释》第九十条之规定，作出如下判决：

驳回王某某的全部诉讼请求。

王某某对一审判决不服，上诉至北京市第三中级人民法院。北京市第三中级人民法院经审理认为：公民享有名誉权，公民的人格尊严受法律保护，禁止用侮辱、诽谤等方式损害公民的名誉权。构成侵害名誉权，应从以下几方面加以认定：受害人确有名誉被损害的事实、行为人行为违法、违法行为与损害后果之间有因果关系、行为人主观上有过错。

首先，甲公司、乙公司的行为是否存在违法性。2012年，甲公司、乙公司因公司资金去向不明，将王某某撤职，并举报至司法机关，该事实系客观存在，但上述行为外部表现方式为甲公司、乙公司因公司资金问题所为的内部人事变动，且任何公民均有向司法机关举报的权利，难以据甲公司、乙公司将王某某举报至司法机关此单一情节认定二公司的行为违法。其次，王某某是否存在名誉被损害的事实。王某某基于甲公司、乙公司对其一系列调查、举报行为，造成精神压力过大，以及其主张同事亦对甲公司、乙公司的虚假告发行为表示愤怒，但其并未能举证证明其因上述行为造成其名誉的贬损，以及社会评价的明显降低，故上述情形不足以认定王某某存在名誉被损害的事实。再次，甲公司、乙公司主观上是否存在过错。行为人主观上是否存在过错，判断标准较为抽象，可通过外部表现行式加以认定。结合本案已查明事实，甲公司、乙公司基于公司资金问题，采取了人事变动、公司内部出具决定、向司法机关举报等方式，上述行为均无法认定甲公司、乙公司存在主观恶意。另，鉴于王某某与甲公司、乙公司自2012年即产生争议，常识可知，该情形客观上必然对王某某的正常生活及心理造成一定程度的影响，但根据本案中王某某提供的证据尚不足以达到证明甲公司、乙公司对其名誉权造成侵害的证据标准，对王某某的上诉请求难以支持。

综上，王某某的上诉请求并无事实及法律依据，一审判决认定事实清楚，适用法律正确，程序合法，予以维持。北京市第三中级人民法院依照《中华人民共和国民事诉讼法》第一百七十条第一款第（一）项之规定，判决如下：

驳回上诉，维持原判。

【法官后语】

本案争议焦点虽然是甲公司、乙公司的行为是否构成对王某某名誉权的侵害，但在审理中，需要注意该案不同于一般的名誉侵权案件，其涉及的是用人单位履行劳动合同、对劳动者进行劳动管理以及对劳动者作出与履行劳动合同有关的决定等行为是否构成名誉侵权的问题。

此类案件的特点主要在于纠纷双方主体的特殊性以及其法律关系的特殊性。主要表现为，纠纷双方一方为用人单位（雇主），另一方是劳动者（雇员），双方建立有劳动关系或雇佣关系。基于前述关系，用人单位与劳动者之间存在管理与被管理，指派与接受指派的关系，同时用人单位的管理权与劳动者享有的一般权利之间会有冲突。

《最高人民法院关于审理名誉权案件若干问题的解释》第四条规定，企事业单位等部门依职权对其管理的人员作出的结论或者处理决定，当事人以其侵害名誉权向人民法院提起诉讼的，人民法院不予受理；第五条则规定，借检举、控告之名侮辱、诽谤他人，造成他人名誉损害，当事人以其名誉权受到侵害向人民法院提起诉讼的，人民法院应当受理。然而，目前对于劳资纠纷引起名誉侵权纠纷案件的具体裁判要求和标准尚无明确的规定。对于此类诉讼的审查，法院不应依据简单的形式审查就作出不予受理的裁定，应视案情不同，考虑是否进行实体审理，亦可以在劳动纠纷处理机制中赋予相关权利人诉权以达救济之目的。据此，笔者认为，法院在审理此类案件时需要注意以下几个问题：

1. 用人单位依法进行检举、控告，即使对劳动者的品行、才能、功绩等产生不利影响，也不属于民法上的侵权行为，不应作为民事纠纷处理。但，如果用人单位在主观上存在恶意虚假举报，或举报后，被有关机关认定举报内容严重失实的，则可以认定用人单位的行为具有一定的违法性，构成名誉侵权。这样有利于防止用人单位滥用检举和控告的权利，也有利于节约司法和行政资源。

2. 正常的单位内部人事处理决定以及单位履行管理职能等行为涉及劳动者名誉的，不属于民法上的侵权行为，不应作为民事纠纷处理。然，如果用人单位作出的人事处理行为所依据的事实严重失实，且对劳动者作出了非客观、非公正的评价，并将该评价公开或广而告之的，应当认定用人单位对劳动者的名誉构成侵权。例如，用人单位在没有充分证据证明劳动者存在不能胜任工作、给用人单位造成严重损失的情况下，即单方对劳动者作出解除劳动合同的决定，并将解聘通知及失实内容公之于众，足以使公众对劳动者作出不良猜测或负面评价，降低了劳动者社会评价的，用人单位应当承担侵权责任。

3. 劳动者是否存在名誉被损害的事实。如果因为用人单位不公正评价等行为导致劳动者名誉在客观上受到了非因自身原因的损害，即便该评价并未广而告之或公开，亦可以认定用人单位构成了名誉侵权。例如，劳动者辞职后，用人单位在劳动者的档案中填写了“因严重违反公司规章制度被解除劳动合同”内容，因该不实记载，导致劳动者在此后的多次求职中均未能被录用，客观上构成了对劳动者权利的侵犯。

4. 用人单位在司法程序或准司法程序中所提交的书面材料或非公开场合下作出的陈述和对劳动者的评价不应认定为对劳动者名誉的侵权。例如，用人单位在向法院提交的答辩状中表述“劳动者好吃懒做”“不学无术”“经常迟到”“无赖”等。

本案中，因在案证据不足以证明用人单位的行为具备侵权成立的四个要件，且结合上述审查标准，亦无法确认用人单位的行为构成对王某某名誉的侵害，故王某某的请求未能得到法院的支持。

可以肯定的是，用人单位有权对劳动者进行劳动管理并作出评价，但其管理和评价必须通过合法的途径实施和表达，且评价应做到客观公正。否则，用人单位故意或者过失对劳动者作出了不实、不公、不良的评价，造成劳动者名誉损毁，影响到劳动者工作生活的，需承担侵权责任。

近年来，劳资关系矛盾引发的名誉权案件已屡见不鲜，并有日益增多之趋势。因此，人民法院在处理此类名誉权纠纷时，应当更多地考虑劳资关系的特殊性，在依法保护劳动者名誉权的同时，维护用人单位的自主管理权，畅通劳动纠纷的解决渠道，探索解决劳资纠纷的新途径和制度设计，从而构建和谐的劳资关系。

编写人：北京市朝阳区人民法院　史震

55

单位对员工作出结论或处理决定引发的损害员工名誉权纠纷属于人民法院的受案范围

——王某诉北京某某连锁超市有限公司名誉权案

【案件基本信息】

1. 裁判书字号

北京市第三中级人民法院（2016）京 03 民终字第 12416 号民事裁定书

2. 案由：名誉权纠纷

3. 当事人

原告（上诉人）：王某

被告（被上诉人）：北京某某连锁超市有限公司（以下简称某某超市）

【基本案情】

王某系某某超市通州店安全管理部经理。2016 年 4 月 5 日，某某超市认为王某宿舍有超市物品，王某认为物品是自己购买，某某超市报警，派出所民警将王某带走调查，目前尚未出具定论。

4 月 6 日，某某超市发出《关于通州店安全管理部经理王某停职待查通知》，内容为，“王某，工号：B100046，任通州店安全管理部经理，其涉嫌违法违纪行为，正在接受公安部门调查，自即日起停止其经理职务”。

4 月 12 日，某某超市发出《告知书》，内容为，“王某先生：4 月 6 日开始已停止您的经理职务，因此，为配合公安部门调查取证，您可在门店录入指纹后离开门店”。

5 月 24 日，某某超市发出《通报》，内容为，“通州店安保部经理王某严重违纪，但由于相关部门对其调查尚未结束。经研究决定，将王某降为员工级，担任通州店安保员的工作。望该员工吸取教训，严格遵守公司的各项规章制度”。

6月2日，某某超市发出《返岗通知书》，内容为，“王某先生：您于5月25日未及时报到、打卡，且5月26日指纹打卡一次，5月27日指纹打卡一次，6月1日、6月2日均未在通州店打卡上班。根据公司《纪律管理政策》属严重违纪。现公司通知您立刻返岗”。

6月3日，某某超市发出《返岗通知书》，内容为，“王某先生：您于5月25日未及时报到、打卡，且5月26日指纹打卡一次，5月27日指纹打卡一次，6月1日、6月2日、6月3日均未在通州店打卡上班。根据公司《纪律管理政策》属严重违纪。现公司通知您立刻返岗”。

6月6日，某某超市发出《通知》，内容为，“莲花北区各部门、各门店、供应链：王某于5月25日未及时报到、打卡，且5月26日指纹打卡一次，5月27日指纹打卡一次。公司分别于6月2日、6月3日相继向该员工下发了《返岗通知书》，截止到6月6日，该员工仍未回到通州店报到，且未给出合理解释。根据公司《纪律管理政策》王某旷工已超三天，属严重违纪行为。经研究决定，公司与王某解除劳动合同”。

王某主张，《返岗通知书》是通过邮寄方式送达本人，其他的都是通过公司内部网络邮箱发送给公司总部、北京门店、山东门店的公司领导层、中层及有内部邮箱的公司员工，并在公司及分店的布告栏发布了公告。某某超市主张，《返岗通知书》是通过邮寄方式送达王某本人，4月6日《通知》通过电子邮件发送给公司总部领导、公司总部人力资源部、通州店（店长、电秘、人事），4月12日《告知书》以电子邮件形式送达王某本人，5月24日《通报》、6月6日解除《通知》，通过电子邮件发送给公司总部领导、公司总部人力资源部、北京辖区门店店长。

王某认为，某某超市在公安部门未认定其有违法犯罪事实时，为其强加了莫须有的罪名，并数次以通报形式对其予以停职、降职直到解除劳动合同，对其人格予以贬损，使其名誉在业内外受到严重的损失。故提起诉讼，请求判令某某超市赔礼道歉、消除影响，并赔偿精神损失5万元。

【案件焦点】

1. 单位对其管理的人员作出的结论或处理决定本身，是否属于人民法院名誉侵权的受案范围；2. 单位对其管理的人员作出结论或处理决定过程中，如有损害员工名誉权的，是否属于人民法院名誉侵权的受案范围。

【法院裁判要旨】

北京市通州区人民法院经审理认为：当事人提起民事诉讼，应当符合民事诉讼的受案范围。王某原系某某超市员工。某某超市因认为王某涉嫌盗窃其通州店内物品，对王某予以停职、降级，直至解除劳动合同。根据《最高人民法院关于审理名誉权案件若干问题的解释》，国家机关、社会团体、企事业单位等部门对其管理的人员作出的结论或者处理决定，当事人以其侵害名誉权向人民法院提起诉讼的，人民法院不予受理。已经受理的，应当裁定驳回起诉。

北京市通州区人民法院依据《中华人民共和国民事诉讼法》第一百五十四条第一款第（三）项，《最高人民法院关于审理名誉权案件若干问题的解释》之规定，作出如下裁定：

驳回王某的起诉。

王某持原审意见提起上诉。北京市第三中级人民法院经审理认为：某某超市对王某作出的停职、降级、解除劳动合同等处理决定本身，属于内部管理问题，当事人以其侵害名誉权向人民法院提起诉讼的，人民法院不予受理。但某某超市在作出停职、降级等处理决定过程中，是否存在侵害王某名誉权的行为，属于人民法院受理民事诉讼案件的范围，本案应予实体审理。

北京市第三中级人民法院依照《中华人民共和国民事诉讼法》第一百七十一条、《最高人民法院关于适用〈中华人民共和国民事诉讼法〉的解释》第三百三十二条之规定，作出如下裁定：

一、撤销北京市通州区人民法院（2016）京0112民初25734号民事裁定；

二、本案指令北京市通州区人民法院审理。

【法官后语】

国家机关、社会团体、企事业单位等部门，对其管理的人员违反规章制度、劳动纪律等行为，可以依法制定规章制度设定直至开除（解除劳动合同）的处理措施。基于警示、告诫等管理目的，用人单位往往会对违规违纪人员的违纪事实和处理决定予以公告。根据《最高人民法院关于审理名誉权案件若干问题的解释》第四条的规定，国家机关、社会团体、企事业单位等部门对其管理的人员作出的结论或者处理决定，当事人以其侵害名誉权向人民法院提起诉讼的，人民法院不予受理。已经受理的，应当裁定驳回原告的起诉。该条规定是针对用人单位对其管理的人员作出的结论或者处理决定本身，此种情况下属于单位内部管理问题，不属于人民法院名誉侵权的受案范围，被管理的人员不服结论或处理决定的，可以通过内部申诉程序、劳动仲裁程序等途径解决。但这并不意味着用人单位可以据此公开使用不当言辞，作出不当评价并进行传播，甚至丑化员工人格、放任名誉受损，用人单位在作出决定结论和处理决定过程中，员工是否存在违规违纪行为、证据是否确凿、处理决定表述是否客观真实、公告的途径和范围是否妥当，是否因此造成员工名誉权受到损害，属于人民法院名誉侵权的受案审理范围。

本案中，某某超市对王某作出的停职、降级、解除劳动合同等处理决定本身，即属于企业内部管理问题，但某某超市在作出上述决定过程中，是否存在侵害王某名誉权的行为，是不受上述司法解释限制的，属于人民法院受理民事诉讼案件的范围，如某某超市在公安部门尚未认定王某有盗窃行为时，即发布通知称王某“涉嫌违法违纪”“严重违纪”，是否侵害了王某的名誉权，属于人民法院名誉侵权的受案范围，故本案应予实体审理。

编写人：北京市第三中级人民法院　李春香

56

因报案导致他人被警察询问及侦查是否侵犯名誉权

——邰某某诉范某某名誉权案

【案件基本信息】

1. 裁判书字号

北京市第二中级人民法院（2016）京02民终字第9815号民事判决书

2. 案由：名誉权纠纷

3. 当事人

原告（上诉人）：邰某某

被告（被上诉人）：范某某

【基本案情】

2016 年 5 月 2 日，范某某的宠物狗在某小学北门附近丢失。范某某向北京市公安局西城分局展览路派出所报警。同月 24 日，范某某在派出所警察的协助下，查看了某小学北门教学楼和警卫室的监控录像，发现其宠物狗被一名男子追逐。监控录像中，男子体态微胖，留长发梳小辫，胸前挎一个包。同月 30 日下午 19 时 17 分左右，范某某在展览路甲 4 号楼斜对面小区楼下发现一名与监控录像中面貌特征相吻合的男子即邰某某，后范某某报警，邰某某被警察带走并被询问个人情况及是否知悉有人丢狗的事情。邰某某体貌特征为体态偏胖、梳小辫。邰某某称其被询问了 4 个小时，后警察到其家查看并未发现范某某丢失的宠物狗。

庭审中，邰某某提供王某某、曹某某等邻居签字的书面证据一份，其上载明：众多邻居目睹邰某某被警察带走这一事实，且邻居对此产生了议论，并称只有等法院判决了，才能澄清邰某某是否为偷狗贼的情况。经邰某某申请，法院依法向展览路派出所调取了相关询问笔录及监控录像。邰某某对法院调取的材料的真实性认可，同时称监控中显示的人戴鸭舌帽、斜挎包、手上有手串，而其并没有这些东西。

邰某某认为范某某无中生有、恶意捏造事实，诬告、陷害、伤害其的侵权行为给其人格尊严、人身自由及名誉造成了严重的损害后果，遂诉至法院要求赔偿。

【案件焦点】

范某某根据视频监控录像，怀疑邰某某即为偷走其宠物狗的行为人，邰某某遂被警察询问、侦查，是否侵犯了其名誉权。

【法院裁判要旨】

北京市西城区人民法院经审理认为：当事人对自己提出的主张，有责任提供证据。在作出判决前，当事人未能提供证据或者证据不足以证明其事实主张的，由负有举证证明责任的当事人承担不利的后果。侵害名誉权的成立需要同时符合以下四个要件：行为人主观上存在过错、行为人的行为具有违法性、客观上有损害事实的发生、侵权行为与损害事实之间具有因果关系。

本案中，范某某在其宠物狗丢失并查看相关监控录像后，根据录像中显示的人物特征查找到郃某某并向警方报警，后警方将郃某某带走进行询问。根据监控录像，郃某某与监控中的对象虽非同一人，但双方在体貌特征上确有一些相似之处。范某某报警的行为，虽客观上会对郃某某的生活产生一定的影响，但其报警的目的在于寻找宠物狗，其主观上并无侵害郃某某名誉权的故意。郃某某在被警察带走的过程中，可能会导致其邻居之间对此产生议论，但警察在询问及到郃某某家查看后即行离开，也表明不存在郃某某偷狗这一事实。郃某某提供的证据不足以充分证明其名誉权受损的事实，故对其主张不予支持。

北京市西城区人民法院依据《中华人民共和国侵权责任法》第二条，《中华人民共和国民事诉讼法》第六十四条第一款、第六十五条第一款、第一百四十四条之规定，判决如下：

驳回郃某某的诉讼请求。

郃某某不服一审判决，提起上诉。北京市第二中级人民法院经审理认为：范某某因其宠物狗丢失并查看监控录像后，根据录像中显示的人物特征查找到郃某某并报警，范某某的上述报警行为并无主观上过错，无侵害郃某某名誉权的故意，亦非违法行为；警察带走郃某某并进行询问及到郃某某家查看是否有丢失的宠物狗的行为均属于警察侦查案件的正常程序，虽客观上对郃某某的正常生活存在一定影响，但并未导致郃某某社会评价的降低，未造成名誉侵权的损害后果，故郃某某以范某某侵害其名誉权为由要求范某某赔偿其精神损失、书面赔礼道歉的诉讼请求，缺乏事实依据，不予支持。

北京市第二中级人民法院依照《中华人民共和国民事诉讼法》第一百七十条第一款第（一）项，《最高人民法院关于适用〈中华人民共和国民事诉讼法〉的解释》第三百三十四条之规定，判决如下：

驳回上诉，维持原判。

【法官后语】

本案审理的重点是对侵犯名誉权构成要件的认定。名誉权是公民、法人的一项基本民事权利，是以名誉的维护和安全为内容的精神性人格权。公民享有名誉权，公民的人格尊严受法律保护，禁止用侮辱、诽谤等方式损害公民的名誉。自《中华人民共和国民法通则》（以下简称《民法通则》）正式确定名誉权以来，最高人民法院也相继出台了若干涉名誉权的司法解释，在我国关于名誉权保护的法律规范日趋成熟和完善。《民法通则》第一百二十条第一款规定："公民的姓名权、肖像权、名誉权、荣誉权受到侵害的，有权要求停止侵害，恢复名誉，消除影响，赔礼道歉，并可以要求赔偿损失。"《最高人民法院关于审理名誉权案件若干问题的解答》规定，"七、问：侵害名誉权责任应如何认定？答：是否构成侵害名誉权的责任，应当根据受害人确有名誉被损害的事实、行为人行为违法、违法行为与损害后果之间有因果关系、行为人主观上有过错来认定。以书面或口头形式侮辱或者诽谤他人，损害名誉权的，应认定为侵害他人名誉权"。

从上述相关的法律规定可知，是否构成侵害名誉权，应当根据受害人确有名誉被损害的事实、行为人行为违法、违法行为与损害后果之间有因果关系以及行为人主观上有过错来判断。其中，行为违法性是指行为人实施了法律禁止的以侮辱、诽谤、宣扬隐私、捏造事实公然丑化等方式损害公民和法人名誉的行为。以书面或者口头形式侮辱或者诽谤他人，损害他人名誉的，应认定为侵害他人名誉权。侮辱，是以语言或行动损害或贬低他人人格，破坏他人声誉的行为；诽谤，是指捏造并散布虚假事实，对他人进行人身攻击，降低社会对其评价，破坏他人名誉的行为。

具体到本案中，基本事实是范某某宠物狗丢失后，依据监控录像怀疑郤某某有违法行为遂报警，警察按照法律程序对郤某某进行询问及侦查。这一过程中，范某某并无主观上的过错，其并无要侵害范某某名誉权的主观上的故意，其报警的行为系维护自身权利的必要步骤，是合理合法的，其行为不具有侮辱、诽谤的情节，不具有贬损他人名誉的性质，不具有违法性。警察受理案件后，依照法律程序对郤某某进行询问及侦查，虽客观上对郤某某的正常生活有一定的影响，如其认为邻居对其产生议论，但警察的正常询问及侦查并未导致郤某某社会评价的降低，未造成名誉侵权的损害后果，每个人都有接受警察依照法律程序进行询问及侦查的配合义务。同时，我们需界定清楚名誉和名誉感之间的区别，法律所保护的名誉权的客体是名誉，而非名誉感，名誉是客观的、外界的评价，而名誉感是内在价值的感受，是主观的自我感知。综上分析可知，本案中郤某某认为范某某侵害了其名誉权，事实与法律依据不足。

编写人：北京市西城区人民法院　马小龙

57

不特定群体名誉受损中个人名誉权受保护的条件

——钟某诉河南电视台、北京某某互联网信息服务有限公司侵犯名誉权案

【案件基本信息】

1. 裁判书字号

北京市海淀区人民法院（2015）海民初字第37486号民事判决书

2. 案由：侵犯名誉权纠纷

3. 当事人

原告：钟某

被告：河南电视台、北京某某互联网信息服务有限公司（以下简称某网络公司）

【基本案情】

钟某户籍所在地为河南省遂平县某村，遂平县属驻马店市行政辖区。2015年9月20日，河南电视台河南卫视频道播出《梨园春》栏目“擂响中国”第12场，其中有一位9岁小姑娘李某某参加比赛，因李某某想演唐王的角色，为了帮小选手圆梦，评委孙某、何某某、某某玉参与互动，现场表演新版《打金枝》为该选手助阵。由何某某扮演金枝，孙某饰演驸马郭暖，某某玉饰演国母，李某某饰演唐王。当剧情发展到金枝一再傲慢使郭暖发怒一幕时，郭暖说：“你别激我啊，你别惹我啊”，金枝问：“惹你怎样？”郭暖说：“我是河南驻马店的”，金枝又问：“驻马店人咋啦？”郭暖答：“驻马店人很狂躁”，金枝继续问：“很狂躁又咋啦？”郭暖答：“狂躁我告诉你，狂躁我就动手。”郭暖就动手打金枝，金枝哭喊：“打人啦，小郭暖打人啦。”郭暖又说道：“我告诉你，我驻马店人，我很狂躁。”台下观众发出一阵笑声。当日，该新版《打金枝》电视视频在某网络视频的综艺类曲艺栏目中公开

播出。截至次日，该节目点击量达 3133 万。钟某认为如此台网互动，在全国范围公开破坏驻马店人名誉，势必增强地域歧视，严重影响作为驻马店人的钟某在职业和人际交往中的形象和名誉，遂请求河南电视台停止侵权，河南电视台及某网络公司书面道歉、消除影响。河南电视台、某网络公司否认涉案言论指向钟某且主张言论本身不侵犯名誉权。

【案件焦点】

不特定群体名誉涉嫌受损时，其成员能否以个人名义主张名誉权侵权。

【法院裁判要旨】

北京市海淀区人民法院经审理认为：侮辱行为系侵害名誉权的方式之一，涉诉言语是否构成侮辱方式的加害行为，是判断河南电视台、某网络公司行为是否构成侵害名誉权的关键。

侮辱行为是指采用暴力或言语等方式欺辱特定人或特定人群，足以贬损该特定人或特定人群人格或尊严的民事侵权行为。侮辱方式的违法行为在法律构成方面需要同时具备以下几个具体要件：1. 涉诉言语指向原告，原告个人作为“受害人”必须具有个体或群体成员的特定性；2. 存在暴力或言语等的欺辱行为，言语的方式可以是口头形式或书面形式；3. 该欺辱行为是被告作出的；4. 该欺辱行为具有足以使该特定人或特定人群的人格、尊严、名誉遭受贬损或降低的不利性。

涉诉言语是否指向钟某，是双方争议的焦点，也是钟某作为原告的诉讼要件之一和钟某向河南电视台、某网络公司提出诉讼主张的实体要件之一，而且这一要件具有基础性和前提性。判断言语的指向性至少包括两个维度：其一是接受者受领表达与理解表达的指向；其二是表达者意欲表达与实际表达的指向，即不能将涉诉言语抽象出表达情景和受众场合而孤立地进行判断。具体分析如下：

（一）一般合理之人不会将涉诉言语理解为指向钟某

首先，从接受者受领表达与理解表达的指向角度分析，本案中，观众们是在《打金枝》这一戏目表演现场中听到剧中角色郭暧说的涉案言语，直接受领的表达信息及逻辑是“郭暧是河南驻马店人”“驻马店人很狂躁”“郭暧狂躁就动手”，并非是“钟某是河南驻马店人”“钟某很狂躁”“钟某狂躁就动手”。因此，现场观众及节目观众从涉诉言语中直接受领的表达信息并没有直接指向钟某。

其次，钟某主张其作为河南驻马店地区籍人员，涉诉节目侮辱驻马店人，损害驻马店人的名誉，也会损害其作为河南驻马店人的个人利益。对此，法院认为，万物是普遍联系的，关联性与指向性虽然有内涵的交集，但是二者具有不同的侧重，前者重在普遍性，后者重在特定性，后者比前者在利害关系上更直接，不能简单用对涉诉言论的关联性代替对涉诉言论的指向性。《中华人民共和国民事诉讼法》第一百一十九条第（一）项规定："原告是与本案有直接利害关系的公民、法人和其他组织。"钟某作为适格原告就必须对本案具有诉的利益，而诉的利益仅仅局限于对本案有"直接"利害关系的范畴，而"直接"的判断方法一般可以采用事实上的"近因"标准或法定的"诉因"标准。

我国目前并没有关于个人对所属群体涉嫌被侵权的法定"诉因"，故本案只能采取事实上的"近因"标准，即涉诉言语的直接指向性判断标准。然而，言语的指向性判断涉及表达者的指向和受众理解的表达者指向，虽然表达者的指向对探究其表达真意很重要，但是由于言语一旦脱离表达者内心意思而表达于外之后，就具有相对的独立性，因此应主要从一般能力水平的理性受众进行信息受领及理解的角度加以探究。如果一般能力水平的理性受众在受领信息之后能够理解指向特定个人或特定群体，尤其是指向特定群体的特定成员，那么，该特定个人或特定成员就具有了言语指向的特定性和直接利益性，也就具有了受诉讼法及实体法保护的前提条件。

判断诉的利益的"直接性"，不能从表象上看言论的指向，即不能简单从逻辑上的先后关系或包含关系等角度判断，而应当从言语的实质指向及所及范围的特定性上加以判断。如果涉诉言语表面上是涉及一群或一类人的侮辱或诽谤性事项，但是从该群体的组织结构及规模和作为群体成员的原告在群体地位中的显著性上判断，实质上足以让一般能力水平的理性受众将涉诉言语合理地理解为指向其中特定成员或者合理地推论出该涉诉言语特别提及了特定成员，就可以认为该群体的成员具有诉的利益的"直接性"，同时也满足了实体责任构成中涉诉言语对原告具有特定指向性的法律要件。

具体到本案而言，虽然钟某在户籍上与涉诉言论涉及驻马店人时存在一定的关联性，但是这种关联性达不到涉诉言论对其的特定指向性的程度，因为驻马店人这一群体本身并不确定，可以从户籍属性的角度理解，也可以从籍贯属性的角度理解，还可以从其他角度理解，而且驻马店人的群体成员人数众多，当涉诉言语指向驻马店人这样一个大群体时，并没有将钟某作为言语所指向的直接对象。群体成员人数越多，成员可以满足“直接指向”条件的可能性就越小，一般能力水平之理性受众就越难理解涉诉言语是指向群体中成员个人的。况且钟某在这样一个不特定的大群体中，并无证据证明其具有特别的显著性，以至于涉诉言语在当时的情景下，提及驻马店人时就能够让一般能力水平之理性受众，合理地理解或推论为就是在指代钟某。因此，一般能力水平之理性受众不会将涉诉言语理解指向钟某，钟某在地域上归属的关联性也不意味着涉诉言语的特定指向性。

（二）涉诉言语在主观上并不特定指向钟某

从表达者意欲表达与实际表达的指向角度分析，郭暖的扮演者孙某是在《打金枝》的表演过程中表达的涉诉言语，从言语的情景中可以说明该言语系“角色言语”。“角色言语”最直接的指向是角色人物，而在当时的剧情发展中可以看出针对的角色人物是郭暖本人。当然，涉诉言语并非传统剧目中郭暖在剧情中的原始内容，郭暖的饰演者孙某对郭暖在剧情中的台词进行了发挥，使郭暖的言语涉及“驻马店人”。由于该节目是在当代的演绎和在河南电视台节目录制现场的演出，所以该演出节目不可能不具有该演出“时空”的痕迹。何况，任何的角色表演都是饰演者根据对饰演角色的人物性格及剧情需要等的理解而进行的再创作，不可避免地会使被饰角色具有饰演者的主观特性。孙某作为喜剧演员，虽然在表演郭暖被金枝的刁蛮任性激怒这一幕时，进行了涉诉言语的现场发挥，并配合了打人的动作，但是这基本符合郭暖“怒打”金枝的剧情逻辑。从郭暖这一角色说出涉诉言语，表达情景是直接和清晰的，显然具有笑料“包袱”的意味，意欲博取观众一笑，不具有可信度，在河南电视台节目录制现场的观众也是哈哈一笑。因此，涉诉言语并不指向钟某，也不涉及对钟某个人的特定情景影射，不会产生与钟某有关的情景联想或推断。

（三）涉诉言语不构成对钟某名誉权的侵犯

综上分析，钟某主张侵权的涉诉言论并不能满足针对其个人的特定性要件，缺少这一前提性要件，既使钟某作为原告对本案缺少直接利害关系的诉讼要件，也使钟某主张河南电视台、某网络公司的行为构成侵害其名誉权的违法行为缺少加害行为指向性的实体法律要件。鉴于其他实体法律要件是建构在该要件基础之上的，缺少该要件则没有继续分析其他构成要件的必要，故钟某在本案的诉讼主张无法成立。

同时，虽然孙某在为参赛选手圆梦助兴而即兴发挥的现场演出中说出涉诉言语，在其主观上并无恶意，但是这样的言语容易触及驻马店人的乡土情感和自我认同，确有用语不当之处，河南电视台今后应当加强录制节目的审查，避免此类情况的再次发生。

北京市海淀区人民法院依据《中华人民共和国民法通则》第一百零一条，《中华人民共和国侵权责任法》第二条、第六条第一款，《最高人民法院关于审理名誉权案件若干问题的解答》第七条，《中华人民共和国民事诉讼法》第六十四条第一款、第一百一十九条第（一）项之规定，判决如下：

驳回钟某的全部诉讼请求。

【法官后语】

本案是一起不特定群体名誉涉嫌受损而由群体成员起诉侵犯名誉权的典型案例，被称为“驻马店人歧视诉讼第一案”。作为一个重要的分析样本，最值得研究的是言论指向与适格原告在名誉权侵权主张中的作用与关系问题。

1. 关于名誉权案件中“言论指向”要件的分析

对于侵犯名誉权的侵权责任构成，权利归属是责任构成判断的逻辑起点。这一起点涉及程序和实体两个方面的法律要件判断。前者涉及诉讼法上的诉的利益要件构成问题，即原告对其指控的言论所侵害的名誉权是否有直接的利害关系；后者涉及实体法上的“加害行为”要件的进一步构成，即作为加害行为的涉案言论是否指向了原告，如果指向了原告，原告才有成为“受害者”的前提条件，才能以“加害行为”所侵犯的名誉权享有者身份提起实体权利主张。这一要件具有基础性和前提性，其他实体法律要件是建构在该要件基础之上的，一旦缺少这一要件就使其他构成要件成为无源之水、无本之木，侵权责任主张自然无法成立。

2. 关于被指对象与适格原告之间关系的分析

通常情况，原告主体与被指对象之间应该是直接对应的，此时被指主体一般是适格原告，这主要是被指对象为特定个体或特定实体的情况。但是，二者之间也可能不是直接对应关系，被指对象也不一定能够成为适格原告，这就需要进一步考察被指对象与原告主体之间是否存在特定关系。这主要涉及两个层面的问题：一是发言者与被指对象之间的关系，需要判断发言者表达的指向对象与受众理解的指向对象的关系；二是被指对象与指控主体之间的关系，需要判断二者对应与非对应的关系。

就第一个层面而言，判断言论的指向性一般可以从发言者和受众两个角度进行分析。从发言者角度，又可以进一步从其意欲表达的指向与实际表达的指向两个角度分析，借用法律行为理论中的意思表示概念理解，就是从内心意思和外在表达两个角度进行理解，这是从发言者个人主观意思角度探究其意欲表达的真实指向，这种理解方式具有相对的主观性。从受众角度分析，就是去探究一般合理的、一般理解能力的言论接受者在受领表达时通常会如何理解表达的指向，这是从发言者以外的普通受众的角度去评判外在表达的通常指向。理想状态下，发言者意欲表达的指向与外在表达的指向通常是一致的，而且这种实际表达的指向与一般受众理解的通常指向也应该是一致的。然而，实践中可能存在发言者意欲表达的指向与外在表达的指向不一致的情形，即发生了意思表达错误或偏差的问题，而且可能发生发言者实际表达的指向与一般受众理解的指向不一致的情形，甚至还可能发生诉讼原告理解的指向与一般受众理解的指向不一致的情形。那么，当这些不一致情形发生时，应当以一般受众对外在表达的言论通常的理解认知作为相对客观的判断标准，这也是国外判断言论指向的通行做法，只是在这一判断过程中应当结合表达者主张的意欲表达的指向对象与指控主体主张的个人理解的指向对象所依据的主客观因素进行综合考量。

就第二个层面而言，判断被指对象与原告主体之间的关系是判断指控主体在名誉权侵权案件中是否享有诉的利益或能否成为适格原告的又一关键。虽然指控主体并非涉案言论的直接指向对象，但是指控主体可能与被指对象之间存在某种特定联系，这种联系足以使指控主体对所涉名誉权利益具有直接利害关系，进而使其成为适格的名誉权案件原告。就本案而言，涉案言论虽然并不直接指向“钟某”，但钟某主张其与涉案言论指向对象“驻马店人”之间具有某种特定的关系，假设“钟某”与“驻马店人”之间存在一一对应关系或者成员与非实体性集体组织的构成关系，又或者钟某能够证明其在群体中具有特别的显著性，以至于涉案言论在当时的情景下，提及“河南驻马店人”时就能够让一般理解能力水平的受众，合理地理解或推论为就是指向钟某，那么，钟某就可以主张对个人名誉利益受损或“非实体的集体”名誉受损致个人利益直接受损而享有诉的利益，从而成为适格的原告。因此，即使涉案言论并未从表达形式上直接指向指控主体，该主体也可能因为与言论直接指向对象之间存在特定关系而成为实质上的指向对象，与所涉言论损害的名誉利益之间发生直接的利害关系，从而获得适格原告的资格。

基于以上分析思路，法院依法作出驳回钟某全部诉讼请求的判决，而且这种分析思路厘清了个人在不特定群体名誉涉嫌受损时主张名誉权侵权责任的权利边界，为审理此类疑难问题提供了有益的经验与借鉴。

编写人：北京市海淀区人民法院　陈昶屹

58

因发微信引起的名誉侵权的认定

——杨某诉骆某名誉权案

【案件基本信息】

1. 裁判书字号

云南省文山壮族苗族自治州麻栗坡县人民法院（2016）云2624民初字第692号民事判决书

2. 案由：名誉权纠纷

3. 当事人

原告：杨某

被告：骆某

【基本案情】

杨某与骆某均系麻栗坡县某某粮食购销有限公司（以下简称公司）员工，2015年5月7日，公司因资金周转困难，要求全体股东每人筹资300000元。杨某因资金不足，经与骆某协商，双方约定骆某以自己的名义和相关资料到麻栗坡县住房公积金管理中心贷款借与杨某，公司承诺的利息也由骆某领取。2016 年 7 月，公司将筹款退回，杨某将贷款 200000 元及利息 13300 元归还给骆某，但是骆某认为约定的利息并未付清，双方因此发生争议，关系逐渐恶化，在通过手机短消息沟通此事过程中，双方均有不当的激烈言辞。在索要利息未果后，骆某使用自己的昵称为“冰窟”的微信在朋友圈发表了攻击辱骂杨某的言语并附有杨某生活照。因公司建有微信群，30 多名员工均在微信群中并且互为好友。2016 年 7 月 31 日，骆某将杨某的微信头像截屏发至“文山微都市”（微信号为×××××）婚恋交友平台进行征婚并留下杨某的相关信息和电话号码，导致不明真相的陌生男人经常打电话给杨某，杨某于 2016 年 9 月 1 日与“文山微都市”的工作人员联系并删除了信息。杨某认为骆某的行为对其名誉造成了不良影响，已经构成名誉侵权，故提起民事诉讼要求骆某在文山日报公开赔礼道歉并赔偿精神抚慰金 16000 元。

【案件焦点】

骆某的行为是否构成对杨某名誉权的侵害。

【法院裁判要旨】

云南省麻栗坡县人民法院经审理认为：（一）关于骆某的行为是否构成名誉侵权的问题。公民依法享有名誉权，公民的人格尊严受法律保护，禁止使用侮辱、诽谤方式损害公民的名誉。名誉权是指自然人或法人就自身特性所表现出来的社会价值而获得社会公正评价的权利，名誉权的客体是名誉，公民的名誉即社会对其品德、形象、声誉等各方面的综合评价。是否构成名誉侵权，要从受害人是否存在名誉损害后果、行为人行为是否违法、行为人的违法行为与名誉损害的后果是否有因果关系以及行为人主观存在过错各方面综合分析。本案中，骆某以发布朋友圈的方式公然贬损他人人格、破坏他人名誉以及捏造“杨某征婚”这一虚假事实的行为已经违法。骆某的行为，导致杨某在公司同事及朋友中的社会评价降低以及被陌生电话骚扰，影响了夫妻感情，骆某的侵权行为与杨某的损害后果之间存在因果关系。从主观来看，骆某也具备了相应的过错，从双方的短信息聊天记录来看，骆某要求杨某还钱，杨某予以拒绝，骆某回答道，“微信上见”，可见，骆某作为完全民事行为能力人，明知自己的行为会造成相应的不良后果，为了迫使杨某还钱，实施了上述侵权行为。综上，骆某的行为已经构成对杨某的名誉侵权，杨某要求骆某停止侵权和当面道歉的诉讼请求成立，予以支持。至于杨某要求骆某在文山日报登报道歉的诉讼请求，由于骆某侵权是在微信和微信公众号中传播，在不是好友或者不关注公众号的情况下是不能知晓该信息的，并不具备微信朋友圈以外更广泛的公众性，因此，公开在文山日报上登报道歉反而使得事态的影响范围扩大，因此不予支持。

（二）关于杨某请求骆某赔偿精神抚慰金16000元的诉讼请求是否应该得到支持的问题。《中华人民共和国侵权责任法》第二十二条规定："侵害他人人身权益，造成他人严重精神损害的，被侵权人可以请求精神损害赔偿。"本案中，骆某在其微信朋友圈发布对杨某的辱骂性语言，使自己的微信好友包括公司的同事都能够知晓并可能分享，对杨某在公司、在社会上的形象必然造成不良影响。从2016年7月31日骆某在"文山微都市上"发送杨某的相关信息至同年9月1日杨某要求"文山微都市"删除止，共计30天，在此期间，杨某经常接到陌生男子要求交友的电话，影响了其正常生活，也导致朋友对其人格产生不良评价，骆某的侵权行为已经对杨某的名誉产生了严重后果，杨某请求赔偿精神损害抚慰金的请求成立，予以支持。至于精神抚慰金的数额，应根据侵权人的过错程度、侵权行为的具体情形以及损害后果的严重性和影响来确定。骆某实施侵权行为，目的是迫使杨某给付利息，并不是单纯地以侵害杨某名誉权为目的，而且微信朋友圈和微信公众号均具有一定的限定性，在不是好友或者没有关注公众号的情况下是不能知晓相关信息的，故其被知晓程度和传播程度都有一定的限定范围。另外，在双方协商利息的过程中，杨某也相应地使用了相对激烈的言辞刺激了骆某，自身存在一定过错，因此可以相应地减轻骆某的精神损害赔偿责任，其赔偿杨某精神损害抚慰金3000元符合本案实际。

云南省麻栗坡县人民法院依照《中华人民共和国侵权责任法》第六条、第十五条、第二十二条、第二十六条之规定，判决：

一、骆某停止侵害杨某的名誉权，并在微信朋友圈中赔礼道歉（道歉内容由法院审定）；

二、骆某赔偿杨某精神抚慰金3000元，限判决生效后十日内履行完毕；

三、驳回杨某其他诉讼请求。

【法官后语】

名誉侵权属于一般侵权，应当具备侵权的四个构成要件，但是，利用新兴网络工具侵犯名誉权的认定也存在着其特殊之处。随着互联网的发展，时下兴起很多新型社交平台，如微信这一交流平台的兴起和广泛使用，使在微信朋友圈发布违法信息侵犯他人名誉权的现象逐渐增多。借助微信、微博等这一类网络平台实施的名誉侵权行为，实践中称之为网络名誉侵权。在本案的审理过程中，曾有不同的意见，有观点认为，只有侵权行为不特定的第三人知悉，才能表明侵权行为已经产生了社会影响，导致受害者社会评价降低的后果，才构成名誉侵权。按照这一构成要件来看，微信并不是传统意义上的公开的社交平台，而是属于熟人社交工具，具有一定的空间性和隐秘性，在微信朋友圈、微信公众号发表的言论，是微信用户以个人的视角和独特、碎片化的语言对其所见所闻、所感所悟进行的即时表达，发表者完全可以根据自己的需要自行设置该言论被查阅和获悉的特定范围，私密朋友之间分享并不能认定为公开传播，如果不是好友关系或者未对公众号进行关注，第三人是无法获悉发表者在朋友圈所发信息的，因此并不具备真正意义上的传播和扩散，并不会造成被广泛知悉并降低他人社会评价的后果。但是事实并非如此，微信作为当前流行的网络信息交流平台，在信息的传播和交流方面具有快捷、便利、覆盖面广等特点，言论一经发表，即使发表者进行了查阅范围设置，但仅仅是对以自己为中心的传播点的控制，该言论被分散出去的传播点知悉后，完全可能不以发表者的意志为转移地被广泛传播，也就构成了向不特定人传播这一要件，所谓的“私密空间”就会被无限地扩大，极有可能达到第三人或者社会公众这一范围。这种私密空间的扩散并不在于发表者有多少微信好友、好友是否固定及言论被多少人转发、被多少人知悉和评价，而在于其产生了向更多不特定人传播的现实可能性。这也是认定利用微信平台发布侮辱、诽谤等违法信息的行为构成侵犯他人名誉权的基础。

微信属于社交媒体工具，为交流分享信息带来了便捷，也为使用者提供了展示个性的自由之地，但是自由并不是毫无限制的。网络世界是人们真实生活和思想的延伸和虚拟，但并不能成为不法之地，使用者在发表言论的过程中，至少应当保有谨慎言论的注意义务，这种谨慎，即是尽量保持信息的客观真实、评论的基本公正、不侵犯他人合法权益。唯有如此，人们才能真正享受互联网带来的便利和自由。

编写人：云南省文山壮族苗族自治州麻栗坡县人民法院　张伟高

59

间接证据证明力的认定

——田某诉叶某等名誉权案

【案件基本信息】

1. 裁判书字号

北京市第一中级人民法院（2016）京01民终字第4081号民事判决书

2. 案由：名誉权纠纷

3. 当事人

原告（被上诉人）：田某

被告（上诉人）：叶某

被告：北京微梦创科网络技术有限公司（以下简称微梦公司）、北京新浪互联信息服务有限公司（以下简称新浪公司）

【基本案情】

田某、叶某均为演员。田某艺名田牧某。2015年1月8日，田某向叶某借款人民币60万元，借条载明借款目的为“田某购车”，还款方式为2015年3月1日起每月还款5000元。2015年5月20日，叶某在浙江省东阳市人民法院起诉田某要求返还借款。后双方达成调解。

2015年8月25日16时21分，新浪公司在新浪网“新浪娱乐”版面发布报道《叶某挺身告骗子法院判胜诉追回被骗款项》。涉案报道首部为调解书内容（部分内容遮蔽），其中提及“叶某向法院提起公诉要求演员田牧某退还其借款，法院判决书曝光，叶某胜诉并追回其被骗款。据悉，之前叶某拍戏期间田牧某以治疗母亲癌症为理由向其借钱，叶某出于同情心无息借贷了六十万元给这位男演员，希望能帮他渡过难关。可是后来得知这个男演员在借款后生活奢靡利用借款吃喝玩乐……叶某在得知真相后挺身将其告上法院，近期该案件已经判决而叶某被骗款项也将追回……”当日，叶某在微梦公司的新浪微博网站中转发上述报道，并附加评论内容：“……恶的面前，怕是没有用的，维护众人的权益不再被欺骗伤害，舍我其谁？……”

叶某在二审期间提供其与田牧某于2015年2月3日的短信记录，其中显示，叶某：“联系好了中国最权威的癌症医院、最权威的妇科癌症大夫：中科院肿瘤医院的院长赫某，他答应给你妈妈看病……”田牧某：“谢谢　如有需要　我肯定请你帮忙　感恩”。

【案件焦点】

涉案报道是否侵犯田某的名誉权。

【法院裁判要旨】

北京市海淀区人民法院经审理认为：涉案报道与田某相关的评价性内容，包括“骗子”“骗款”“虚构田某以母亲患癌症为由向其借款”等内容，系对田某的否定性评价。新浪公司并无证据佐证涉案报道中贬损性事实表述的真实性。叶某主张田某以其为母亲治疗癌症为由向叶某借款，并就此提供了相关证人出庭作证，但除童某以外，其他证人均未出现在借款现场。相反，借条显示借款事由仅为“田某购车”。考虑田某提交的借条系相对优势证据，相关证人证言不足以推翻借条证明效力，依法采信借条的证明效力。涉案报道的贬损性表述及“公诉”将民事纠纷论为刑事案件、“判决”与调解不分、“受到法律的惩罚”等内容，与书面借条内容以及民事诉讼的实际处理情况不符，故从证据角度应为不属实报道内容。综合新浪公司提供的证据及相关事实，可以证实涉案报道新闻材料系叶某提供。田某有权要求新浪公司及叶某连带承担相应法律责任。叶某明知涉案报道含有贬损表述，同时“公诉”“判决”及“惩罚”等内容亦与实际诉讼情况不符，仍转发涉案报道链接发布涉案微博，应就此行为承担相应的侵权责任。鉴于新浪公司业已删除涉案报道，故对田某要求删除涉案微博的诉请不予支持。

北京市海淀区人民法院依法作出如下判决：

一、新浪公司在“新浪网”新浪娱乐二级页面首页发布声明，向田某赔礼道歉；

二、叶某在其新浪微博账号置顶位置发布声明，向田某赔礼道歉；

三、新浪公司及叶某针对涉案报道的发布行为连带赔偿田某精神损害抚慰金、公证费用、律师费用共计20000元；

四、叶某针对涉案微博的发布行为赔偿田某精神损害抚慰金、公证费用、律师费用共计5000元；

五、驳回田某的其他诉讼请求。

叶某提起上诉。北京市第一中级人民法院经审理认为：涉案报道的相关材料系由叶某提供，关于涉案报道的内容是否存在相应依据的问题。叶某2015年2月3日的短信表明，其为帮助田某母亲治疗重疾，不仅联系了权威医生，还嘱咐其就近治疗。田某在回信中表示感谢，且未否认其母患病，可见双方曾经就田某母亲患病的情况进行过沟通，沟通中其母患有重疾而非普通疾病。而田某在本案一审及二审的庭审中均否认其母患有重疾，否认曾与叶某就此事进行过沟通，相关陈述与本院确认的短信证据相矛盾。结合叶某一审期间提供的证人证言及叶某出借款项时给予田某宽松的还款条件（还款期限10年，无息），后双方发生借款合同纠纷，诉至法院，对此田某均未给出合理的解释，运用日常生活经验法则和逻辑推理，叶某关于借款给田某系为帮助其母治病的理由，更合乎人情道理，且有相应的短信、证人证言在案佐证。关于叶某是否就涉案报道承担侵权责任的问题。涉案报道中“以治疗母亲癌症为理由向其借钱”，确有相应依据，叶某关于田某“借款后生活奢靡利用借款吃喝玩乐”“骗子”“骗款”等的意见表达虽带有一定的义愤情绪，但并没有虚构或捏造相关事实，其言语中虽带有对田某的贬损性评论，但尚未超出公民言论自由的合理边界，有关意见表达亦不应认定为侵犯田某名誉权，故叶某无须承担侵权责任，作为涉案报道的发布者新浪公司亦无须再承担侵权责任。

北京市第一中级人民法院依法作出如下判决：

一、撤销北京市海淀区人民法院（2015）海民初字第33732号民事判决；

二、驳回田某的全部诉讼请求。

【法官后语】

在民事诉讼中，双方当事人可能会就争议的同一事实提交证明内容相异的数份证据。根据证据与待证事实之间关系的不同，有直接证据与间接证据之分，前者与待证事实存在直接联系，能够单独地直接证明待证事实；后者则需结合其他证据方可达到证明目的。依据《最高人民法院关于民事诉讼证据的若干规定》第七十七条第（四）项的规定，直接证据的证明力一般大于间接证据。但直接证据的证明力并非绝对，在一定条件下，间接证据也可推翻直接证据的证明力。

在何种情形下间接证据能够推翻直接证据的证明力？基于间接证据不能单独直接证明待证事实的特点，在确认间接证据对待证事实的证明力时，最为关键的是借助间接证据形成的证据链条，形成“高度盖然性”的内心确认。在个案分析时，应按照下述步骤对间接证据进行审查。

首先，各个间接证据都必须真实可靠，并与待证事实存在客观联系，即需逐一审查间接证据的客观性、关联性、合法性，尤其须确保对于待证事实有较强证明力的间接证据符合证据属性。其次，需审查间接证据之间、间接证据与待证事实之间能否互相印证、不存在矛盾。再次，由于间接证明并非直接证明待证事实，因此间接证据的数量须达到一定规模，并构成较为完整的逻辑链条，方可对其要证明的事实予以认定。最后，法官还应结合日常经验及逻辑推理，确认间接证据证明的待证事实的发生具有高度的盖然性。综合上述分析，法官形成了足够的内心确认后，便可对间接证据的证明力予以确认。

本案中，田某提交了书面借条，其中载明借款目的为购车、还款方式为2015年3月1日起每月还款5000元，是证明借款目的为购车的直接证据。而叶某提交了包括双方之间的短信记录以及近十份证人证言在内的证据材料，多为证明借款目的为治病的间接证据。虽然单份证人证言不具有足够的证明效力，但是，借款见证人童某等证人证言从不同角度、不同方面证实了田某谈及过其母患有癌症的事实，能够相互印证；叶某提交的短信记录也可与上述证人证言相互印证，因此，叶某提交的一定数量的间接证据可构成较为完整的证据链条。再结合叶某出借款项时给予田某宽松的还款条件、田某未能就双方借款纠纷原因作出合理解释的事实以及相关证人证言，运用日常生活经验法则和逻辑推理，二审法院认定叶某是因帮助田某母亲治病才出借款项，更合乎人情道理。综上，叶某提交的单个间接证据具备证明力，同时其相互联结构成了完整的逻辑链条，足以让法官产生内心确信，因此二审法院就借款目的这一关键性事实作出了改判。

编写人：北京市第一中级人民法院　黄慧婧

三、姓名权纠纷

60

再婚后生母擅自更改子女姓名，生父是否享有诉权要求恢复子女原姓名

——牟某福诉苏某姓名权案

【案件基本信息】

1. 裁判书字号

山东省日照市中级人民法院（2017）鲁11民终字第562号民事判决书

2. 案由：姓名权纠纷

3. 当事人

原告（被上诉人）：牟某福

被告（上诉人）：苏某

【基本案情】

牟某福与苏某原系夫妻关系，二人于2010年1月9日生育一子牟某宸，于2012年2月20日办理离婚登记，双方约定牟某宸由苏某抚养，牟某福承担抚养费500元/月，并享有探视权。苏某再婚后，将牟某宸更名为周某翊。牟某福主张该姓名的更改未经其同意，且更改后的姓名既不随生父姓，亦不随生母姓，苏某擅自更改儿子姓名的行为，损害了牟某福的利益，依法应恢复儿子原来的姓名。

【案件焦点】

苏某未经牟某福许可更改牟某宸的姓名，牟某福是否享有诉讼主体资格。

【法院裁判要旨】

山东省日照市东港区人民法院经审理认为：夫妻离婚之后，虽然未成年子女由父母一方抚养，但在父母双方均健在的情况下，抚养一方不能单方面决定未成年子女的姓名，应当与未成年子女的生父或生母协商决定姓名的更改，在不征得生父或生母的同意下，擅自将未成年子女的姓氏改为生父母以外的他人的姓氏，侵害了生父或生母的姓名权。

本案中，牟某福与苏某的婚生子牟某宸系无行为能力人，其姓名的更改应由其监护人协商决定。苏某作为牟某宸的一方监护人，在未协商的情形下，其姓名更改为周某翊，侵害了牟某福作为亲生父亲命名权的权利。依据《最高人民法院关于人民法院审理离婚案件处理子女抚养问题的若干具体意见》第十九条之规定，父母不得因子女变更姓氏而拒付子女抚育费。父或母一方擅自将子女姓氏改为继母或继父姓氏而引起纠纷的，应责令恢复原姓氏。因此牟某福要求将其子的姓名由周某翊恢复为牟某宸，符合法律规定，应予支持。

日照市东港区人民法院作出如下判决：

苏某于本判决生效后三十日内将其与牟某福之婚生子的姓名由周某翊恢复为牟某宸。

苏某提起上诉。山东省日照市中级人民法院经审理认为：根据《最高人民法院关于贯彻执行〈中华人民共和国民法通则〉若干问题的意见（试行）》第二十一条的规定，夫妻离婚后，与子女共同生活的一方无权取消对方对该子女的监护权。因此，虽然牟某福与苏某离婚，牟某福仍然是双方婚生子的法定监护人，是否按时支付抚养费并不影响对牟某福法定监护人身份的认定。苏某在未与牟某福协商的情况下，擅自将双方婚生子的姓名由牟某宸变更为周某翊，侵害了牟某福作为生父的姓名权，牟某福有权提起本案诉讼，系适格的诉讼主体。一审法院依据《最高人民法院关于人民法院审理离婚案件处理子女抚养问题的若干具体意见》第十九条的规定，责令苏某将与牟某福婚生子的姓名由周某翊恢复为牟某宸并无不当，予以维持。

山东省日照市中级人民法院依照《中华人民共和国民事诉讼法》第一百七十

条第一款第（一）项之规定，作出如下判决：

驳回上诉、维持原判。

【法官后语】

本案焦点在于牟某福是否具有诉讼主体资格。苏某主张自己是实际监护人，可以变更婚生子的名字，即使侵犯姓名权，也是婚生子的姓名权，牟某福没有诉讼主体资格。根据我国民事诉讼法的规定，牟某福有没有诉讼主体资格，前提是其权利是否受到侵犯。

姓是一个血缘遗传关系的记号，名是为使有个性之个体易于记忆之符号。姓名是自然人在社会中区别于他人的标志和代号。在法律上，姓名是区别他人的主体标识。姓名权是自然人决定其姓名、使用其姓名、变更其姓名，并要求他人尊重自己姓名的一种权利。自然人自出生时起就应有代表自己的专有符号，但自然人出生后，因无行为能力，应由其监护人为其命名。限制民事行为能力人决定自己的姓名应征得其监护人同意。自然人成年并取得完全行为能力后，有权依据自己的意志决定自己的姓名，原监护人应尊重其命名权。

夫妻离婚之后，未成年子女由父母一方直接抚养，但另一方仍是其法定监护人，仍享有决定未成年子女姓名的权利。未成年子女姓名的变更，应由其法定监护人协商决定。直接抚养一方在未与另一方协商的情况下，擅自变更未成年子女的姓名，侵害了另一方作为法定监护人为未成年子女命名的权利。因此，被侵害命名权的另一方法定监护人有权提起诉讼。

本案中，苏某擅自将婚生子的姓名变更，侵害了牟某福为未成年子女的命名权，因此牟某福具有诉讼主体资格。

编写人：山东省日照市东港区人民法院　王志伟

四、一般人格权纠纷

61

性别歧视导致人格权损害的认定

——邓某某诉北京市某某速递物流有限公司、北京某某劳务派遣有限责任公司一般人格权案

【案件基本信息】

1. 裁判书字号

北京市第三中级人民法院（2016）京03民终字第195号民事判决书

2. 案由：一般人格权纠纷

3. 当事人

原告（上诉人）：邓某某

被告（被上诉人）：北京某某劳务派遣有限责任公司（以下简称某某劳务派遣公司）

被告（上诉人）：北京市某某速递物流有限公司（以下简称某某物流公司）

【基本案情】

2013年12月30日，某某物流公司（甲方）与某某劳务派遣公司（乙方）签订《劳务派遣协议》，约定乙方于协议有效期内向甲方提供劳务派遣服务，乙方负责办理派遣员工的录用手续；双方确定派遣员工人选后，乙方及时向甲方发出《聘用征询函》，甲方确认认可的，乙方应当为甲方确定的派遣员工办理包括签订劳动合同在内的人事手续、缴纳各种社会保险手续及派遣手续；本协议自2014年1月1

日至2016年6月30日期间有效。

后某某劳务派遣公司在58同城网站上发布涉诉招聘信息，标题为“北京某某速递员3千加计件”，岗位职责是北京某某物流快递员；任职资格明确要求男性。该招聘信息注明该职位系某某劳务派遣公司介绍、代招，工作单位为某某物流公司。邓某某投递简历申请该职位后，经某某劳务派遣公司通知于2014年9月25日到某某物流公司进行了面试。邓某某主张其面试后在某某物流公司酒仙桥营投部试干了两天。某某物流公司称其系代表某某劳务派遣公司进行面试，面试后邓某某进行了2天的快递业务观摩，因某某劳务派遣公司就邓某某未向其征询意见，故对于邓某某是否符合岗位要求未形成意见。2014年9月28日，某某物流公司要求邓某某于10月8日入职签约，并要求邓某某准备好与此相关的入职体检报告及相应证件。但是，邓某某于10月16日得知自己并未被录用，原因是自己为女性。邓某某认为某某物流公司和某某劳务派遣公司侵犯了其平等就业权，故起诉，请求判令某某物流公司、某某劳务派遣公司：1. 以书面形式赔礼道歉；2. 连带赔偿邓某某入职体检费用120元、公证费用1000元、精神损害抚慰金50000元、鉴定费6450元。

【案件焦点】

1. 某某劳务派遣公司与某某物流公司在招聘过程中是否存在就业歧视行为；2. 如存在就业歧视行为，对邓某某造成的损害承担何种民事侵权责任。

【法院裁判要旨】

北京市顺义区法院经审理认为：依据《中华人民共和国劳动法》第三条、第十二条及第十三条的规定，劳动者享有平等就业和选择职业等权利，劳动者就业，不因民族、种族、性别、宗教信仰不同而受歧视，妇女享有与男子平等的就业权利；在录用职工时，除国家规定的不适合妇女的工种或者岗位外，不得以性别为由拒绝录用妇女或者提高对妇女的录用标准。《中华人民共和国就业促进法》亦在相关条款中作出相似规定。

本案中，某某劳务派遣公司在答辩意见中所援引的相关规定并不能证明快递员属于国家规定的不适合妇女的工种或者岗位，其拒绝聘用邓某某的原因在于其为女性，侵犯了邓某某平等就业的权利。某某劳务派遣公司对其侵权行为给邓某某造成的合理损失应予以赔偿。

某某劳务派遣公司发布的涉诉岗位的招聘信息均表明任职资格要求为男性，但其并未因邓某某系女性而拒绝提供就业机会，仍通知邓某某进行面试。邓某某并未举证证明某某劳务派遣公司对其实施了就业性别歧视的行为，故邓某某要求某某劳务派遣公司承担责任，不予支持。邓某某主张赔偿公证费用，缺乏依据，不予支持。

邓某某虽未提交体检费票据，但体检系应某某物流公司的要求，且邓某某提交了体检报告，其主张的入职体检费用符合一般市场行情，予以支持。鉴定费系邓某某为维权产生的合理费用，应由某某物流公司予以赔偿。

某某物流公司对邓某某实施了就业歧视，给其造成一定的精神损害，故结合某某物流公司在此过程中的过错程度及给邓某某造成的损害后果酌情支持邓某某精神损害抚慰金2000元。邓某某所提某某物流公司书面赔礼道歉的请求，依据不足，不予支持。

北京市顺义区人民法院依法判决如下：

一、某某物流公司于判决生效之日起七日内赔偿邓某某入职体检费用120元、精神损害抚慰金2000元、鉴定费6450元；

二、驳回邓某某的其他诉讼请求。

邓某某与某某物流公司均不服原审判决，提起上诉。北京市第三中级人民法院经审理认为：针对焦点一，某某劳务派遣公司与某某物流公司在招聘过程中是否存在就业歧视行为。根据查明的事实，某某劳务派遣公司与某某物流公司系用人单位与用工单位关系，某某劳务派遣公司负责与劳动者建立劳动关系。某某劳务派遣公司发布的涉诉岗位的招聘信息均表明任职资格要求为男性，但某某劳务派遣公司并未因邓某某系女性而拒绝提供就业机会，仍通知其进行面试。邓某某在面试、业务观摩、洽谈过程中直接与某某物流公司进行接触，某某劳务派遣公司并未参与其中，最后邓某某与邮政公司未建立用工关系，也并非因某某劳务派遣公司所致，因此，现有证据不足以证明某某劳务派遣公司对其实施了就业性别歧视行为。

某某物流公司在法院审理中，明确表示其投递岗位并未对女性进行限制，可以安排女性进行公司大厦投递工作，未录用邓某某系因沟通不畅所致。结合某某物流公司对投递岗位的陈述，邮件投递工作在不违反法律强制性和禁止性规定下，可以由女性职员胜任，故某某物流公司所援引的相关规定并不能证明快递员属于国家规定的不适合妇女的工种或者岗位。某某物流公司拒绝聘用邓某某的原因之一在于其为女性，侵犯了邓某某平等就业的权利，某某物流公司应当对此承担侵权责任。

针对焦点二，如存在就业歧视行为，对邓某某造成的损害承担何种民事侵权责任。法律规定，承担侵权责任的方式可以单独适用，也可以合并适用。各种责任形式的适用均旨在保护受害人的利益，是否存在侵权责任聚合，应当结合侵权行为、损害后果等因素进行综合判断，只有当一种责任形式不足以保护受害人时，才可以同时适用其他的责任形式予以合并保护。本案中，原审法院结合某某物流公司的侵权情况以及邓某某受损情况，酌定某某物流公司赔偿邓某某精神损害抚慰金2000元，和邓某某受到的伤害程度能够匹配，邓某某要求某某物流公司书面赔礼道歉，依据不足，不予支持。关于邓某某主张公证费应由某某物流公司和某某劳务派遣公司承担一节，因该公证系邓某某为固定证据采取的取证措施，举证义务是当事人在诉讼中具备的基本义务，该费用的支出应由其自行负担。

综上，邓某某与某某物流公司的上诉请求及理由，缺乏事实及法律依据，不予支持。原审法院认定事实清楚，适用法律正确，予以维持。北京市第三中级人民法院据此，依据《中华人民共和国民事诉讼法》第一百七十条第一款第（一）项之规定，判决如下：

驳回上诉，维持原判。

【法官后语】

该案例系一起因就业性别歧视导致民事侵权的典型案件，涉及如何认定用人单位是否构成性别歧视的问题，以及用人单位构成就业歧视应当承担何种责任的问题，由于用人单位因构成性别歧视应当承担何种责任在实践中基本不存在争议，因此本案焦点主要是：构成就业性别歧视的认定标准。

所谓就业歧视，是指在用人单位基于性别而在招聘或者工作中作出的排斥、限制或者优惠等区别行为。因此，要认定用人单位是否构成就业歧视，关键要确定用人单位拒绝应聘者与应聘者的性别具有直接的因果关系。一般而言，用人单位的性别歧视较为隐蔽，通常体现在简历审核筛选以及面试的环节。而简历的筛选以及面试过程具有很强的主观性，除非用人单位自认或者应聘者有足够的证据表明自身的平等就业权受到侵害，否则法院难以认定用人单位构成对应聘者的性别歧视。因此，认定用人单位构成就业性别歧视的要件是：（一）应聘者实施了求职的行为；（二）用人单位拒绝应聘者的求职意愿；（三）用人单位拒绝应聘者与应聘者的性别具有直接的因果关系；（四）不存在违法阻却事由，即所涉岗位不属于法律规定的妇女禁止从事或者限制从事的职业。

本案中对第一、二项要件不存在争议，因此本案主要讨论第三、四项要件。针对第三项要件，本案中，某某物流公司已经让邓某某准备体检，表明其有聘用意愿，邓某某有理由认为其是用人单位的招录对象，其相关能力等基本条件符合某某物流公司的招聘要求。而后某某物流公司却明确以性别原因拒绝录用，邓某某的证据形成了完整的证据链，能够充分证明其被拒绝系因性别导致。因此，邓某某被拒绝录用与其性别存在直接的因果关系。

针对第四项构成要件，即是否存在违法阻却事由。虽然法律明确规定了妇女享有与男子平等就业的权利，国家应当予以合理的保障。但是考虑到女性本身具有的生理特点，为保障和维护妇女的相关合法权益，《中华人民共和国劳动法》《女职工劳动保护特别规定》《女职工禁忌从事的劳动范围》等明确规定了不适合妇女的工种或岗位。宪法及法律赋予的劳动者平等就业权是其最基本、最重要的一项权利，该权利的大小与范围都应当由法律等规范性文件直接明文进行规定，而不应属于用人单位自主的范畴，不能被随意地剥夺和限制。现实生活中，工作的类型复杂多样，法律本身无法穷尽，因此采用否定性的列举规定不适宜女性的工作种类更符合客观需要。根据“法无明文禁止即自由”原则，对于法律没有明确规定的工种或岗位，妇女则应当享有自主择业、平等就业的权利。用人单位在具体适用时不应将上述规定的工种或者岗位予以扩大解释或者类推解释至有性别倾向的工种或岗位，作为用人单位对就业性别歧视的借口。本案中，某某物流投递员的工作并非是法律明确禁止女性从事的工种和岗位，女性工作者从事该项工作并不违反法律的强制性或者禁止性的规定。因此，某某物流公司不能以性别为由拒绝给予邓某某就业机会。

综上，用人单位可以在发布招聘启事及岗位介绍时对岗位的具体需求尽可能进行充分、详实的说明，让应聘者更好地了解岗位的性质和要求，根据自身情况作出合理的判断，但不能因该岗位的某些特殊性直接剥夺应聘者的简历投递、面试以及就业的机会。严格规范用人单位对工作岗位设置性别的问题，避免将妇女禁止从事的工种或者岗位扩大化，有利于营造平等、良好的就业环境，督促用人单位切实保障劳动者的平等就业权。

编写人：北京市顺义区人民法院 黄荣 周益

62

酒楼“不招女工”是否构成平等就业权侵权

——梁某某诉广东某某经济发展有限公司、广州市越秀区某某鱼翅海鲜大酒楼人格权案

【案件基本信息】

1. 裁判书字号

广东省广州市中级人民法院（2016）粤01民终字第10790号民事判决书

2. 案由：人格权纠纷

3. 当事人

原告（上诉人）：梁某某

被告（上诉人）：广东某某经济发展有限公司（以下简称某某公司）、广州市越秀区某某鱼翅海鲜大酒楼（以下简称某某酒楼）

【基本案情】

梁某某于2015年2月6日取得中式烹调师三级/高级技能职业资格证书。同年6月28日，在“58同城”网站上看到某某公司发布招聘厨房学徒的广告，该广告中并无明确性别要求，指定面试地点包括某某酒楼。梁某某于次日前往某某酒楼应聘，填写了入职申请表，但某某酒楼未对其进行面试。某某酒楼称当时因厨房学徒一职已经招满故没有安排梁某某面试。梁某某于同年7月在“58同城”网站上再次看到某某公司发布同一岗位的招聘广告，便申请广州公证处对“58同城”网站中某某公司发布的招聘广告的网页进行公证，该公证处于2015年8月18日作出（2015）粤广广州第151670号公证书。

该公证书显示：招聘主体为某某公司，招聘的职位为配菜/打荷（招8人），任职资格及其他条件载明，“1. 男性，18～25岁；2. 身体健康，反应灵敏；3. 踏实肯干，做事认真负责；4. 服从领导管理，为人友好和善。（无须投递简历，请携带身份证原件到店内面试）”。

某某酒楼确认上述广告由其委托某某公司发布，提交《情况说明》，载明“本酒楼于2014年年底委托某某公司在58同城网站发布相关招工广告，招工具体事宜由本酒楼负责”；确认配菜/打荷职位即为厨房学徒职位，厨房学徒的工作内容包括切菜、配菜、出菜、打荷等。某某酒楼称其发布有招聘女性厨房学徒的广告，但未能提交证据予以证明。

梁某某提交录音及录像资料，拟证明其前往某某酒楼与前台工作人员的沟通情况。录像中显示地点为某某酒楼；人物为梁某某与该酒楼前台人员；录像的对话内容中，该酒楼前台人员多次陈述“厨房学徒不要女的”“厨房里没有女工，都是男的”“公司规定厨房不招女工，即便具备厨师证也不行”“不招女工，你填了（表）也是没用”“不是说有没有实力的问题，这是管理的问题，就是如果不招女生的话就是不招”等。某某酒楼确认录像中地点是其地址，但认为该前台人员不代表人事部门的意见。

【案件焦点】

某某公司、某某酒楼是否侵犯了梁某某的平等就业权以及应否承担相应的民事责任。

【法院裁判要旨】

广东省广州市海珠区人民法院经审理认为：根据《中华人民共和国劳动法》第十二条、第十三条的规定，劳动者就业，不因民族、种族、性别、宗教信仰不同而受歧视。妇女享有与男子平等的就业权利。在录用职工时，除明确规定的不适合妇女的工种或者岗位外，不得以性别为由拒绝录用妇女或者提高对妇女的录用标准。可见，我国法律明确了就业歧视的种类包括对劳动者的民族、种族、性别、宗教信仰等的歧视，其中在性别歧视上又作出进一步的规定，即除国家规定的不适合妇女的工种或者岗位外，用人单位在招聘时，不得基于性别对求职者作出任何区别、排斥或限制，不得基于性别损害求职者均等的就业机会，妨碍求职者就业权的实现，否则就构成就业歧视中的性别歧视。

参照国务院颁布的《女职工劳动保护特别规定》附录，女职工禁忌从事的劳动范围包括：（一）矿山井下作业；（二）体力劳动强度分级标准中规定的第四级体力劳动强度的作业；（三）每小时负重 6 次以上、每次负重超过 20 公斤的作业，或者间断负重、每次负重超过 25 公斤的作业。某某公司、某某酒楼招聘的职位是厨房学徒，广告中注明每天工作时间为 8 小时，每周休息 1 天；庭审过程中，某某公司、某某酒楼均陈述厨房学徒的工作内容为切菜、配菜、出菜、打荷等。从上述工作内容来看，梁某某应聘的厨房学徒工作强度并未达到第四级体力劳动的强度，也不存在需要持续负重或负重强度过大的情形，故并不属于不适合女性从事的劳动范围。在现实生活中，女性在家庭生活里也完全可以胜任厨房烹调、料理等工作，女性从事厨房类工作，符合社会普遍成员的心理预期。因此某某公司、某某酒楼不能在招聘厨房学徒时，对于应聘人员的性别加以区分、限制或排斥。而某某公司在发布招聘广告中明确要求求职者性别为男性；某某鱼酒楼在梁某某前往面试时未提供平等的面试机会；在梁某某前往询问时，该酒楼前台人员表示厨房不招女工，即便有厨师证也不行。可见，某某公司、某某酒楼无论在发布招聘广告中抑或是实际招聘过程中，均一直未对梁某某的能力是否满足岗位要求进行审查，而是直接以梁某某是女性为由多次拒绝其应聘，没有给予梁某某平等的面试、应聘机会，已经构成对女性应聘者的区别及排斥，侵犯了梁某某平等就业的权利，均已经构成对梁某某的性别歧视，属于共同侵权，应该对梁某某的损失承担连带责任。

考虑某某公司、某某酒楼的过错程度及侵权行为造成的后果大小，酌定由某某公司、某某酒楼连带赔偿梁某某精神损失费 2000 元为宜。广东省广州市海珠区人民法院依照《中华人民共和国劳动法》第十二条、第十三条，《中华人民共和国侵权责任法》第六条、第十一条、第十五条，《最高人民法院关于确定民事侵权精神损害赔偿责任若干问题的解释》第一条、第八条第二款，参照《女职工劳动保护特别规定》附录之规定，判决：

某某公司、某某酒楼在本判决生效之日起七日内连带向梁某某赔偿精神损害抚慰金 2000 元。

梁某某、某某公司、某某酒楼均不服原审判决，提起上诉。广东省广州市中级人民法院经审理认为：认定平等就业权不仅属于劳动者的劳动权利范畴，亦属劳动者作为自然人的人格权范畴。根据《中华人民共和国侵权责任法》第二条第一款、第十五条之规定，侵害民事权益，应当依照本法承担侵权责任。承担侵权责任的方式主要有：（一）停止侵害；（二）排除妨碍；（三）消除危险；（四）返还财产；（五）恢复原状；（六）赔偿损失；（七）赔礼道歉；（八）消除影响、恢复名誉。以上承担侵权责任的方式，可以单独适用，也可以合并适用。又根据《最高人民法院关于确定民事侵权精神损害赔偿责任若干问题的解释》第八条之规定，因侵权致人精神损害，但未造成严重后果，受害人请求赔偿精神损害的，一般不予支持，人民法院可以根据情形判令侵权人停止侵害、恢复名誉、消除影响、赔礼道歉。因侵权致人精神损害，造成严重后果的，人民法院除判令侵权人承担停止侵害、恢复名誉、消除影响、赔礼道歉等民事责任外，可以根据受害人一方的请求判令其赔偿相应的精神损害抚慰金。故广东省广州市中级人民法院依照《中华人民共和国民法通则》第一百零五条，《中华人民共和国就业促进法》第三条，《中华人民共和国侵权责任法》第二条第一款、第十五条，《最高人民法院关于确定民事侵权精神损害赔偿责任若干问题的解释》第八条、第十条，《中华人民共和国民事诉讼法》第一百七十条第一款第（一）、（二）项之规定，判决如下：

一、维持广东省广州市海珠区人民法院（2015）穗海法民一初字第1322号民事判决；

二、某某公司、某某酒楼于本判决生效之日起十日内向梁某某作出书面赔礼道歉（致歉内容须由法院审定，某某公司、某某酒楼如未在指定的期间内履行，法院将在广州地区公开发行的报纸刊登判决书主要内容，由此产生的费用将由某某公司、某某酒楼承担）。

【法官后语】

本案讨论的是平等就业权问题。所谓平等就业权，一般包括两层含义，一是任何公民都平等地享有就业的权利和资格，不因民族、种族、性别、宗教等因素而受到限制或排斥；二是任何人在应聘同一岗位时，都应平等地参与竞争，不会因民族、种族、性别、宗教而享有特权或遭受歧视。

本案争议的焦点在于某某公司、某某酒楼“不招女工”是否构成对女性平等就业权的侵犯。

在公众的印象中，餐厅、酒楼的厨房工作一般由男性担任。之所以会有这种印象，一方面是因为餐厅、酒楼的厨房工作具有劳动量大、工作时间长等特点，男性相对于女性而言力量更大、抗压力更强，更能适应厨房工作。另一方面是在现实生活中，许多餐厅、酒楼在招聘过程中，对于应聘厨房工作的人员限定了性别，在招聘过程中即排除了女性从事厨房工作的可能性。

那么餐厅、酒楼厨房的工作是否属于禁止女性从事的岗位？答案是否定的。从某某公司、某某酒楼发布的招聘广告可知，梁某某应聘的职位是厨房学徒，厨房学徒工作要求的工作时间为每天8小时，每周休息1天；工作内容为切菜、配菜、出菜、打荷等。从上述工作内容来看，梁某某应聘的厨房学徒工作强度并未达到国务院颁布的《女职工劳动保护特别规定》附录中所列不适宜女性从事的工作内容，不属于不适合女性从事的劳动范围。梁某某热爱厨师工作，也考取了相应的资格证书，完全有能力胜任厨房学徒工作。某某公司及某某酒楼仅因梁某某的女性身份就拒绝面试、录用，完全未对梁某某的工作能力进行衡量和考察，未给予梁某某公平的求职机会，明显含有对女性应聘者的性别歧视，侵犯了女性的平等就业权，已经构成就业歧视。

该案是全国首例以判决形式确认企业侵害女性平等就业权、构成就业歧视的案例。一审法院通过判例的形式，对企业在招聘过程中限定应聘者性别的违法行为进行了否定。二审法院在维持这一认定的基础上，对梁某某主张的书面赔礼道歉诉请作出了肯定，进一步维护了梁某某的平等就业权利，加大了对违法企业的惩处力度，该案例对于规范企业用工，维护就业者的就业权利，尤其是女性就业者的平等就业权利有着深远的意义，对鉴别企业用工自主权和侵犯就业者就业权利的司法实践也有一定的指导意义。

编写人：广东省广州市海珠区人民法院　郭谧

63

默示许可使用姓名之判断标准及审理思路

——秦某某诉毛某、清华大学出版社有限公司人格权案

【案件基本信息】

1. 裁判书字号

北京市第一中级人民法院（2016）京01民终字第6244号民事判决书

2. 案由：人格权纠纷

3. 当事人

原告（上诉人）：秦某某

被告（上诉人）：毛某

被告（被上诉人）：清华大学出版社有限公司（以下简称清华出版社）

【基本案情】

秦某某系清华大学计算机科学与技术系（以下简称计算机系）教授。毛某于2008年9月入计算机系攻读博士研究生。秦某某担任毛某的指导老师。

《清华大学学报（自然科学版）》（以下简称学报）系由国家教育部主管、清华大学主办、《清华大学学报》编辑部（以下简称学报编辑部）编辑、清华出版社出版、在国内外公开发行的月刊。"学报投稿指南"中载明"稿件要求"包括"作者和课题负责人应在《稿件登记表》上签名"，"网络投稿程序"包括"每篇文章都需要有投稿作者和通讯作者，可以由同一人担任，如果是学生，通讯作者应该是指导教师"。

2015年1月，学报刊登"3－D视频的视差优化调整方法"一文（以下简称涉诉论文）并出版发行。其脚注显示："收稿日期"为2014年7月9日，"作者简介"为"毛某……"，"通讯作者"为"秦某某……"。

从2014年9月起，毛某共四次向秦某某个人邮箱发送其撰写的博士学位论文，

涉诉论文为其博士学位论文第六章。在博士学位论文最后的“个人简历、在学期间发表的学术论文与研究成果”部分中，毛某将涉诉论文列为其发表的学术论文部分，标明作者为毛某与秦某某，并注明已录用待刊。秦某某作为导师就毛某的博士学位论文提出了修改意见。另外，毛某亦将预答辩的PPT文稿发送给秦某某，该文稿中包含涉诉论文部分。秦某某在诉讼中称其只看到论文第五章，并未看过第六章即涉诉论文内容，但毛某认为秦某某已经阅读完全部文章，其提供的修改意见是就整个论文所提出的，所以秦某某已经知晓论文内容，也知晓博士学位论文最后部分中所列的已发表文章。毛某称在发表涉诉论文前，曾就此与秦某某沟通并取得秦某某的同意，秦某某支付了该文的版面费；其曾应秦某某的要求，将包含涉诉论文在内的两篇论文的详细信息告知秦某某，以此作为秦某某2014年度的工作考核内容。

《清华大学教师2014年度考核表》显示秦某某“本年度内履行岗位职责情况”中“发表学术论文”中不包含涉诉论文。

因秦某某认为涉诉论文存在学术造假，计算机系成立专门委员会并于2015年4月21日出具《关于计算机系博士生毛某博士论文涉嫌学术造假问题的审查意见》(以下简称《审查意见》)，结论是没有发现造假的情况。秦某某就上述审查意见向清华大学提出行政复议申请。

秦某某指导的计算机系在读学生郭某某等作为与毛某同一研究小组的成员出具了“3月27日组会情况说明”一份（以下简称《情况说明》)。该情况说明的主要内容为：“2015年3月27日周五下午小组组会期间，秦老师指出毛某同学的论文第六章中提及用80英寸立体显示器验证其有效性不属实……，以及在未经秦老师过目批阅就联署老师名字向清华学报发表论文的事情。当时，毛某对此表示对不起，对秦老师道歉。”

【案件焦点】

毛某的行为是否侵犯秦某某的姓名权及名誉权。

【法院裁判要旨】

北京市海淀区人民法院经审理认为：本案的争议焦点在于：毛某是否已就署名问题征得秦某某的同意？如否，则侵犯秦某某的姓名权（署名权)。至于涉诉论文是否损害秦某某的学术声誉，应以毛某未就署名问题征得秦某某同意和涉诉论文存在学术造假为前提。

就署名一节，毛某只有在事先征得秦某某同意或事后取得秦某某追认的情况下才能将秦某某署名为涉诉论文的通讯作者。毛某未能提交直接证据证明其在涉诉论文发表前已就署名问题征得秦某某的同意；其虽提交其与秦某某之间关于统计2014年度发表论文和关于交纳版面费的电子邮件以及秦某某签字的《清华大学借款凭单》，但由于发送上述电子邮件的时间均晚于涉诉论文的发表时间，且秦某某并未将涉诉论文列入其2014年度的工作考核内容；《清华大学借款凭单》中未显示论文题目以及署名问题，且秦某某已就报销版面费作出合理解释，故上述证据均不足以证明秦某某曾于涉诉论文发表后确认其同意在涉诉论文上署名。综上，现有证据无法证明毛某就署名问题征得秦某某的同意，故对秦某某主张涉诉论文侵犯其姓名权的主张，予以支持。

就秦某某所述涉诉论文存在学术造假一节，因涉诉论文的相关内容与毛某博士学位论文部分内容大致相同，秦某某以相同理由反对组织毛某博士学位论文答辩、在毛某博士学位论文答辩现场提出相同理由的质疑，故对于毛某博士学位论文的评审应作为涉诉论文相关内容是否存在学术造假的依据。就此，计算机系已经组织专门委员会进行评审，评审结果为“没有发现造假的情况”。尽管秦某某对专门委员会的组成、其评审结果的合理性提出质疑，并表示已经就该评审结果提出复议，但在本案法庭辩论终结前，尚未有证据证明上述评审结果被修改，或经其他学术评价机制否定，故现有证据不足以证明涉诉论文存在学术造假。则在此情况下，尽管涉诉论文已被多次下载，但不足以构成对秦某某学术声誉、名誉权的侵害。

综上，毛某在未经秦某某同意的情况下将秦某某署名为涉诉论文的通讯作者，侵犯了秦某某的姓名权，应就此承担相应的侵权责任。清华出版社作为出版单位，尽管就涉诉论文未填写《稿件登记表》和《文稿出版合同》予以解释，但不能就此免除其对刊载论文署名情况的核实义务，亦应承担相应的责任。

北京市海淀区人民法院依据《中华人民共和国民法通则》第九十九条、第一百零一条，《中华人民共和国侵权责任法》第六条、第十五条，《最高人民法院关于民事诉讼证据的若干规定》第二条之规定，判决如下：

一、清华出版社于本判决生效后七日内将学报涉诉论文中“通讯作者 秦某某……”的内容予以删除，并于本判决生效之次月在学报纸质版上刊登删除声明，内容需经本院审查许可。

二、毛某于本判决生效后十五日内向秦某某出具书面致歉信，致歉内容需经法院审查许可，并于本判决生效后三十日内将经法院审查许可的书面致歉信刊登于学报（一次）；如不执行上述内容，则由法院在学报上刊登判决主要内容，刊登费用由毛某承担。

三、毛某向秦某某支付公证费1000元和打印复印费108元，赔偿精神损害抚慰金2000元，共计3108元，均于本判决生效后十五日内履行。

四、驳回秦某某的其他诉讼请求。

秦某某、毛某均不服提出上诉。北京市第一中级人民法院经审理认为：

（一）秦某某的名誉权是否受到损害

名誉是对于人的道德、能力等品质的一种社会评价，属重要的人格利益。从人格权保护的开放性以及对人格权保护的重要性考量，行为人不论采取何种方式，只要客观上损害了社会对另一方的公正评价，且对该损害后果具有过错时，就应成立名誉侵权。秦某某作为第二作者、通讯作者被署名在毛某的涉诉论文中，如果该论文构成学术造假，势必会影响到社会或职业团体对秦某某的个人评价，因此，本案属于名誉侵权的范畴。由于涉诉论文已经公开发表，故秦某某应该举证证明涉诉论文存在造假的事实。

由于毛某所发表的涉诉论文属于其博士学位论文的一部分，而秦某某在毛某博士学位论文答辩前和答辩中即提出了论文涉嫌造假的观点，因此应将清华大学对于毛某博士学位论文的最终态度作为认定其是否造假的重要依据。教育部《学位论文作假行为处理办法》第十二条规定，发现学位论文有作假嫌疑的，学位授予单位应当确定学术委员会或者其他负有相应职责的机构，必要时可以委托专家组成的专门机构，对其进行调查认定。第十三条规定，对学位申请人员、指导教师及其他有关人员作出处理决定前，应当告知并听取当事人的陈述和申辩。因秦某某作为导师提出毛某的博士学位论文涉嫌造假，计算机系成立了专门委员会，组织了校内外多名同行专家分别进行了两轮匿名评审。专门委员会询问了毛某论文中的问题，审查了相关代码，阅读了已先期发表的涉诉论文后，认定毛某的博士学位论文没有造假的情况。应该说，对毛某博士学位论文是否造假认定的处理程序符合上述办法的规定。论文造假的辨识涉及学术专业问题，理应由学术专家完成。在无证据证明程序存在严重瑕疵时，专门委员会的认定结果具有权威性，理应得到尊重。

对于涉诉论文中所述“佩戴红蓝眼镜”等设备的话语，秦某某认为实验室并没有该设备。但从毛某二审中提供的证据看，其当时确实购买过相应设备，秦某某的质疑不能成立。

综上所述，虽然秦某某在诉讼中就科学研究应该具有的严谨性、客观性所发表的观点是非常正确的，体现了其治学严谨的科学态度，但就本案来讲，由于毛某的博士学位论文并不存在造假行为，而本案的涉诉论文系其博士学位论文的一部分，且专门委员会也已审阅过涉诉论文，加之毛某补充提交的购买设备的证据材料，因而，秦某某对毛某涉诉论文的质疑不具有合理性，因此，秦某某有关侵犯其名誉权的事实主张不成立。

（二）秦某某的姓名权是否受到侵害

秦某某认为毛某侵犯其姓名权，意指未经其允许在涉诉论文中使用其姓名，因此，秦某某是否同意毛某使用其姓名是该诉请能否获得支持的重要事实依据。

姓名权作为人的私权当允许权利人自由支配。支配可以以明示的方式行使，亦可以默示的方式允许，事后获得追认也不构成姓名权的侵犯。毛某没有提供秦某某明确同意的书面材料，而且秦某某也没有事后追认的意思表示，因此毛某是否构成姓名权侵权，关键在于能否证明秦某某已经知道且默示同意毛某使用其姓名。由于秦某某与毛某属于多年师生关系，因此，对于秦某某是否知道以及是否默示同意，应该放在师生关系的背景下并结合现有证据以符合常理的方法综合判定为宜。

第一，秦某某是清华大学的教授，毛某的涉诉论文系刊发在清华学报上，清华师生很容易看到。如果毛某系恶意侵犯导师姓名权以获取不当利益，此举便不可理解。因此，从常理上判断，毛某作为学生不可能具有侵犯导师姓名权的主观故意。“不排除有其他正当理由”是对于上述判断符合常理的进一步解释。

第二，从2014年9月起，毛某先后四次向秦某某的邮箱发送其撰写的博士学位论文。在论文最后部分中，毛某明确将与秦某某共同署名的涉诉论文列入发表的学术成果之中。秦某某称其只看到博士学位论文第五章，之后部分都没有看过，因此不了解涉诉论文所涉及的论文部分，也没有看到过学术成果部分。但是，秦某某的该观点显然与2014年11月13日毛某针对秦某某的修改意见所作出的回复不相吻合。其双方关于毛某博士学位论文的交流与现实中师生之间就学位论文总体的选题、思路、结论之间的探讨是完全相符的。同时，毛某还将博士学位论文的预答辩以PPT文稿形式发送给了秦某某。综合上述事实，有理由相信，秦某某已经知道该论文的全部内容，其看到毛某论文最后部分的内容已发表学术成果具有相当的可能性。

第三，2015年1月5日，秦某某发电子邮件询问学生2014年发表的论文情况，毛某当日进行了回复。回复中明确写明了已录用待刊的两篇文章，其中包括涉诉论文在内。对于该回复邮件，秦某某称自己从未收到。该邮件对案件事实的认定有较大的关联，在毛某采用公证等方式穷尽其举证手段时，秦某某不得仅以未收到为由否认该事实，在秦某某未能提供相反证据予以反驳时，毛某主张的事实成立，即秦某某已经知道该邮件的内容。

第四，2015年1月13日，秦某某为毛某签署了《清华大学借款凭单》，显示借款项目为“清华学报版面费”。该凭单的费用以及日期与涉诉论文的版面费以及刊发日期是相符的。秦某某认为该凭单不能证明其已经同意使用其姓名，毛某认为其已经和秦某某沟通过，签署凭单时秦某某是知道的。综合考虑2015年1月5日的回复邮件以及双方之间就论文的交流情况，对毛某所述秦某某在签署凭单时知道该涉诉论文的发表情况予以确认。

秦某某将2015年3月27日的组会情况作为其证据之一，由于秦某某提供的《情况说明》没有毛某签字，证人均与秦某某存在利害关系，该内容无法证明当时组会的真实情况。从另外角度分析，如果秦某某作为导师向学生严肃提出了未经允许使用其姓名的问题，而后在毛某亲自撰写的检讨书中却没有任何回应亦是不可理解的。因此，合理的解释就是，组会确实开了，但并没有涉及姓名权的问题。秦某某亦将其与学报编辑部的沟通内容作为其证据之一，由于秦某某自述其发现论文造假的现象是在2015年1月28日之后，此时涉诉论文已经刊发。因此，从个人角度理解，秦某某此时拒绝署名也是正常情事，但此不足以倒退证明毛某在发表文章时没有经过其允许而使用姓名。

综上可见，秦某某作为导师，已知晓自己学生的论文构思，已阅读了博士学位论文，收到了关于已发表文章邮件，且为毛某签署借款凭单以支付版面费。因此，从师生背景并按照符合常理的方式判断，法院有理由认为秦某某已经知晓涉诉论文的内容并同意了毛某使用其姓名，毛某在本案中的证据和陈述已具有高度盖然性。

需要指出，司法判断理应凭借证据向客观真实趋近，但司法判断所达到的客观真实存在一个有效区间，而此正是由民事证据的高度盖然性的证明标准所决定。本院反复考虑了秦某某所提各项理由，最终认为毛某所提证据的可信度更高，故对秦某某的各项意见不予采纳。

综上，秦某某没有证据证明毛某和清华出版社侵犯了其名誉权和姓名权，依法应予驳回。一审判决对名誉权的认定正确，但对姓名权的认定不当，予以纠正。北京市第一中级人民法院依据《中华人民共和国侵权责任法》第二条、第六条，《中华人民共和国民事诉讼法》第一百七十条第一款第（二）项，《最高人民法院关于适用〈中华人民共和国民事诉讼法〉的解释》第九十条之规定，判决如下：

一、撤销北京市海淀区人民法院（2015）海民初字第20139号民事判决；

二、驳回秦某某的全部诉讼请求。

【法官后语】

本案争议的核心问题为是否构成名誉权和姓名权的侵权，特殊之处在于本案系师生之间因论文署名问题产生的纠纷。有如下问题需重点把握：

1. 学术声誉是否属于名誉权保护范围

我们认为，学术声誉应属于名誉的一种，原因如下：1. 名誉具有时代性。名誉作为一种客观社会的概念，因社会的价值观念及认知的变迁，会有不同的评价。对于一名学者、教师而言，最为关切的问题就是学术评价，学术声誉则关乎学者的安身立命问题。一般来说，体现学者学术能力和水平的载体就是作品，包括学术论文和学术著作。故因论文造假而导致的学术声誉降低会影响他人对学者的学术水平甚至是人品、德行等方面的综合评价，也即影响名誉。2. 人格权保护具有开放性。一般人格权的内容体系具有相当的开放性，因其在现实中并非静态的存在，会发生利益衍生现象，所以法律无法穷尽所有具体类型，也就无法清晰地划定人格权的保护范围。本案秦某某被署名在毛某的涉诉论文中，如果该论文系学术造假，势必会影响到社会或职业团体对秦某某的个人评价，因此，本案属于名誉侵权的范畴。

2. 本案对是否构成姓名权侵权的认定考量

（1）姓名使用权的举证规则适用

授权他人使用姓名作为一种民事法律行为，其方式既可以明示也可以默示。本案中，秦某某主张毛某未经其许可擅自使用其姓名并公开发表在论文中，侵犯其姓名权。从举证责任分配的角度看，证明秦某某同意毛某使用其姓名的举证责任确实在毛某一方，若其未能证明应承担举证不能的相应后果。但如上所述，民事法律行为分为明示和默示，本案还应考虑秦某某是否已经知道且默示同意毛某使用其姓名的情况，举证责任仍在毛某一方。

（2）法官在民事证据高度盖然性原则下内心确信的建立

审判的过程是一个主观判断的过程①。在案件事实和裁判结果之间，存在着一个至为重要的微妙地带，即法官的内心世界。换言之，就是法官就某一待证事实通过庭审活动在对证据进行调查、审查、判断之后形成相当程度上的内心确信。而法官的内心确信应建立在证据的基础和符合常理的判断方法上。

毛某作为学生，与其导师秦某某有着七年的师生关系，其将涉诉论文发表在本校主办的刊物上，从常理判断，其不具有侵犯导师姓名权的主观故意。毛某多次将包含涉诉论文的博士学位论文作为附件发给秦某某，虽然证据中没有直接针对涉诉论文署名情况的沟通，但结合双方的师生关系以及交流内容，秦某某主张不知晓涉诉论文是不符合常理的。实践中，师生合作撰写论文进行发表的情况并不鲜见，老师对学生署名问题也通常是以默示方式表示认可，审判中如果要求师生之间就姓名使用形成书面契约既强人所难也是不符合常理的。从师生背景并按照符合常理的方式判断，法官有理由认为秦某某已经知晓涉诉论文的内容并同意了毛某使用其姓名，毛某在本案中提供的证据和陈述已具有高度盖然性，故二审法院支持了毛某的上诉主张。

总之，法律上合乎事实的判断一定是合乎逻辑的判断，而合乎逻辑的判断一定是合乎常理的判断。法官在审理案件时所建立的内心确信，是在结合关联事实及相关证据的前提下建立的，虽然法律事实无法达到客观真实，但法官在民事证据高度盖然性的原则下所作出的判断，即认定的法律事实一定是合乎逻辑和常理的。

编写人：北京市第一中级人民法院　刘雅璠

---

① 肖建华：《诉讼证明过程分析》，载《人大法律评论》（第2卷），中国人民大学出版社2000年版。

64

图形验证程序是否构成对盲人的歧视

——张某某诉中国铁路总公司等人格权案

【案件基本信息】

1. 裁判书字号

北京市海淀区人民法院（2016）京0108民初字第4852号民事判决书

2. 案由：人格权纠纷

3. 当事人

原告：张某某

被告：中国铁路总公司（以下简称中铁总公司）、中国铁路信息技术中心（以下简称中铁信息中心）、中国铁道科学研究院（以下简称中铁科研院）

【基本案情】

张某某系一级视力残疾人。2016年年初，中国铁路客户服务中心网站（网址www.12306.cn）（以下简称涉诉网站）在购票程序中，要求购票人进行图片验证码识别且无任何替代措施，导致张某某无法自行通过网站购票。中铁总公司是涉诉网站的主办单位，其委托中铁信息中心、中铁科研院对涉诉网站进行维护和技术研发工作。张某某认为中铁总公司、中铁信息中心、中铁科研院对涉诉网站的设计、使用以及增设图形识别程序是将视力残疾人排除在服务人群之外，是基于视力残疾的歧视，侵害了其的人格权，故起诉要求中铁总公司、中铁信息中心、中铁科研院承担侵权责任。中铁总公司、中铁信息中心、中铁科研院认为图形验证程序是为了在通过网络便利公众购票的同时，防止少数人实施倒票、囤积车票的违法行为，不是歧视行为，现实生活中存在多种购票途径，张某某也在涉诉网站程序变更后，通过包括网络购票等方式，多次成功购买了火车票，因此未侵害张某某人格权。

【案件焦点】

涉诉网站于2016年在网络购票程序中采取的图形验证程序是否构成对视力残疾人的歧视。

【法院裁判要旨】

北京市海淀区人民法院经审理认为：残疾人在政治、经济、文化、社会和家庭生活等方面享有同其他公民平等的权利，残疾人的公民权利和人格尊严受法律保护。全社会应当理解、尊重、关心、帮助残疾人，国家和社会应当采取措施，为残疾人平等参与社会生活创造无障碍环境。但受技术、能力、意识等局限，目前残疾人基于其自身残障情况，在社会生活、学习、工作中遇到自身无法克服的障碍甚至限制的客观事实仍旧存在。因此在判定歧视行为时，要严格审慎区分无障碍程度的客观局限与歧视、侵权行为的界限。涉诉网站在购票程序中加设图形验证程序，因要求购票人对视觉图像进行识别和点击，对于存在视力障碍的张某某而言，确实导致其无法通过自身努力完成购票的事实。但首先，该程序的增设是为了在方便公众购票的前提下，防止少数人实施倒票、囤积车票的违法行为。其次，网络购买火车票只是目前现存的多种购票途径之一，图形识别程序的增设并未影响张某某通过其他途径自由、平等购票和乘坐火车出行。因此图形验证程序的增设，既非以将视力残疾人排除在服务人群之外为目的，也未侵害张某某的出行权、公平购票权。

北京市海淀区人民法院依照《中华人民共和国民事诉讼法》第六十四条第一款之规定，作出如下判决：

驳回张某某的全部诉讼请求。

【法官后语】

保障和维护残疾人的合法权益是社会文明、和谐程度的一个标志。根据法律规定：残疾人在政治、经济、文化、社会和家庭生活等方面享有同其他公民平等的权利，残疾人的公民权利和人格尊严受法律保护。全社会应当发扬人道主义精神，理解、尊重、关心、帮助残疾人，支持残疾人事业。国家和社会应当采取措施，逐步完善无障碍设施，推进信息交流无障碍，为残疾人平等参与社会生活创造无障碍环境。社会无障碍环境的实现，需要多方共同努力。受技术、能力、意识等局限，社会无障碍程度仍将长期处于一个不断完善、不断提高的过程中。随着科学技术的发展，越来越多的新技术被应用于便利生活，而各种新技术的应用在改变旧有方式和途径的同时，也同样可能存在无障碍化的局限。因此，残疾人士基于自身残疾在当前社会生活中遇到各种自身无法克服的障碍甚至限制仍旧是客观事实。这就需要在审理相关案件时，要明确区分残疾人遇到的各种实际限制是基于客观情况还是源于歧视行为。

本案就是上述问题的一种典型反映。中铁总公司、中铁信息中心、中铁科研院依靠数字技术更新网络购票流程，增设图形验证程序，以实现既便利公众购票，又有效防范少数人实施倒票、囤积车票的目的。但由于视力残疾人士无法通过语言软件的协助完成图形验证程序，导致其无法通过网络购买火车票，产生了购票障碍。审理中，法庭首先确认：网络购票并非张某某购买火车票的唯一途径，不存在不可替代性。图形验证码采用后，张某某作为普通公民的自由出行、自由购票的基本权利亦未受到损害。其次，中铁总公司、中铁信息中心、中铁科研院采用图形验证码，是为了从技术上延长网络购票时间，防止恶意抢票软件实施恶意行为，阻止非正常购票，防止黄牛囤票和网站刷票，维护旅客的正常购票秩序，并非是针对某些特定社会人群设置障碍。系由于盲人辅助软件技术的不配套，造成张某某无法借助原有语音协助软件通过图形识别过程，完成网络购票。中铁总公司、中铁信息中心、中铁科研院就张某某受到的客观不便，没有故意，更没有恶意，并非是针对视力残疾人士的不公平对待。因此，图形识别程序的推行不构成对张某某等残疾人士的歧视，不构成对张某某人格权的侵害。

本案一审判决后，双方均未提出上诉。目前，随着科技能力的更新，网络购票程序后续又进行了新的调整，网络购票的便捷性与安全性均进一步提升。2017 年，大多数公众在通过网络购买火车票时，已无须通过图形验证程序。

编写人：北京市海淀区人民法院　王继延

65

毁坏骨灰、坟墓之行为是否构成侵害死者近亲属之人格权

——徐某甲诉徐某乙一般人格权案

【案件基本信息】

1. 裁判书字号

北京市第二中级人民法院（2016）京 02 民终字第 9292 号民事判决书

2. 案由：一般人格权纠纷

3. 当事人

原告（反诉被告、被上诉人）：徐某甲

被告（反诉原告、上诉人）：徐某乙

【基本案情】

2012 年 4 月 17 日，徐某甲、徐某乙之母许某因病去世；同月 19 日，徐某乙拦截其母亲殡仪车，后徐某乙又将下葬的骨灰从棺材中取出；同月 23 日，徐某乙将母亲的骨灰提至北京市房山区长阳镇葫芦垡村村民委员会（以下简称葫芦垡村委会）。徐某甲为母亲处理后事并购置棺材。现骨灰放置在徐某乙处。

2016 年 7 月 25 日，葫芦垡村委会出具证明，该证明载明："兹有我村村民徐某乙，男，于 2012 年 4 月 23 日上午，提着黄布包裹来到村委会书记室，说：'我妈要钱来了，这是我妈的骨灰。'当时书记斥责了他这种不道德行为，让他快速离开村委会，他就是不走，之后村委会报警，民警把他带回派出所。"2016 年 7 月 26 日，葫芦垡村委会工作人员出具证明，该证明载明："2016 年 6 月 18 日，王某辉、高某调解徐某甲、徐某乙家庭纠纷一事，到徐某乙家时，看见徐某乙与徐某甲之子上屋顶共同从树上取下骨灰，经查看是徐某甲、徐某乙母亲的骨灰。"

诉讼过程中，法院向案外人徐某甲、徐某乙的姐妹二人核实相关情况，该二人均称其母亲生前没有"希望自己的骨灰放置家中"的遗愿，徐某乙知道母亲去世的

消息；同时该二人表示同意其母亲的骨灰给徐某甲并由徐某甲进行安葬。

【案件焦点】

1. 徐某乙是否侵犯徐某甲人格权；2. 本案的诉讼时效。

【法院裁判要旨】

北京市房山区人民法院经审理认为：针对第一个争议焦点问题。骨灰及按照社会公序良俗对骨灰予以安葬的坟墓系死者亲属用于纪念、祭祀所需要的物品，该物与死者亲属的精神利益息息相关，对死者的亲属有着特殊的纪念价值，该物应认定为具有人格象征意义的特定纪念物品。本案中，徐某乙违背公序良俗、社会公德毁损原有安葬母亲骨灰的坟墓并将骨灰取出，以其母亲的骨灰威胁他人，并将骨灰挂至树上，其行为已对其他亲属的精神造成严重损害，徐某甲作为许某的亲属起诉要求徐某乙给付精神损失费，于法有据，予以支持；同时徐某甲要求徐某乙赔礼道歉，于法有据，予以支持；就精神损失费数额，法院认为作为亲属理应共同、妥善维护具有特殊纪念意义的骨灰、坟墓，予以共同纪念、祭祀、缅怀死者，然徐某乙违背公序良俗对该些物品不予尊重，对其他亲属的精神伤害程度大，故酌情确定数额为5000元；徐某甲要求过高的部分，不予支持。徐某乙辩称徐某甲系为履行其母亲许某的遗愿，但未提交证据予以证实，故对其该主张不予认可。徐某甲要求徐某乙赔偿棺材购置费，法院认为徐某乙将其母亲骨灰从坟墓中取出，依据常理可以推理出徐某乙的行为对棺材必然会造成一定损害，同时棺材已不能重复使用，故徐某甲的诉讼请求于法有据，予以支持；就赔偿数额，依据市场价格等综合考虑酌情确定为10000元。徐某甲要求徐某乙归还其母亲的骨灰以尽快下葬，法院认为徐某乙将其母亲的骨灰放置家中而不按照公序良俗予以安葬，且许某其他继承人均同意将许某的骨灰给徐某甲予以安葬，故徐某甲要求徐某乙将许某的骨灰归还予以二次安葬，合情合理，予以支持。针对第二个争议焦点问题。徐某乙仍将骨灰放在其家中，未按照公序良俗对其母亲的骨灰予以安葬，该侵害行为一直持续至现在，故徐某乙辩称诉讼时效已过，不予采信。徐某乙反诉要求徐某甲公开赔礼道歉并赔偿精神损失费，无法律依据和事实依据，不予支持。

北京市房山区人民法院依照《中华人民共和国侵权责任法》第二条、第十五条，《最高人民法院关于确定民事侵权精神损害赔偿责任若干问题的解释》第三条、

第四条之规定，判决如下：

一、徐某乙于本判决生效之日起十日内赔偿徐某甲精神损失费5000元；

二、徐某乙于本判决生效之日起十日内赔偿徐某甲棺材购置费10000元；

三、徐某乙于本判决生效之日起十日内将母亲骨灰归还给徐某甲；

四、徐某乙于本判决生效之日起十日内向徐某甲赔礼道歉（口头、书面形式均可，内容需经法院审核）；

五、驳回徐某甲的其他诉讼请求；

六、驳回徐某乙的反诉请求。

徐某乙不服一审判决，提出上诉。北京市第二中级人民法院经审理认为：民事活动应当尊重社会公德。百善孝为先，按照中华民族传统的民间习俗，老人去世后，作为子女应尽快将老人予以安葬，入土为安。这既是对老人生养之恩的报答，亦是子女孝心的体现，是中华民族几千年来的传统美德。老人的骨灰、安葬所用棺材以及所形成的坟墓，均为具有人格象征意义的特定纪念物品，对已逝老人的亲属有着特殊的纪念价值，已逝老人的亲属均应共同予以安置与维护，不得毁损及非法利用。本案中，老人去世并已被安葬后，徐某乙却擅自毁坏老人坟墓，破坏用以安置老人骨灰的棺材并将老人骨灰取出，用老人骨灰威胁他人并将老人骨灰挂在其房后树上，徐某乙的这些行为已严重违背善良风俗和社会公德，给老人的其他亲属精神上造成了严重损害，其理应向徐某甲赔礼道歉，赔偿精神损失费及棺材购置费，并归还老人骨灰以便尽快二次安葬。一审法院依据徐某乙行为的恶劣程度、对徐某甲等人的精神伤害程度以及棺材的市场价格等因素，确定徐某乙应赔偿的精神损失费及棺材购置费的数额并无不妥，予以确认。徐某乙反诉要求徐某甲公开赔礼道歉并赔偿其精神损失费，缺乏事实及法律依据，不予支持。徐某乙关于其没有损坏棺材，骨灰及棺材的处理已经过调解且已超过诉讼时效，其取出骨灰系实现母亲遗愿的上诉意见，缺乏证据支持，不予采信。但需要指出的是，在老人去世后，徐某甲与徐某乙应共同协商妥善解决老人的殡葬事宜，但二人并未充分协商，故在老人后事处理上均有不当之处，对此予以批评，并希望二人能够妥善处置老人的后续殡葬事宜。综上所述，徐某乙的上诉请求不能成立，应予驳回。一审判决认定事实清楚，适用法律正确，应予维持。北京市第二中级人民法院依照《中华人民共和国民事诉讼法》第一百七十条第一款第（一）项之规定，判决如下：

驳回上诉，维持原判。

【法官后语】

本案的主要争议焦点和涉及的法律问题为：第一，毁坏骨灰、坟墓的行为侵害死者近亲属的何种权利；第二，该行为人是否应当赔偿死者近亲属精神抚慰金。

毁坏骨灰、坟墓的行为侵害了死者何种权利？人格权应为人之基于精神的、道德的或经济的关系而得以享受的权利，与人的生存不可分离。随着现代社会个人自觉意识增强，人格尊严和人格价值的保护也随之增强。我国《民法通则》规定，公民、法人享有名誉权，公民的人格尊严受法律保护，禁止用侮辱、诽谤等方式损害公民、法人的名誉。同时，《中华人民共和国侵权责任法》（以下简称《侵权责任法》）规定了具体的民事权益，包括生命权、健康权、姓名权、名誉权、荣誉权、肖像权、隐私权、婚姻自主权、监护权、所有权、用益物权、担保物权、著作权、专利权、商标专用权、发现权、股权、继承权等人身以及财产权益。而本案所涉民事权益不属于《侵权责任法》中明确列举的具体权益。按照我国被社会公众认可的祭祀传统和风俗，违背公序良俗侵害或者侮辱死者骨灰、毁坏坟墓的行为实质是对死者近亲属的人格尊严、行为自由予以侵害，系以违背善良风俗的方法限制死者近亲属进行祭祀的自由；在家庭生活中，近亲属之间的人格尊严及名誉紧密相连，亲人死后的骨灰被他人以违背善良风俗的行为毁坏、侮辱将使死者近亲属愤怒、沮丧；如该侵权人为死者近亲属，则使其他近亲属羞愧，受人讥笑或鄙视，使其人格遭受侵害。因此，毁坏骨灰、坟墓的行为应认定为侵害死者近亲属的一般人格权。

毁坏骨灰、坟墓的行为人是否应向死者近亲属赔偿精神抚慰金？根据《侵权责任法》的规定，承担侵权责任的方式主要有：（一）停止侵害；（二）排除妨碍；（三）消除危险；（四）返还财产；（五）恢复原状；（六）赔偿损失；（七）赔礼道歉；（八）消除影响、恢复名誉，计八种救济方式，而赔偿精神抚慰金需法律特别明确规定。当非财产的民事权益遭受损害，以其他救济途径（如停止侵害、消除影响、恢复名誉等）可以填补受害人所受侵害的，而法律又无特别规定可以以赔偿精神抚慰金之方式救济的情形下，能否适用精神抚慰金以填平受害者精神的创伤？本案中，侵害人和主观上存在对被侵害人人格侵害的故意，客观上实施的侵害行为情节严重，且其他救济方式之补偿不充分，难以抚慰受侵害人的精神创伤，故本案的受害人在法律无特别规定精神抚慰金的情况下可以获得精神抚慰金之赔偿。然，我国人格权益的保护系采取列举主义及概括主义，当人格权益受侵害，一概以金钱予以赔偿，则人格将会商业化，人格价值可能遭受降低，且某种程度会引起滥诉，因此人格权益遭受损害之时，能否获得精神抚慰金，首先应以法律有无明确规定为依据，若无明确规定，则须对以其他方式补偿不适当或不充分，侵害人故意或存在重大过失等条件综合考量之后，才能使用精神抚慰金赔偿之方式予以救济。

编写人：北京市房山区人民法院　曾慧

66

侵犯人格权中性自主权的损害赔偿

——蒋某诉李某人格权案

【案件基本信息】

1. 裁判书字号

北京市第二中级人民法院（2016）京02民终字第11106号民事判决书

2. 案由：人格权纠纷

3. 当事人

原告（被上诉人）：蒋某

被告（上诉人）：李某

【基本案情】

蒋某、李某原均系世纪佳缘网注册会员。蒋某未婚，李某登记注册信息为未婚。2013年1月，蒋某、李某通过世纪佳缘网结识，后双方建立恋爱关系，并多次发生性关系。2014年12月15日，蒋某在北京妇产医院进行人工流产手术，并为此支付医药费2290.72元。李某与蒋某交往时已结婚。2015年1月，蒋某发现李某已婚的事实后双方结束了恋爱关系。两人在交往期间，涉及多次金钱往来。根据原告提交的明细单与转账记录，其共给付李某813000元。蒋某起诉要求李某书面赔礼道歉，支付流产手术的医疗费以及精神损害赔偿金300000元。

2015年7月31日，蒋某（乙方）与李某（甲方）签订《协议书》，内容为：一、经双方协商，李某偿还蒋某700000元；二、蒋某于2015年7月31日确认收到李某的还款700000元；三、自2015年7月31日起，甲方、乙方所有的债权、债务互不追究，双方涉及的感情问题一并解决。乙方不能再以欠款、感情或其他问题骚扰甲方。四、本协议甲、乙双方签字后生效。

庭审中，李某表示无法判断是自己导致蒋某怀孕、流产并留下妇科疾病的事实，流产是蒋某作为正常成年人自己的决定。双方的感情和债务问题已经通过协议书一并解决，蒋某不能再主张赔偿。

【案件焦点】

1. 性自主权的认定；2. 和解协议的抗辩力。

【法院裁判要旨】

北京市房山区人民法院经审理认为：民事活动应当尊重社会公德，不得损害社会公共利益，扰乱社会经济秩序。行为人因过错侵害他人民事权益，应当承担侵权责任。蒋某通过征婚网站发布个人信息，意欲通过该途径构建婚姻组成家庭，但李某在已婚的情况下仍以未婚的名义在征婚网站发布信息，随后与蒋某交往并建立恋爱关系、发生性关系，并导致蒋某怀孕及流产等事实的发生，使得蒋某在受欺骗的情况下对其性权利作出了处分，并因此造成了身体及精神上的严重伤害。李某的行为明显违背社会公德及公序良俗，侵害了蒋某的人格权利，应当承担侵权责任。

因侵权致人精神损害，造成严重后果的，人民法院除判令侵权人承担停止侵害、恢复名誉、消除影响、赔礼道歉等民事责任外，可以根据受害人一方的请求判令其赔偿相应的精神损害抚慰金。本案中，李某的过错行为已对蒋某的精神上造成了损害，故对蒋某要求李某书面赔礼道歉并赔偿精神损害抚慰金的诉讼请求，予以支持，具体数额根据李某的过错程度、行为方式及行为所造成的后果等情况予以酌定，对蒋某过高的诉讼请求不予支持。

对于蒋某要求李某承担医药费的诉讼请求，虽李某主张不能确定系其导致蒋某怀孕，但根据蒋某提交的证据，李某在医院的手术知情同意书上“家属签字”一栏签字，而李某又未提交证据证明其主张，故对李某该主张不予采纳；又蒋某系在李某隐瞒重要事实的情况下，对自己的性权利及生育权利作出了处分，故李某应当承担蒋某由此发生的医药费。

就协议书的问题，双方协议书的主要内容是针对双方恋爱期间的债权债务关系，虽提及感情问题已解决，但并未明确表示双方就李某的过错行为给蒋某所造成的经济损失及精神损失的赔偿已协商一致。又结合双方恋爱期间蒋某给付李某的钱款数额，对李某主张双方已就债权债务及感情问题一并解决的主张不予采纳。

北京市房山区人民法院依据《中华人民共和国民法通则》第七条、《中华人民共和国侵权责任法》第六条、《最高人民法院关于确定民事侵权精神损害赔偿责任若干问题的解释》第八条之规定，判决如下：

一、李某于本判决生效之日起七日内向蒋某书面赔礼道歉，内容需经法院审核。如逾期不履行，法院将在有关报刊上刊登判决书主要内容，刊登费用由被告李某负担；

二、李某于本判决生效后七日内赔偿蒋某医药费2290元；

三、李某于本判决生效后七日内赔偿蒋某精神损害抚慰金100000元；

四、驳回蒋某的其他诉讼请求。

一审法院作出判决后，李某李某不服该判决，提起上诉。北京市第二中级人民法院经审理认为：公民享有人格权。行为人因过错侵害他人民事权益，应当承担侵权责任。本案中，蒋某通过征婚网站欲寻求婚姻伴侣组建家庭，李某亦为该网站注册会员，且注册信息为未婚，二人通过网站相识建立恋爱关系，进而发生性行为。在以上长期的交往过程中，李某始终隐瞒其已婚事实，使蒋某错误地认为可期待与李某建立合法婚姻关系。虽然蒋某是自愿与李某发生性行为，但这是在蒋某受到欺骗的情况下对性权利作出的处分，此后更导致了蒋某怀孕及流产。李某的行为不仅有悖于公序良俗，更是对蒋某人格权的侵害，给蒋某的身体及精神带来了严重伤害，理应承担侵权责任。侵害他人造成人身损害的，应当赔偿医疗费、护理费、交通费等为治疗和康复支出的合理费用，以及因误工减少的收入。因侵权致人精神损害，造成严重后果的，人民法院除判令侵权人承担停止侵害、恢复名誉、消除影响、赔礼道歉等民事责任外，可以根据受害人一方的请求判令其赔偿相应的精神损害抚慰金。李某的欺骗行为不仅耽误了蒋某的青春，使蒋某承受情感背叛分手的痛苦，同时还使蒋某错误地处分了自己的生育权，使蒋某遭受了怀孕流产的身体伤害及精神打击，故蒋某要求李某承担流产的医疗费用，书面赔礼道歉，并赔偿一定数额的精神抚慰金，于法有据，应予支持。关于精神抚慰金的数额，考虑到李某侵权行为的主观故意性，给蒋某造成的身心伤害程度，一审法院酌定为100000元并无不妥。北京市第二中级人民法院据此判决：

驳回上诉，维持原判。

【法官后语】

每一个人都渴望一生能够拥有美好的婚姻。我国婚姻法实行婚姻自由的婚姻制度，进而引申出恋爱自由的社会基本规范，这是为了保证每一个人在充分知情的情况下享有自由选择自己配偶的权利。但如果是在对方隐瞒事情真相，受人欺骗的情况下作出的选择，就违背了恋爱自由和婚姻自由的本质。

本案中双方争议的焦点有二：其一为李某的行为是否构成侵权；其二为协议书的效力认定，即蒋某、李某双方签署的协议书是否可以认定为蒋某已就自身的权利作出了处分，放弃了将李某诉至法院的诉权。

就李某的行为是否构成侵权的问题，虽然李某在上诉状中主张“蒋某作为一名成年女性，具有一般社会常识，知道网络上的事情很多都是不真实的”“双方发生性关系是完全自愿的”“双方恋爱自由，分手也应该是自由的”等，但从蒋某、李某的相识过程来看，蒋某系在征婚网站上发布征婚信息，其与对方建立恋爱关系，进而组成家庭的目的性非常明确，而如果李某刻意隐瞒其婚姻状况，作为普通公民的蒋某是无法了解李某的真实婚姻状况的。所以，蒋某与李某建立恋爱关系并发生性关系，实质是在李某隐瞒其已婚的重要事实下作出的违背其真实意思的对自己人身权利作出的错误处分。对此，李某具有故意之过错，理应承担侵权责任。

就蒋某、李某签订的协议书的认定，从蒋某、李某双方交往的过程及分手后的处理过程来看，蒋某与李某交往过程中给付了李某大量的财物，正如前所述，蒋某这种处分财产的行为亦是基于李某隐瞒婚姻状况的重要事实而作出的违背其真实意愿的处分。在蒋某、李某双方分手后，就恋爱关系存续期间的财物李某虽出具了欠条并与蒋某签订了双方协议，但从签订协议的过程、协议的内容以及蒋某、李某交往期间的财产数目来看，并不能仅以“双方涉及的感情问题一并解决”就认定蒋某放弃了向李某要求赔偿的诉权。而从弘扬社会主义核心价值观的角度来说，对于李某此种欺骗之行为在道德层面应予以强烈谴责，在法律层面也应当予以一定惩罚性的赔偿。

综上所述，二审法院最终判令李某对蒋某的人格权构成侵权，应当予以赔偿。

编写人：北京市房山区人民法院　冯森

五、隐私权纠纷

67

隐私权与个人信息权的界分

——刘某诉北京某某国际商城有限公司隐私权案

【案件基本信息】

1. 裁判书字号

北京市第二中级人民法院（2016）京02民终字第3476号民事裁定书

2. 案由：隐私权纠纷

3. 当事人

原告（上诉人）：刘某

被告（被上诉人）：北京某某国际商城有限公司（以下简称某某商城公司）

【基本案情】

2014年10月16日，刘某（承租人，乙方）与某某伟业公司（出租人，甲方）签订《北京市市场场地租赁合同》1份，承租位于北京市丰台区地铁四号线公益西桥站地下一层商业空间B－026A号（以下简称026号）场地，租赁期限自2014年11月1日起至2019年10月31日止，租金标准为每半年33666元。该合同尾部乙方落款处载明刘某的住所为北京市丰台区马家堡路67号院×号楼×房，电话为138××××0624。当日，刘某向某某伟业公司交纳2014年11月11日至2015年4月30日的租金及物业费。2015年4月，刘某收到EMS快递邮件一份，载明的寄件人为孟先生，地址为北京市丰台区马家堡路公益西桥某商城商管部；载明的收件人为刘某，电话138××××0624，地址为北京市丰台区马家堡路67号院×号楼×室。刘某称该快递邮件中系催收026号商铺租金和物业费的函件及收费通知单。其中，催款函件落款单位为公益西桥某地铁商城商管部，加盖的公章为某某商城公司地铁商业公益西桥站项目部。现刘某因该快递邮件将某某商城公司诉至法院，称其与某某商城公司无任何法律关系，某某商城公司知晓其地址、电话等信息并给其寄送快递邮件的行为侵犯其隐私权。某某商城公司对此不予认可，称上述快递邮件并非其公司寄出，并称某某伟业公司系其子公司，某某商城公司地铁商业公益西桥站项目部的章系某某伟业公司在使用，现该章已停止使用。

2014年11月18日，刘某交纳其租赁场地处的广告费4500元，该广告费收据右下方落款为某商城公益西桥站，加盖的公章为某某商城公司地铁商业公益西桥站项目部。刘某于另案中称此笔广告费系其与某某商城公司协商后，承租北京市丰台区地铁公益西桥站地下一层整体商业空间建筑物内部广告位的费用。

【案件焦点】

刘某收到的函件上具有其个人信息是否构成侵犯隐私权。

【法院裁判要旨】

北京市丰台区人民法院经审理认为：隐私权是指自然人享有的对自己的个人秘密和个人私生活进行支配并排除他人干涉的一种人格权。刘某与某某伟业公司签订租赁合同承租026号商铺，合同中载有刘某的地址、电话等联系方式。后刘某收到盖有某某商城公司地铁商业公益西桥站项目部公章的函件催收026号商铺的租金和物业费。某某商城公司称上述函件中加盖的章系某某伟业公司使用，并不认可该函件系其发出，如依某某商城公司所述，则某某伟业公司知晓刘某的联系方式并寄送催收租金和物业费的函件合理合法。另，刘某承租026号商铺后曾承租相关广告位并交纳广告费，该广告费收据上加盖的公章亦为某某商城公司地铁商业公益西桥站项目部的章，刘某于另案中称该笔广告费系与某某商城公司协商后交纳，如依刘某所述，其交纳该笔广告费时应认识到其与某某商城公司已发生法律关系，则某某商城公司知晓刘某的联系方式等信息并无不妥。现刘某因收到盖有某某商城公司地铁商业公益西桥站项目部公章的函件而称某某商城公司侵犯了其隐私权，但其提供的证据不足以证明其该项主张，故对其诉讼请求不予支持。

北京市丰台区人民法院依照《中华人民共和国侵权责任法》第二条，《中华人民共和国民事诉讼法》第六十四条第一款之规定，判决如下：

驳回刘某的诉讼请求。

刘某不服一审判决，提起上诉。北京市第二中级人民法院审理中，刘某经法院合法传唤，无正当理由未到庭应诉。北京市第二中级人民法院依照《中华人民共和国民事诉讼法》第一百四十三条、第一百七十四条之规定，裁定如下：

本案按刘某撤回上诉处理，双方当事人均按原审法院判决执行。

【法官后语】

本案处理重点主要在于对隐私权与个人信息权界分的理解。由于信息社会的推动，个人信息的范畴正在不断扩张。以保护隐私权的方式来保护不断扩张的个人信息，并不能够达到保护权利的目的，两者的冲突就显现出来了。

1. 个人信息权与隐私权的概念区分

在我国立法中，有关个人信息、个人隐私的法律概念在各法律条文中存在差别。综合考察，主要有《最高人民法院关于审理利用信息网络侵害人身权益民事纠纷案件适用法律若干问题的规定》中，将“自然人基因信息、病历资料、健康检查资料、犯罪记录、家庭住址、私人活动”明确为“个人隐私和其他个人信息”。在这里，可以看出个人信息和隐私在内含上有所不同。个人信息包含个人隐私，个人隐私是个人信息的下位概念，是个人信息的一部分。网络安全法对于个人信息的概念采取概括加列举的方式予以规定，即个人信息，是指以电子或者其他方式记录的能够单独或者与其他信息结合识别自然人个人身份的各种信息，同时列举了自然人的姓名、出生日期、身份证件号码、个人生物识别信息、住址、电话号码等常见个人信息形式。个人信息权是指信息主体依法对其个人信息所享有的支配、控制并排除他人侵害的权利。而隐私是指自然人免于外界公开和干扰的私人秘密和私生活安宁的状态。[①] 隐私权是指自然人享有的对其个人的与公共利益、群体利益无关的个人信息、私人活动和私有领域进行支配的人格权。即隐私权是指个人生活领域内的情事不为他人知悉，禁止他人干涉的权利，即不愿为外人所知的个人信息属于隐私

① 王利明：《人格权法研究》（第二版），中国人民大学出版社2012年版，第500页。

范畴。隐私权的主体只能是自然人，且内容具有真实性，隐蔽性，保护范围受公共利益限制。侵害隐私权的行为主要是未经权利人许可，擅自向第三人披露他人隐私。《中华人民共和国侵权责任法》第二条规定："侵害民事权益，应当依照本法承担侵权责任，本法所称民事权益，包括隐私权。"

2. 权利属性不同

隐私权主要是一种精神性的人格权，其财产属性并非十分突出，侵害隐私权主要导致的是精神损害，而个人信息权属于一种集人格利益与财产利益于一体的综合性权利；隐私权属于一种消极的、防御性的权利，个人信息权是一种主动性的权利。[①] 个人信息权是人格权的一种，应当具有支配权能，其内容主要包括：知情权、决定权、查询权、修改权、报酬请求权。其中信息决定权是指本人直接控制与支配其个人信息，并决定其个人信息是否被收集、处理或者利用等。但法律规定的除外。隐私权主要包括：隐私享有权、隐私维护权、隐私利用权、隐私公开权。其中隐私公开权是指隐私权人在法律和道德的范围内有权公开自己的隐私，此种隐私公开既可以向特定人公开，也可以向社会公开。两个权属的交叉之处构成了可通过保护隐私权的方式进行救济的个人信息的权利范畴。例如，本案就属于上述情况。

3. 权利保护的方法不同

对于隐私权的保护主要是侧重于事后救济，即当个人隐私被披露时该权利才会得到救济，救济方式主要是精神损害赔偿。而个人信息权的侵权，主要从个人信息的收集渠道是否合法，使用是否合法，是否贯穿于整个过程，即事前和事后两个阶段加以认定。本案中，某某商城公司取得刘某信息的渠道合法，其使用刘某的信息也并未有非法的目的，故未认定该公司侵权。

针对个人信息权和隐私权的区分，主要是考虑随着大数据时代的到来，归类于隐私权客体的个人信息由专门的法律予以规定，可以避免仅从财产权角度保护属于隐私部分的个人信息的不周全，也能辨析借以识别自然人身份的信息并非是隐私，并非是不能触碰的"禁地"。

编写人：北京市丰台区人民法院　郭婧芳

---

① 王利明：《论个人信息权的法律保护——以个人信息权与隐私权的界分为中心》，载《现代法学》2013年第4期。

68

夫妻之间隐私权与知情权的平衡保护

——傅某某诉盐城市某酒店管理有限公司隐私权案

【案件基本信息】

1. 裁判书字号

江苏省盐城市中级人民法院（2016）苏09民终字第1159号民事判决书

2. 案由：隐私权纠纷

3. 当事人

原告（上诉人）：傅某某

被告（被上诉人）：盐城市某酒店管理有限公司（以下简称某酒店管理公司）

【基本案情】

坐落于某市门店（连锁）宾馆系某酒店管理公司开设经营。2013年1月，傅某某与他人共同入住该宾馆。后傅某某丈夫汪某某发现傅某某与他人关系暧昧后，前往该宾馆获取了傅某某与他人入住时的监控视频，并于2013年9月向法院提起离婚诉讼。该离婚案件审理过程中，汪某某申请法院调取了傅某某在该宾馆处的开房记录。法院于2014年9月作出民事判决，不准予汪某某与傅某某离婚。2015年4月，汪某某再次诉至法院，要求与傅某某离婚。傅某某认为其丈夫从某酒店管理公司获取了其开房视频，侵害了其隐私权，请求判令某酒店管理公司向傅某某出具书面道歉书，赔偿傅某某精神损害抚慰金5万元。

【案件焦点】

隐私权的保护范围是否排除夫妻一方。

【法院裁判要旨】

江苏省东台市人民法院经审理认为：隐私权是指自然人享有的对自己的个人秘密和个人私生活进行保密并排除他人干涉的人格权，受法律保护。某酒店管理公司作为特种行业经营者，不得删改、传播、非法使用视频监控录像资料，不得透露相关个人信息。本案中，某酒店管理公司掌握并控制傅某某在某酒店管理公司开设的某市门店宾馆入住时的相关视频资料，傅某某虽无直接证据证明某酒店管理公司将视频资料交予其丈夫汪某某，但汪某某事实上获取了傅某某的相关视频，且视频并非通过翻拍取得，对此后果，某酒店管理公司存在过错，依法应承担相应的法律责任。傅某某要求某酒店管理公司赔礼道歉的诉讼请求依法应予支持。关于傅某某要求某酒店管理公司赔偿其精神损害抚慰金50000元的诉讼请求，因获取视频资料者系原告丈夫，具备主体上的特殊性，其享有夫妻间的知情权，且其未对该视频监控资料进行滥用，亦未造成恶劣后果，故该项诉讼请求依法不予支持。

江苏省东台市人民法院依照《中华人民共和国侵权责任法》第二条、第三条、第六条，《中华人民共和国民事诉讼法》第六十四条、第一百四十二条之规定，作出如下判决：

一、某酒店管理公司自本判决生效之日起三日内以书面方式向傅某某进行赔礼道歉；

二、驳回傅某某的其他诉讼请求。

傅某某不服一审判决，提起上诉。江苏省盐城市中级人民法院经审理认为：案涉视频并不能直接证明傅某某与其他异性存在不正当关系，汪某某在离婚诉讼中并非仅以该视频作为起诉依据，而是结合其他相关情况和证据提起离婚诉讼。而且，汪某某和傅某某夫妻感情破裂是因其长期共同生活中未能妥善维护夫妻感情和处理家庭事务等问题引起，并非仅因为一段案涉视频造成，故傅某某主张因某酒店管理公司将视频泄露给其丈夫汪某某，导致汪某某提起离婚诉讼，造成恶劣后果，应予赔偿精神抚慰金的上诉理由，依据不足，不予采纳。故一审法院判令某酒店管理公司向傅某某书面道歉，驳回傅某某要求赔偿精神抚慰金的诉讼请求，符合实际情况，并无不当。综上，原审判处正确，应予维持。江苏省盐城市中级人民法院依照《中华人民共和国民事诉讼法》第一百七十条第一款第（一）项规定，判决如下：

驳回上诉，维持原判。

【法官后语】

隐私权是自然人享有的一项基本权利，其客体是隐私，即与公共利益和群体利益无关的个人秘密和个人私生活状况。知情权是指自然人享有最大限度地知悉、获取各种信息的自由和权利，是一种积极的兼具公权与私权双重性质的权利。

隐私权与知情权的内涵决定了其二者某种意义上存在着冲突。自然人在享有隐私权的同时不能影响相对人行使知情权。隐私权与知情权存在冲突时，应根据隐私权的权利主体和知情权的权利主体的不同，并考虑利益平衡视情作出处理。

在婚姻关系中，夫妻彼此享有配偶权，由于身份上和财产上的特殊关系，夫妻双方彼此享有较一般人更多的知情权。婚姻法规定夫妻双方有互相忠诚的义务。婚内隐私权的保护范围小于一般隐私权。夫妻一方是否忠诚的事实相对于社会大众而言，构成隐私，相较夫妻隐私权和大众知情权，应保护夫妻隐私权；但夫妻之间应对此享有知情权，相较夫妻之间的隐私权和知情权，应优先保护夫妻一方的知情权。知情权同样也不可滥用，必须遵照民诉法的有关证据规定，遵循非法证据排除规则。

公共场所监控录像资料的摄取、留存和使用是为了维护公共安全和秩序，但这些监控资料详细地录下个人的行踪，如未侵犯社会公共利益，且不违反法律强制性规定，则有关个人的行踪资料应属于个人的隐私，掌握这些监视资料的主体应对相关监视资料严格保密。当事人在进行私权保护诉讼时，如需要对该类资料进行取证，应该申请国家公权力机构依照法定的程序进行调查取证。本案中，某酒店管理公司在未经有关机关批准的情况下将涉案视频资料提供给汪某某，做法欠妥，但考虑到傅某某与汪某某系夫妻关系，汪某某对傅某某的个人行为享有相应的知情权，且汪某某只是将该视频资料用于民事诉讼，并未引起其他不良后果，故法院判决某酒店管理公司承担赔礼道歉的民事责任。

编写人：江苏省东台市人民法院　苏颢　华佳

图书在版编目（CIP）数据

中国法院2018年度案例．人格权纠纷：含生命、健康、身体、姓名、名誉、隐私权纠纷／国家法官学院案例开发研究中心编．—北京：中国法制出版社，2018.3

ISBN 978-7-5093-3964-0

Ⅰ.①中… Ⅱ.①国… Ⅲ.①人格-权利-民事纠纷案例-汇编-中国 Ⅳ.①D920.5

中国版本图书馆CIP数据核字（2017）第303116号

策划编辑：李小草　　责任编辑：李小草　赵文博　　封面设计：温培英、李宁

中国法院2018年度案例·人格权纠纷

ZHONGGUO FAYUAN 2018 NIANDU ANLI · RENGEQUAN JIUFEN

编者/国家法官学院案例开发研究中心

经销/新华书店

印刷/三河市紫恒印装有限公司

开本/730毫米×1030毫米　16开　　印张/18.5　字数/246千

版次/2018年3月第1版　　2018年3月第1次印刷

中国法制出版社出版

书号ISBN 978-7-5093-3964-0　　定价：56.00元

北京西单横二条2号

邮政编码100031　　传真：66031119

网址：http：//www.zgfzs.com　　**编辑部电话：66010405**

市场营销部电话：66033393　　**邮购部电话：66033288**

（如有印装质量问题，请与本社编务印务管理部联系调换。电话：010-66032926）

最高人民法院指导性案例裁判规则理解与适用系列

公司卷二	98 元	物权卷	88 元
公司卷（第二版）（上下册）	139 元	婚姻家庭卷（第二版）	68 元
民事诉讼卷（第二版）（上下册）	145 元	合同卷四（第二版）	98 元
侵权赔偿卷二	69 元	合同卷三（第二版）	98 元
侵权赔偿卷一	69 元	合同卷二（第二版）	108 元
房地产卷	98 元	合同卷一（第二版）	108 元
劳动争议卷	58 元	担保卷（第二版）（上下册）	139 元

最高人民法院知识产权审判实务系列

商标法适用的基本问题（增订版）	78 元
反不正当竞争法的创新性适用【精装】	68 元
知识产权保护的新思维——知识产权司法前沿问题	98 元
最高人民法院知识产权审判案例指导（第 9 辑）	88 元
最高人民法院知识产权审判案例指导（第 8 辑）	88 元
最高人民法院知识产权审判案例指导（第 7 辑）	98 元
最高人民法院知识产权审判案例指导（第 6 辑）	78 元
最高人民法院知识产权审判案例指导（第 5 辑）	88 元
最高人民法院知识产权审判案例指导（第 4 辑）	78 元
最高人民法院知识产权审判案例指导（第 3 辑）	78 元
最高人民法院知识产权审判案例指导（第 2 辑）	78 元
最高人民法院知识产权审判案例指导（第 1 辑）	48 元
中国知识产权指导案例评注（第 8 辑）	98 元
中国知识产权指导案例评注（第 7 辑）	118 元
中国知识产权指导案例评注（第 6 辑）	128 元
中国知识产权指导案例评注（第 5 辑）	118 元
中国知识产权指导案例评注（第 4 辑）	98 元
中国知识产权指导案例评注（第 3 辑）	98 元
中国知识产权指导案例评注（上、下卷）	188 元
知识产权法律适用的基本问题——司法哲学、司法政策与裁判方法	168 元
最高人民法院知识产权司法解释理解与适用（最新增订版）	69 元
最高人民法院知识产权案件年度报告（2008～2015）（中英文版）	198 元
知识产权司法实务新型疑难问题：专利、商标与著作权热点问题	138 元
知识产权司法实务新型疑难问题：知识产权司法保护与产业发展	120 元
商业特许经营合同原理解读与审判实务	58 元
赢在 IP：知识产权诉讼实战策略	49 元
网络游戏知识产权司法保护	68 元

最高人民法院审判指导书系

执行规范理解与适用——最新民事诉讼法与民诉法解释保全、执行条文关联解读	139 元
最高人民法院民事立案业务指导	108 元
最高人民法院审判监督业务指导	128 元
最高人民法院执行业务指导	128 元